JN025023

幸福をめぐる哲学者たちの大冒険！

15の試論

五十嵐沙千子 編

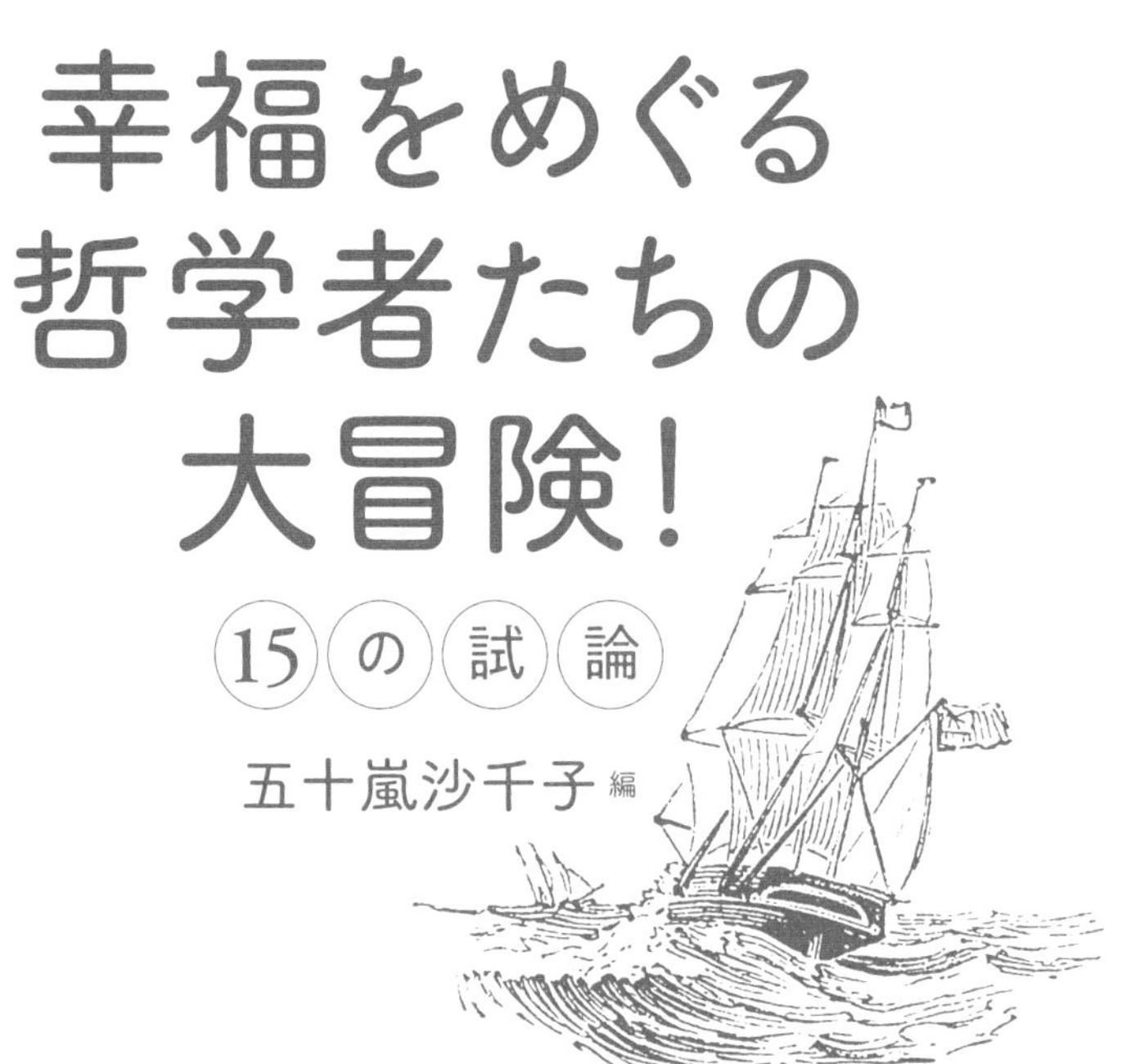

春秋社

まえがき

五十嵐沙千子

この本には、古今東西のたくさんの哲学者が登場する。どうすれば幸福になれるのかを考えた哲学者たちである。他人事として考えたのではない。なぜ自分が幸せではないのか、幸せになるには自分はどうすればいいのか、彼らは本当に苦しみながら考えたのである。哲学者だって幸せになりたかったのだ。

その哲学者たちの考えた結果を、読む人に伝えたいと思ってこの本は書かれた。

とはいえこの本を読めばお金持ちになったり人生の勝者になれたりするわけではない。むしろこの本は、たとえお金が入ってこなくても、病気でも、会社や学校で評価されていなくても、子どもが言うことを聞いてくれなくても、それでもあなたは幸福になれるのだということを、あるいはそれでもあなたが幸福になるにはどうすればいいのかということを書いているのである。

そう考えるとこの本は風邪の薬のようなものなのかもしれない。今のあなたの苦しみを少しでも楽にしようとして風邪薬は作られている。この本も同じ思いで作られている。ほんの少し生き方を変えれば、ほんの少し見る見方を変えれば、世界の見え方は変わる。あなたの住む世界の景色は確実に変わるのだ。

まずは面白そうだと思った章を読んでいただきたい。もしピンとこなかったら別のページをめくればいい。薬にも相性はあるのだから。でも、この本の中にはきっと、今のあなたに「効く」薬があるはずである。

さて、実際にこの本を書いたのは十二人の哲学者・思想家である。中には仏教研究の大御所もいれば古代ギリシア哲学の碩学もいるが、みんな、あなたと同じ空気を吸いながらそれぞれの場所でそれぞれの生活を営んでいる人間たちである。そしてやっぱり、あなたと同じように泣いたり笑ったりしながら暮らしている途上の人間たちなのである。その私たちが「人間はどうすれば幸福になれるのか」を書くのだから、正直に言えば、どう書いていいかわからなくなって絶望のあまり自分のバカな頭を殴りたくなったこともしょっちゅうあった。でも、私たちはただ単に自分の研究している思想の紹介なんかをしたいわけではなかったのだ。自分の研究してきた哲学者たちの、斬れば血の出るような生きた声を伝えたかった。そしてどんな人にもわかってもらえる文章を書きたかった。そして何よりも、読んでくれる人に、どうしても（少しでも）幸せになってもらいたかったのである。

掛け値なしに言って、私たちにとってこの本を書くのは本当に困難な冒険だった。でも、書き終えた今、これを書いた私たちが、書く前よりも確実に幸福を「知る」ことができたこと、そして、書く前よりも少し幸福になれたことは事実である。

幸福になることは一つの旅である。私たちは今生きている人生の中で、幸福になるために一歩一歩歩いているのだ。あなたが、あなたの人生の中で、幸福をあきらめず、私たちと一緒に幸福への旅を続けてくれることを、私たちは心から願っている。
人生は幸福への旅である。

幸福をめぐる哲学者たちの大冒険！　15の試論

目次

序論　幸福のありかを探る

竹村牧男

はじめに

幸福ということは、もちろん誰もが望み願うものである。そこで、この幸福を実現する方法をぜひ知りたいと思うにちがいない。しかしこのとき、では何が幸福なのかが明確でないと、その実現の方法もわからないということになるに違いない。したがって、幸福とはいったい何なのか、どういうことなのかを問わざるを得ないことになる。そこに、哲学の必要性も浮上してくるわけである。

哲学と言うと、何か堅い、難解な議論を進めるものと思われやすい。しかしここでは、常識や先入観を一度かたわらに置いて、少し深く考えてみよう、というほどのこととして考えたい。そのような趣旨で私なりに、幸福とは何なのだろうともう一度、問い直してみたいと思う。

一　幸福のありかについて

たとえば眼福とか口福とかいう言葉がある。何か崇高な美を湛えたものを見ることができたり、えも言われぬおいしいものを味わうことができたりしたとき、このような言葉が使われる。つまり、非日常的な、素晴らしいものを得たり経験したりしたとき、福を得たということになるわけである。この事情を広げて考えていくと、入学試験に合格したり、音楽や絵画等のコンクールで優勝したり、スポーツの試合で勝利したりといった、何か特別な地位や栄誉等を獲得できたときは、幸福の絶頂を迎えることであろう。あるいは事業に成功したり、懸案の大仕事を達成したりすれば、大いに幸福感に満たされるに違いない。実際、多くの人々はそういう希有な成功体験を得ることが幸福のように思っているかと思う。

たしかにこれらのことは、当人にとってうれしい限りのことであり、幸福であることに間違いないであろう。ただしこうしたことは、おおよそ一過性のことである。その特別な成功体験は、その人にゆるぎない自信を与え、その後の人生の拠り所となるかもしれない。しかしそうだとしても、その人の人生はそのこと故に必ず順風満帆になるとは限らない。いつどういう事情で、苦難が押し寄せてくるかわからないのが、人生の実情だからである。病気になるかもしれない、交通事故等に遭うかもしれない、安定した人間関係にひびが入ったり決定的に壊れたりしないとも限らない。そういうときには、過去の成功体験も、役に立たないかもしれない。

そう考えれば、何か途方もない事業を遂行して一時的な名誉や利益を得るよりも、ともかく死ぬまで平穏無事に人生を生きていくことができることのほうが幸福であるとの見方も、むしろ現実味を帯びてこよう。あまり特別な歓喜の瞬間を体験することがなくても、身近のささやかに過ぎない喜びを時たま味わうに過ぎないとしても、とにかく安定した状態が持続することが、幸福の本質と見ることが出来るのではなかろうか。ＳＤＧｓではないが、持続可能な人生ほど幸福なことはないであろう。古来、「恒産無くして恒心無し」というが、平凡であれ生活の基礎が確保されていることこそが、幸福の核心であると言えるかと思う。

二　人生の苦難

そのような人生は、多くの人が当たり前のように送っていて、特筆されるべきことではないと思うかもしれない。しかしこの世間においては、実際には病気に苦しんでいる人は数知れず、経済的に困窮している人もけっして少なくない。今日の日本の社会では、所得の少なさの故に結婚できない若者が非常に多いという。さらに子どもの虐待とか、家庭内での不和とか、社会の表面には隠れている問題が多々存在していて、あのささやかだが安定して持続する幸福も、誰にもあるとは必ずしも言えないようである。それは現代日本社会の構造的問題、ひいては国際社会の構造的問題によると同時に、個人個人の身心の状況に由来するものがあることも否定できないであろう。

そこで幸福を阻害するものはいったい何なのかが解明されなければならない。その際、私の専門は仏教学であるので、しばらく仏教の教えからこれらの問題を考えてみたいと思う。その場合は、やはり個人の内面の問題が中心にならざるを得ないことになってしまうが、そのことをあらかじめお断りしておく。

そもそも仏教は幸福の実現を問題にしていようか。私の見るところ、仏教はいかに幸福になるかよりも、いかに不幸から脱却するかを課題として、その原因の解明やその実現の方途を究明していると言えると思う。ゼロの地平を基準として、幸福はプラス、不幸はマイナスとしたとき、プラスになるよりマイナスを無くしていく方向と言えるであろう。

仏教に福という言葉はあるが、幸せという言葉は見ないように思われ、したがって不幸という言葉もないように思う。あえて不幸に相当する言葉を採り上げれば、やはり苦であろう。仏教は苦についてはかなり詳しく分析しており、したがって楽のありかも明かしている。そこで不幸の問題への手掛かりとして、仏教の苦の見方を辿っていくことにしたい。

仏教には周知のように四諦の説がある。「苦諦・集諦・滅諦・道諦」というもので、諦とは真理のこと、すなわち、人生は苦しみであるという真理、苦しみを集める原因があるという真理、苦しみが滅する世界があるという真理、苦の滅の原因となる道があるという真理の、四つの真理のことである。

この中、苦諦として、「生・老・病・死」の四苦が説かれている。生まれたこと自体に苦しみがある。さらに老いる苦しみ、病の苦しみ、そして死の苦しみが説かれる。これに、「愛別離苦・怨憎会苦・求不得苦・五蘊盛苦」を加えたものが八苦である。愛するものと別れなければならない苦しみ、厭な者とも出会わなければならない苦しみ、欲しいものが得られない苦しみ、身心がさかんでコントロールが効かない苦しみである。これらをまとめて、四苦八苦という。

三　苦しみの原因について――煩悩・随煩悩

次に、これらの苦はどのように生じるのかについて、仏教の説くところを探ってみよう。さきほどの四諦の説には、苦の原因としての集諦が説かれていた。たとえば求不得苦に対しては、そもそも欲望があるからだということになり、その欲望は貪という煩悩に起因していると説明されることになる。その他、多くの煩悩の心が分析されて、それらこそが苦悩をもたらすことが指摘されている。このことは、唯識思想の心理分析において非常に詳しく解明されている。

その内容をほんの少々紹介すると、煩悩とは、簡単に言えば、「自分の心を煩わしく悩ますもの」といえよう。唯識思想ではこれに「煩悩」と「随煩悩」の心を分類して、詳しく解明している。煩悩は根本煩悩、随煩悩はそれらから派生した枝末煩悩のことである。

まず根本煩悩には、「貪・瞋・癡・慢・疑・悪見」がある。すなわち、「貪り・怒り・無明（根源的無知）・慢心・（仏教への）不信（疑）・悪しき見解（我ありとの見解、一方的な見解、誤った見解、自己の見解への執着、他の宗教等への執着）」である。これらの煩悩によって、苦しみ、不安、悪行、闘争等を増し、善の修行を妨げることになるという。

次に随煩悩であるが、ここではそれらがどういうものであるかのみ、一覧表を挙げておく。

いきどおり（忿）　　うらみ（恨）
しらばっくれ（覆）　　きつい口撃（悩）
しっと（嫉）　　ものおしみ（慳）
たぶらかし（誑）　　言いくるめ（諂）
攻撃心（害）　　うぬぼれ（憍）
慚の思いのないこと（無慚）　　愧の思いのないこと（無愧）
そう状態（掉挙）　　うつ状態（惛沈）
信のないこと（不信）　　なまけ（懈怠）
したい放題（放逸）　　もの忘れ（失念）
心のうわつき（散乱）　　誤まった認識（不正知）

以上、まったく簡略に過ぎない紹介ではあるが、仏教には、苦をもたらす心のきわめて詳細な分析があることをうかがうことはできたであろう。ただその根本をまとめれば、貪（むさぼり）・瞋（いかり）・癡（根本的な無知）の三毒ということになりそうである。なぜなら、随煩悩の半数ほどは、貪・瞋・癡の上に仮設されたものでもあるからである。

ところで、煩悩・随煩悩はそれ自体、苦悩そのものであり、さらにそれらが悪としてはたらくとき、苦しみの結果をもたらすとされている。この、あくまでも仏教で説く「悪」ということについてであるが、ここで再確認しておきたい。『成唯識論』巻五では善・悪について、次のように規定している。

よく此の世と彼の世（過去世と現在世、あるいは現在世と未来世）とに、その人の本来のいのちに順じて利益をもたらすものであれば、善と名づける。

よく此の世と彼の世（過去世と現在世、あるいは現在世と未来世）とに、その人の本来のいのちに反して損害をもたらすものであれば、悪と名づける。

これを受けて、深浦正文は、『唯識学研究』下巻において、善は「二世にわたって自・他に利益をもたらす」ものをいうとしている。ここに悪は、この世だけでなく来世までにも、自己のみでなく他者までをも損ねるものであることが明記されている。このことを深く理解するとき、他者に苦しみをもたらすことは忍びなく、それ故やはり悪をさけるべきだと思い至ることにもなるであろう。

四　苦しみの超克の道

（一）苦しみの分類再考

さて、四苦八苦等の苦の分類を、今日の視点から捉えなおしてみたい。これらの苦を見るとき、おおざっぱな分類であるが、病は身体的な苦しみであり、また老もほぼ同様であろう。欲しいものが得られない苦しみである求不得苦は、ある意味で経済的苦しみであり、愛するものと別れなければならない苦しみである愛別離苦や厭な者とも出会わなければならない苦しみである怨憎会苦は、人間関係の苦しみと考えられる。身心がさかんでコントロールが効かない苦しみである五蘊盛苦の五蘊（色・受・想・行・識）の、色（身体）以外は簡単に言うと感情・認知・意思・知性であり、もう少し詳しくいうと、実はこの行には前の煩悩・随煩悩その他さまざまな心が含まれているのであって、そうするとこれは主に心理的な苦しみと言えるかと思う。なお、老にも病にも、また愛別離苦や怨憎会苦、求不得苦等の苦にも、いずれにも心理的な苦しみがつきまとっていよう。

さらに死は、これらの苦しみよりもっと深い、自己の存在の意味に関する苦しみであり、それを実存の苦しみと呼んでおきたい。そして生はそのすべての苦しみを含んでいるわけである。

こうして、苦しみには種々の地平ないし階層があるように思われる。以上について、とりあえず、次のように整理しておきたい。

身体的苦痛・経済的苦境・社会的苦渋・心理的苦悶・実存的苦悩

これらの苦しみは、時代が変わっても、その様相を変えつつ、繰り返し現れてくるものなのであろう。現代にあっても、経済は好転せず（貧）、病気は無くならず（病）、家庭や社会の人間関係に難儀する（争）など、誰もが何らかこうした苦に出会っている。まことに人生は一切皆苦であり、このことは時代を貫く真理である。ここに、案外、平坦な人生が意外とむずかしく、誰の人生にも不幸が襲ってくる事由があると言いうる。

（二）さまざまな苦しみへの対処の道

もっとも、苦の構造が明確になれば、その解決の方策も明らかになる。

たとえば、病気等に由来する**身体的苦痛**は、医療がその解決の道をもたらしてくれよう。その苦痛をさらに増幅する心理的要因が介在することも考えられることから、科学的な医療や薬等々による治療に加えて、その心理的側面への適切な措置を講じることは、その苦しみを軽減する重要な要素にもなろう。

老の現象も、身体能力の著しい低下が、当人の生活にさまざまな苦痛を与えることであろう。認知症のような症状は、逆に当人には苦痛とはならず、周囲に苦難をふりまくことにもなる。老の治療には限界があり、本人がそれをどう受け止めるのか、受容するのか、抗うのか、結局は身に引き受けて生きていくしかないのかもしれない。

なお病気には、不治の病にかかることもありうる。あと何年しか生きられない、と宣告されたりしたら、そのときの苦痛は、そう簡単には越えられないに違いない。その苦しみはただちに、後にふれる実存的苦悩に移行することになる。

貧困等の**経済的苦境**は、まずは経済政策や行政の対応等がその解決の道をもたらしてくれよう。そのように経済的苦境は、社会の仕組みによるところが大きいが、個人的には、まじめにコツコツ働くこと以外にないに違いない。余談だが、参考までに、明治期、哲学を基盤にした教育を展開する「哲学館」（後の東洋大学）を創設し、日本の哲学の歩みを主導した井上円了は次のようなことを言っている。今は私の拙い現代語訳によって紹介しよう。

一時的な希有の幸せを望むよりは、むしろ心において常に楽しむことを期すべきである。人の心には暗いものもあるが、そこに潜む良心は、時に光を放つことがある。それは航海時の暗い夜の灯台のようであり、霧のたちこめた海での磁石の針のようである。人生の海を渡る者は、この心に照らして進み、正直を守って行けば、必ずや目的地に達するであろう。

場合によってあるいは失敗することがあっても、その一時の後には必ず成功に達しうるものである。百の銅鉄があるとしても、それらは一つの黄金に及ばない。同様に百の計略を持つとしても、それらは一つの正直に及ばない。正直の心の左右両隣りには、勤・倹（勤勉・倹約）の心がこれを支えている。勤勉でなく、倹約でない者は、不正直の心からそうなるのであり、社会的・経済的地位を確立することは、勤勉・倹約の心こそが招来するのである。自己を守るのに勤勉・倹約をもってすれば、どうして立身を実現しないことがあろうか。家庭を治めるのに勤勉・倹約をもってすれば、どうして家が繁栄しないことがあろうか。

勤勉・倹約は忍耐を要する。忍耐はその根本となる。正直を守って動ぜず、艱苦を排して前進する。百回、挫折したとしてもけっしてあきらめず、努力して止まない人生を支えるものは、まことに忍耐の心にほかならない。忍の心がなく耐えることのないものは、人の身体に骨がないようなもので、骨がなければ立つこともできないであろう。（「明治実語教」、『奮闘哲学』）

円了はここで、正直と勤・倹とが大事であると強調している。正直とは、単に嘘をつかないことというより、まっとうに生きること、誠を尽すこと、のような意味も含んでのことであろう。勤は勤勉（努力・精進）、倹は倹約である。そしてこれらの根本は、忍耐だとも指摘している。「百回、挫折したとしてもけっしてあきらめず、努力して止まない人生を支えるものは、まことに忍耐の心にほかならない」とある言葉には、私も感銘を深くするものであるが、同時にどこか円了自身の実感がにじみ出ていよう。円了も数々の苦難（台風による完成間近の校舎の倒壊、哲学館事件という文部省の弾圧、延焼による校舎の消失等々）に遭遇し、そのたびに達観の内にそれらを乗り越えてきたのであった。

社会的苦渋とも言うべき人間関係の問題は実に厄介で、簡単に解決できるものではないであろう。もちろん、その苦しみの人間関係から離れることができれば、それで問題は一応、解決することになる。しかしそのことが不可能である場合には、強靭な忍耐力が求められたりするが、明らかに不当なハラスメントがあるなら、関係機関に訴えることも必要である。一方、人間関係の苦しみの要因は、相手にのみあるのではなく、むしろ自分の側にあることも反省してみなければならない。場合によっては、他者への配慮を欠く自己中心的な姿勢等を越えていくなどして、自らそのあるべき関係性の構築に努力することが求められるであろう。それには、やはり心のはたらきよう、特に我執というもののあり方等を深く理解し、かつ自分の日常の他者への対し方を、深く顧みることも重要である。自己の利害損得を超え、相手の状況を思いやって、その者から請われず（頼まれず）とも自分の方から友達になること（「不請の友」という）も大切である。その上で、自ら人間関係を変えていくことに努めることが必要であると思われる。

心理的苦悶は、たとえば仏教におけるさまざまな煩悩・随煩悩の心や善の心の説明に心のはたらきようを学び理解し、その上で適切な対応を進めていくことで、何らかの軽減が可能と思われる。今、『成唯識論』の煩悩・随煩悩の説明の中から二、三紹介すると、たとえば恨みの心は、「あるとき怒りの心を発して、以来、憎しみの心を懐いて捨てられず、怨みを結ぶ心であり、恨まないというよき心を邪魔し、身心を熱く悩ますように作用する。すなわち、恨みを結んだ者は、心に耐えることができなくて、つねに熱く悩むからである」と説明され、嫉妬の心とは、「自分の名声や実利を求めて、他人が栄えることに耐えられず、妬（ねた）みかつその人を忌避しようとする心であり、嫉妬しないというよき心を邪魔し、憂鬱になり心がふさぐよう作用する。すなわち、嫉妬の者は、他人が栄えることを見聞すると、深く憂慼（ゆうせき）の心を懐いて安穏でないからである」とある。けち（慳＝ものおしみ）の心は、「財と教えとに深く執着して、それらを他人に恵み与えることができず、隠し持ち惜しむ心であり、物惜しみしないというよき心を邪魔し、なんでも溜め込むことになるよう作用する。すなわち、ものおしみしケチな者は心に多く惜しみがちで、財と教えとを蓄積して、捨てることができないからである」とある。

その他、貪（むさぼり）・瞋（いかり）・癡（根本的な無知）に発するさまざまな心についての説明がある。そうした説明その他の関係資料等を参考にしながら、自己に波立つさまざまな心をうまく統御しながら、苦悶を放ち、平静な心をたもつことが大切である。

しかし、自分の心を自分で制御していくことは、かなりむずかしいことである。自分で自分の心をどうにかしようとするとき、自己は二つに分裂することになり、本当の自己が見失われ、ますます収拾がつかなくなる可能性さえある。むしろ自分で自分をどうこうしようとは思わず、その感情はそれとして、ともかくそのつどしなければならないことに集中していくことによって、自然と心が調ってくるという事情もあるかと思う。これは、有名な森田療法（森田正馬が開発した神経症の対処方法）の極意でもあろう。また、この心理的苦悶に関しては、自分だけで悩むのではなく、親や先生や上司や同僚・友人等、他者の助けがあるとき、苦しみの症状は軽減するであろう。

なお、苦は実際には上記の分類により必ず単独に起こってくるというわけではなく、むしろ常に複合的に絡まっていようから、対処の方法も複合的になるであろうことは容易に察せられるものと思う。中でも心理的苦悶は、いずれの苦にもつきまとっているに違いない。

(三) 特に実存的苦悩への対処について

最後に実存的苦悩とは、一言で言えば、死の問題に発するものである。あるいは、必ず死なねばならない自己をどう受け止めるかである。もっとも、死とは生理的な現象に関してのみ、見いだされるものでもない。むしろ社会的にひどいいじめを受けたり、周りから無視されたりしたとき、自己の死ということを覚えずにはいられないことであろう。あるいは事業の失敗とか、失恋とか、もはや立ち直れないほどに打ちのめされたときには、死を想わずにはいられないであろう。こうして、生きている自分とは何なのかが、深く問われてくるのである。

この死を背景とした実存的苦悩の究極は、どんな社会的措置によっても、解決できるものではない。

医療も経済も組織も、個人の死の問題まで解決することは不可能である。この問題を解決できるものは、おそらく宗教以外にないであろう。逆にこの問題の解決を得られれば、根本的な安心に到達し、他の苦しみも受容できたり軽減したりすることと思われる。実は真の幸福のありかは、実存的苦悩の解決ということにあることを想うべきである。

宗教というと、何か否定的な感触が付きまとうかもしれない。しかし宗教とは、要は「自己とは何か」を究明し、自らにうなづくことと言える。たとえば哲学者の西田幾多郎は、最晩年の論文「場所的論理と宗教的世界観」で、次のように説いている。

宗教の問題は、我々の自己が、働くものとしていかにあるべきか、いかに働くべきかにあるのではなくして、我々の自己とはいかなる存在であるか、何であるかにあるのである。……人は往々、ただ過ち迷う我々の自己の不完全性の立場から、宗教的要求を基礎づけようとする。しかし単にそういう立場からは、宗教心というものが出て来るのではない。……また宗教的に迷うということは、自己の目的に迷うことではなくして、自己の在処（ありか）に迷うことである。

（『西田幾多郎全集』〔旧版〕第十一巻、四〇六～四〇七頁）

我々はいかに働くか、という問いでは、自分という存在が疑われていない。自分は自明の存在として前提になっていて、その上でその自分がどのように生きていけばよいのかを問題にする。ところが宗教とはそれ以前の、そもそも自己とは何か、自己はどこにあるのかが大きな疑問になっている世界なのである。言い換えれば、生老病死という根本的な苦しみを抱いている自分、死というものを迎えなければならない自己とは、一体どういう存在なのか。自己の意味はどこにあるのか。それが宗教の問題だというのである。そのように、道徳（生き方）よりもっと手前にある問題として宗教があるのだと、西田は指摘している。

禅ではよく「脚下照顧」（足元を照らし顧みよ）といい、「己事究明」（自己の事を究明する）ということをいう。宗教とは、この「己事究明」の道そのものに他ならない。神がいるにせよいないにせよ、信仰の道によるにせよ修行の道によるにせよ、自己とは何かを自己に深くうなづけたとき、実存的苦悩は解消し、苦の根本が解決されるが故に、他のさまざまな苦しみも解消され、あるいは耐えられたりすることであろう。

ただしこの問題にそこまで真剣に徹底して立ち向かう人は、客観的に見てそう多いわけでもないかと思う。そこで、この苦悩への対処の道の詳細については他の宗教書等にゆずり、本稿では割愛しておく。

五　他者の幸福こそ自己の幸福

最後に、重要なことを付け加えておきたい。今まで私は主に自己の幸福への道のみについて述べてきた。しかし、自己は他者とは切り離せない存在である。自己の幸福が実現したとして、他者が不幸の淵に、苦の海に溺れ沈みかけているとき、そのまま放置していてかまわないであろうか。そのようなときには、自己の幸福にも手放しで落ち着くことはできないのではなかろうか。
そうだとすると、自己の幸福は、他者の幸福とともに成立することが分かる。ここを端的に言い当てた言葉が宮沢賢治にあることは、おそらく誰もが知っていることであろう。「世界がぜんたい幸福にならないうちは個人の幸福はあり得ない。」(『農民芸術概論綱要』)
このような考えの源には、釈尊の過去世物語(「本生譚」)の一つ、「燃灯仏授記物語」があるように思う。それは、次のようなものである。

その昔、インドのある都に、スメーダというバラモンの青年がいた。スメーダ青年は、両親を亡くした後、いったい何のために人間は生きるのかということが大きな問題になり、この問題を解決しようとヒマラヤの山中に入って、生・老・病・死の苦について瞑想するのであった。

その頃、弟子を従えて諸国を歴訪していたある仏が、山のふもとのある町にやってくることになった。スメーダ青年もそのことを聞いて、ふもとに下り、仏を迎える準備に加わった。ぬかるみの道を修理していたが、ついに間に合わず、仏がやってこられた。スメーダ青年はそこで、仏がぬかるみの道に入らないよう、伸び放題になった長い髪を投げ出し、道にうつ伏せになって、自分の背中を仏に渡っていただいた。

そのとき、スメーダ青年は、はっと気がつくのだった。「私一人が力を得ても、私一人が迷いの河を渡ったとしても、それになんの意味があるだろうか。むしろ一切の人々を迷いから渡す人に、自分もなろう。」そう自覚し、このことを実現しようと誓願を立てて、修行を始めた。その様子を見ていたその仏は、この者ははるか未来にゴータマ・ブッダになると予言し、保証した。その結果、スメーダ青年は生死輪廻を重ねながら修行を続け、インドのあの時代に現われてブッダとなった。すなわちこのスメーダ青年は釈尊のはるかはるか過去世の者である。一方、かの仏は、その青年の心に灯を灯した仏なので、燃灯仏といわれる。

スメーダ青年の背中を渡った仏は、ひたすら一切衆生の救済のための活動をしていたのであろう。その気配を全身に感じて、スメーダ青年は自分一人だけの幸せにはたして意味があるのか、ということに気づかされたのである。このことも十分、考慮すべきことである。ちなみに、道元は発菩提心（覚りの実現を求める心をおこす）とは、「自分が救われるより前に、他者の救いを実現しようとする」（自未得度先度他の）心を起こすことであるという（十二巻本『正法眼蔵』第四、「発菩提心」）。

まとめ

最後に以上をまとめてみたい。幸福を、私は積極的によりは消極的に、不幸が消滅した状態の持続と捉えてみた。このことは言い換えれば、苦が滅した、あるいは苦がさほど感じられない状態の持続と言いうる。まずはこのことが基礎にあってこそ、いわゆる幸福なひとときを何回となく味わうことも出来るわけである。

では苦とは何かと言えば、それはひとまず、身体的苦痛・経済的苦境・社会的苦渋・心理的苦悶・

実存的苦悩というように分類できる。このとき、それぞれの特質に応じて、その対処方法は異なると同時に、その対処方法を具体化することが出来る。

その際、心理学、経済学、理工学、医学等々の、人文・社会・自然の諸科学が、この世の中に出来するそれぞれの問題に応じて究明した学問的成果を、現実社会に実装していくことに基づく外的・環境的な方面からの対処が欠かせないと同時に、それぞれの状況に対して個人の内面的・心理的な方面から適切に対応していくこととがあいまって、苦の減衰ないし消滅、つまり不幸の除滅、ひいては幸福の実現がかなうことになると思われる。このとき、個人の内面的・心理的な対応には、まさに哲学や倫理学・宗教学・心理学といった人文系の諸学問が参考になると同時に、人間存在の苦の問題を見つめてきた仏教の教えもまた、非常に参考になると思われるのである。

ただし、他者の幸せなしに自己の幸せは完全なものとはならないことをも、深く顧慮すべきであろう。

幸福をめぐる哲学者たちの大冒険！

15の試論

第一部　私たちはどうすれば幸福になれるのか

現代思想が教える幸福とは

第1章　精神医学から見た「幸福」

ポジティブ心理学と「死」の哲学

斎藤環

はじめに

精神医学的に「幸福」を定義づけることはそれほど難しいことではない。医学的に考えるなら「幸福」は「健康」とほぼ同義だからだ。ちなみにWHO憲章では、「健康」は以下のように定義されている。

「健康とは、病気ではないとか、弱っていないということではなく、肉体的にも、精神的にも、そして社会的にも、すべてが満たされた状態にあることをいいます[1]。」

ここで「病気」にあたる部分を「不幸」に置き換えれば、「幸福」の定義としても使えそうではある。もっとも、ひどく浅い定義には違いない。哲学的にはとりわけ「すべてが満たされた状態」とはどういうことか、が問題となりそうだ。しかし残念ながら、精神医学にはこれ以上の語彙はない。これは身体医学が病理には雄弁であっても「健康」については寡黙になってしまう事情と良く似ている。

実際、ほとんどの医者は「病気じゃなければ幸せじゃん」くらいしか考えていないのである。

幸福について哲学的に考えると言うことは、おそらくこうした「健康＝幸福」の先を考えることだ。あるいは、なぜ人間は「健康なのに不幸」でありうるのか、を問うことだ。そのように、哲学素人の私は考えてみる。言葉を用いて、あらゆる自明性を疑うことが哲学の出発点であると私は想像しているので、とりあえず「健康＝幸福」という自明に見える前提から疑ってみたというわけだ。

幸福とβエンドルフィン

とはいうものの、実際のところ精神医学的な「幸福」は、唯物論的に定義づけられている、とも言える。神経伝達物質であるβエンドルフィンが、脳内で大量に分泌されている状況がそれだ。麻薬であるモルヒネやヘロインを使えば、疑似体験はできる。もちろん麻薬だから違法なのだが。それでは、βエンドルフィンが持続的に分泌されるような状態を設計できれば、人は永遠に幸福になれるのだろうか。おそらく、そうではない。もしもそれが事実なら、ヘロイン中毒者は全員幸福真っ只中なはずだ。

このことはネズミのレベルでも実証されている。サイモンフレーザー大学の心理学者ブルース・K・アレクサンダーらは、ラットにとって理想的な環境「ラットパーク（ネズミの楽園）」を用意し、ラットを一匹だけ入れた普通の実験用ケージとの行動比較を行った(2)。彼らに普通の水とモルヒネ入りの水を与えると、実験用ケージのラットはモルヒネ入りの水を好んで飲むようになった。一方、広くて十分な食料や遊び場があり、仲間のラットもたくさんいる楽園のラットたちは、モルヒネ入りの水を嫌がって普通の水を飲んだ。

この研究成果は一九八〇年に公刊され注目を集めたが、その後再現性に乏しいなどの批判もなされている。しかし、依存症者が薬物に依存するのは薬物摂取が快楽であるためではなく、社会的な孤立などの苦痛を緩和するためであるという臨床的な事実につながる、象徴的な実験としてしばしば言及される。この実験には別の意味も見て取れる。モルヒネは一時の「快楽」は与えてくれるかも知れないが、安全な環境と仲間とのつながりがもたらしてくれる「幸福」にはかなわない、ということ。これはこれで一つの真実である。要するに結論はこうだ。幸福な人の脳内はβエンドルフィンが出まくっているのかもしれないが、βエンドルフィン（ないし類似物質）を大量摂取しても、それだけで「幸福」は得られない、ということ。これは当然のようにも思えるし、不思議なことのようでもある。繰り返すが、おそらく「幸福の哲学」は、こうした物質的快楽の先を考えるためにある。

「無常」と幸福

それでは哲学的に幸福はどのように可能となるか。実はこの点についても、最終的な解答はすでに存在していると私は考えている。原始仏教の教えを受け継いだ「テーラワーダ仏教（上座部仏教）」の教えである「無常」がそれに当たる（アルボムッレ・スマナサーラ『無常の見方』サンガ新書）。原始仏教は宗教と言うよりは哲学や思想に近いので、そこで「真理」とされる言葉は、現代でも傾聴に値するものが多い。

もちろん私自身が「無常」を十分に理解しているわけではない。なにしろ「無常」とは、厳しい修行を何年間も続けてようやく悟りを得た人だけが理解できる境地であるらしいのだから。では「悟った人」とはどういう人なのか。私なりの理解では、「すべてが空である」ことを完全に理解した上で、生きる過程そのものを楽しむことができる人、ということになる。さらに「無常」の理解がもたらすものの一つに「我執を捨てること」がある。こちらは比較的わかりやすい。多くの不幸が我執に由来することを考えるなら、完全に我執を捨てられたら不幸も消えることは間違いないからだ。

繰り返すが、「究極の幸福」が「無常の理解」と「我執を捨てる」ことで到達できるということは一つの真理であると私は考えている。問題は、その追求がひどく困難に見えることだ。なにより私自身が、とてもそれを目指そうという気になれない。私は自他ともに認める自己愛が強い人間であり、どうしても我執は捨てられないし、我執から離れて成立する「無人称的な幸福」にも興味が持てそうにないからだ。おそらく私と同様に考える人は、決して少なくないだろう。幸福とは、まず一人称的なものであり、ほとんどの人々はその達成を希望しているはずなのだから。

よってこれ以降は、基本的に「我執」に基づいた「一人称の幸福」の本質と、その実現のための方法論について検討していこうと思う。

箴言にみる幸福

私はかつて幸福に関する数々の箴言を分類し、そこから六つのキーワードを抽出したことがある

(『人間にとって健康とは何か』PHP新書)。それは「①意味と目的」「②関係性と利他性」「③平凡性と反快楽」「④過程性」「⑤いまここ・あるがままの肯定」「⑥末梢性」である。以下、この六項目の内容について、順を追って見ていこう。

「①意味と目的」はわかりやすいだろう。人生に目的があり、そこに意味を感じられたら、それは確実に幸福なことだ。「一生の仕事を見出した人には、ほかの幸福を探す必要はない」(トーマス・カーライル)、「一人ひとりに天の使命があり、その天命を楽しんで生きることが、処世上の第一要件である」(渋沢栄一)。目的がある人生が幸福であるということは、後述する「過程性」の項目とも関係してくる。何かをめざして夢中になっているとき、その経験そのものが幸福感をもたらすという意味で。

次は「②関係性と利他性」である。良好な人間関係が幸福の土台たりうることについても異論は少ないだろう。もちろん、孤独でいるほうが幸せを実感できるという人もいるだろうが、それはあくまでも相対的な問題であり、完全な孤立の常態化を心から望む人はまずいない。ひきこもりの専門家である私がそういう人に会ったことがないのだから、そう断言しても許されるだろう。先人の言葉にも次のようなものがある。「人生における無上の幸福は、自分が愛されているという確信である」(ヴィクトル・ユーゴー)、「人の富とは、その人が愛し祝福するものと、その人を愛し祝福してくれるものとの数のことである」(トーマス・カーライル)、「人生は胸おどるものです。そしてもっともワクワクするのは、人のために生きるときです」(ヘレン・ケラー)、「幸福は対抗の意識のうちにはなく、協調の意識のうちにある」(アンドレ・ジイド)。

人を愛し愛されること、他人のために行動することこそ幸福の鍵であるとする格言は無数にあるし、利他的行動が幸福ばかりか成功の鍵すらも握っていることは、カーネギー『人を動かす』[3]をはじめ、多くの自己啓発書が教えるところでもある。こうした利他を究めれば、かの宮沢賢治の言葉、「世界がぜんたい幸福にならないうちは個人の幸福はあり得ない」という過激な思想にゆきつくだろう。しかし本章が目指す「一人称の幸福」のための利他的行動としては、隣人に始まり隣人に終わる範囲にとどめておくほうが無難なのかもしれない。

次の項目は、「③平凡性と反快楽」である。これは簡単にいえば、酒池肉林の贅沢三昧など追求せず、何でもない日常を大切にすることが幸福になる秘訣である、という意味である。幸せの青い鳥は世界の果てなどではなく、いつも自分のすぐそばにいる、というわけだ。

「国王であれ、農民であれ、家庭に平和を見いだせる者が、もっとも幸せである」（ゲーテ）、「世界平和のためにできることですか？　家に帰って家族を愛してあげてください」（マザー・テレサ）、「幸福の最も大きな障害は、過大な幸福を期待する事である」（フォントネル）。

「反快楽」というのは、「快楽」と「幸福」が異なること、快楽の追求がしばしば不幸につながることを意味している。ならば、快楽と幸福の違いとは何だろうか。幸福に比べれば快楽は、しばしば一過性で濃密な体験であり、時に反道徳的であり、事後に空しさを残すことも多く、しかし羨望の対象でもあるという経験である。ただし快楽は安定性に欠けており、人生全体を不安定化するというリスクもある。持続可能性という視点から考えるなら、やはり快楽よりも幸福を目指すことが望ましいとは言えるだろう。

次の項目は、仮に「④過程性」と名付けた。これは幸福を「過程」のなかにこそ宿るものと見なす考え方である。
「幸福とは幸福を探すことである」（ジュール・ルナール）、「幸福は幸福の中にあるのではなく、それを手に入れる過程の中だけにある」（ドストエフスキー）などがあるが、こういう逆説は私たちもよく口にする。「旅行は計画を立てているときがいちばん楽しい」とか「待つのが祭り」といった具合に。幸福を、ある過程から偶発的かつ事後的に生じてくる感覚であると考えること。「ある過程」は、「社会的使命を達成する過程」でもいいし、「金儲けの過程」や「快楽を実現しようとする過程」でもいい。ただ、ここで言われる「幸福」は、必ず終わりがあると言う意味では「快楽」に近いかもしれない。

次の項目「⑤いまここ・あるがままの肯定」については以下のような言葉がある。
「幸福には、明日という日はありません。昨日という日もありません。幸福は、過去のことを記憶してもいなければ、将来のことも考えません。幸福には、現在があるだけです。今日という日ではなく、ただいまのこの瞬間があるだけです」（ツルゲーネフ）、「晴れた日は晴れを愛し、雨の日は雨を愛す。楽しみあるところに楽しみ、楽しみなきところに楽しむ」（吉川英治）。

ツルゲーネフの言葉は「いまさえ楽しければあとはどうなってもいい」という快楽主義とは似て非なる態度である。彼は、いまの何でもない瞬間を肯定することから幸福が始まる、と言っているのだ。それは容易なことではないかもしれないが、けっして不可能ではない。なぜなら私たちには「幸福を演ずる」ことができるからだ。

それが最後の項目、幸福の「⑥末梢性」である。これは簡単にいえば「幸福のふりをしていれば、幸福になれる」というほどの意味である。むしろ、笑うから幸福なのだと言いたい」（アラン）、「楽しい顔で食べれば、皿一つでも宴会だ」（プルデンチウス）、「幸せを数えたら、あなたはすぐ幸せになれる」（ショーペンハウアー）、「自分自身を幸福だと思わない人は、決して幸福になれない」（サイラス）。

ここまで、幸福に関する諸々の格言から抽出された六つの項目について説明してきた。なかには相互に矛盾するような項目もあるし、ベクトルが逆さ向きのものもある。

ここで、今まで述べてきた六項目のいずれにも該当しないであろう「幸福の資質」について述べておきたい。アインシュタインは「人生には、二つの道しかない。一つは、奇跡などまったく存在しないかのように生きること。もう一つは、すべてが奇跡であるかのように生きることだ」と述べている。おそらく、後者が幸福に近いのだろう。これを私なりに言い換えると、幸福は「すべてが奇跡であるかのように生き、その過程がことごとく必然だったと思えること」から生まれる、ということになる。奇跡は感謝につながるし、必然は自己肯定感をもたらす。「資質」と書いたが、訓練によって得られる境地とも思えるので記しておく。

ポジティブ心理学

ここまで述べてきたことは「幸福とは何か」についての先人の知恵である。実践的なものもあれば、直接の応用が難しそうなものもあるが、ある種のパターンが見えてきたのではないか。

「幸福とは何か」の哲学的探求はほどほどにして、「どうすれば幸福になれるか」を目指そうとする学問がある。「ポジティブ心理学」がそれだ。人間の幸福度を、心理学や統計学の手法を用いて検討し、そこから万人に適用可能な「幸福の法則」を導こうとするものだ。私が試みた「先人の言葉」の解析は質的研究に近いが、「ポジティブ心理学」は量的研究に基づくエビデンスが裏付けとなっている。まさに「幸福の科学」である。

これまでの定量研究からは、次のような「幸福の条件」がわかっている。(4)

・ポジティブ感情を頻繁に経験することは重要だが、強烈なポジティブ感情そのものは幸福度にあまり関係がない。
・幸福には基準点があり、直近の出来事（ポジティブ／ネガティブ含む）に影響されて上下するが、すぐに元の基準点に戻る。
・幸福に関連する人間性として、以下の特徴が重要だった。人に対する信頼感、感情の安定、コントロール意識、コントロール欲求、忍耐力、緊張しにくさ、自尊心、神経症的傾向の少なさ、社交性、同調性など。
・以下のことがらは幸福度を上昇させることがわかっている。社会的なつながりがあること、結婚していること、情熱を傾ける仕事があること、宗教やスピリチュアリティー、趣味、良い睡眠と運動、社会階級、主観的な健康。
・幸福度に関係がありそうで、実はあまり関係がないもの。

年齢、外見的魅力、お金（基本的ニーズが満たされるならば、一定以上の富は幸福度の上昇にそれほど寄与しない）、性別、教育レベル、子供をもつこと（子供の年齢などによって異なる）、天気の良い地域へ引っ越すこと、住居、客観的な健康。

現代的なポジティブ心理学の始祖は、心理学者のマーティン・セリグマンだ。彼は一九九八年、アメリカ心理学会の会長に選出された際、ポジティブ心理学を創設した。初期においてセリグマンは、幸福を三つの要素に分けていた。すなわち「ポジティブ感情」「エンゲージメント」「意味・意義」である。しかしその後、自己啓発系のポジティブ万能主義は、この意味での満足度を上昇させることはできても、持続性に欠けることがわかってきた。

そこでセリグマンは、ポジティブ心理学のテーマを、たんなる「幸福度」ではなく「ウェルビーイング」であると考えるようになった。[5] これは「持続的幸福度」という形で判断することができる。ウェルビーイングそれ自体は、実体をもたない構成概念であり、測定可能な五つの要素、「ＰＥＲＭＡ」としてまとめられている。それぞれについて簡単に説明しておこう。

Ｐ＝Positive Emotion（ポジティブ感情）：これは、幸福や喜び、愛情といった肯定的な主観的感情を意味する。

Ｅ＝Engagement（エンゲージメント）：何らかの行動や作業に夢中で没頭している状態で、いわゆる「フロー体験」を指す（あるいはスポーツ選手などがいう「ゾーンに入る」体験）。

R＝Relationship（関係性）：他者との関係性なしには幸福感は持続できない。少なくともポジティブ心理学ではそのように考える。

M＝Meaning（意味、意義）：自分よりも大きいと信じる存在に属して仕えること。

A＝Achievement（達成）：何かを成し遂げることだが、ここには「達成のための達成」が含まれており、必ずしも社会的成功に結び付けられる必要はない。

ＰＥＲＭＡのそれぞれの要素は、セリグマンの表現を用いるならば、「そのものの良さのために」追求される傾向がある。つまり、どの要素もほかの要素を得るための「手段」というよりは、その要素自体が自己目的化する傾向がある、ということになる。セリグマンは「人生の選択は、これら五つの要素（※ＰＥＲＭＡのこと）すべてを最大化することで決まる」と述べている。

仮想空間における幸福

エビデンスに基づいた幸福論として、ＰＥＲＭＡは最新のものだ。しかし私は、これだけでは十分ではないと考えている。「ポスト／ウィズ　コロナ時代」の幸福論として、決定的に欠けている要素があるからだ。それは「仮想性」の問題である。

私はひきこもりを専門とする精神科医だ。もし仮想空間において幸福が実現できるのであれば、それはひきこもりのケアや支援においても重要な意義を持つと考えている。つまり「仮想空間の幸福論」は、精神医学的な問題意識でもあるのだ。

質的検討から導かれた六項目も、エビデンスに基づいた「PERMA」も、すべて仮想空間で実現できる。人間関係も「フロー体験」も、オンライン上で実現可能だ。最近のキーワードである「メタバース」は、ネットワーク上に構築された仮想空間にほかならないが、映画『マトリックス』が示すような仮想空間内に生きることで、持続的な幸福は達成可能なのだろうか。

とりあえず、ChatGPT-4に質問を投げてみた。「仮想空間内で完結した生活の中で、完璧な幸福は実現できるでしょうか?」と。すると、意外なほどまっとうな答えが返ってきた。その一部を紹介する。「仮想空間は一部の幸福要素を提供するかもしれませんが、完璧な幸福を実現するためには現実世界とのバランスが必要です。現実世界での人間関係、仕事や趣味の追求、自己成長など幅広い要素を組み合わせることで、より豊かな幸福を実現することができるでしょう」。

優等生的でつまらないとも言えるが、まずは無難な回答である。さらに現実世界と仮想世界の違いについて尋ねると「仮想空間は一部の要素や体験を現実世界に近づけることができますが、現実世界の物理的な実在性や豊かな感覚、直接的な社会的な相互作用といった要素は制約される傾向があります」と返された。これまた、御説ごもっとも、としか言いようがない。

つまるところ、このAIは、仮想世界は現実世界に比べて制約が多いので、完璧な幸福は実現できないと言いたいらしい。しかし、これは哲学的な思考実験だ。現在の制約が完全に取っ払われ、それこそ『マトリックス』的に理想化された仮想空間がありうるとしたら、どういうことになるのか。

ちなみに哲学者のデイヴィッド・J・チャーマーズは次のように述べている。[6]「シミュレーションは錯覚ではない。バーチャル世界はリアルだ。バーチャルの事物は真に存在する（中略）たとえ私たちがシミュレーションの中にいたとしても、その世界はリアルなのだ。そこには依然としてテーブルも椅子も人も存在する。町もあれば、海も山もある。もちろんそこには多くの錯覚が存在し、私たちは自分の感覚にだまされ、人々にだまされることもあるだろう。それでも私たちのまわりにある普通の事物はリアルなのだ」。

これは精神分析のラカン派であれば言うであろう「仮想世界も現実世界も幻想として等価である」という認識の反転形である。もっともラカン派の場合、想像的な幻想世界に加えて、言語システムとしての象徴界、認識不可能な領域としての現実界を想定している。だから「仮想世界もリアルである」という認識は決して出てこないだろう。

閑話休題、ことは仮想と現実の違いに関することであり、もっと言えば「現前性」の問題である。これは大学教員にとっては「オンライン授業と対面授業では何が違うのか」という切実なテーマにも関わってくる話だ。実は私自身、「人と人は出会うべきなのか」[7]という文章で、オンラインにはない対面の意義を検討した経緯があるので、以下に簡単に紹介しておく。

そもそも、対面は「暴力」である。ただし、ここで言う「暴力」は思想用語のコンテクストで理解されたい。つまり「他者に影響を及ぼす力の行使」をすべて暴力とみなすのである。そのように考えるなら、コロナ以前の社会には、至るところに暴力があった。人と人が出会うこと、人々が集まること、一対一で、膝を交えて話すこと、そうした営みにも「暴力」が潜在する。例えば発達障害当事者にとっては、時に「優しさ」すらも暴力となる。あるいは、表面上は社交的に見える人でも、実は結構無理をして「暴力」に耐えていたことが、コロナ禍後の不登校やひきこもりの急増からも見えてきた。

「暴力」と書いたが、実は私たち自身が、少しずつこの「暴力」の恩恵にあずかっている。対面という暴力には、人々の関係と欲望を賦活する作用がある。あるいは対面には、多様な意思をとりまとめ、決断と行動のプロセスを一気に前に進める力がある。この種の微少な暴力（マイクロヴァイオレンス?）なしには、社会も経済も回っていかない。それをはっきり見せてくれたのが、コロナ禍だった。

これは言い換えれば「他者」の問題でもある。

他者の他者性は、現前によって、つまり対面において最大化する。仮想空間で出会う他者には、この要素がきわめて乏しい。なぜなら私たちは、そこが仮想空間であると必然的に知っており、当の仮想性というコンテクストが、他者の他者性を減衰させてしまうからだ。先に引用したチャーマーズの仮説は、私たちがそれとは知らずに仮想空間内にいるような事態を想定しなければ成立しない。しかし私たちが、ＰＣ画面やＶＲゴーグルといったインターフェイスを通じてしか仮想空間を経験できない以上、そうした事態は起こりえない。唯一可能性があるとすれば、私たちが眠っている間に、脳に直接ＰＣ端子をジャックインするような、それこそ『マトリックス』的な状況しかありえないが、これは技術的に不可能だ。脳科学を少々齧った精神科医として断言するが、脳とＰＣの直接接続は、自律性を持ったＡＩの開発と同等かそれ以上の「ハード・プロブレム」なのだから。

話を戻そう。仮想空間で出会う他者には、先に述べたような暴力性が乏しい。仮想性の閾を超えて、こちらに肉薄してくる迫力がないからだ。それゆえ安心・安全な存在であるとも言えるが、そのぶん影響力も小さくなる。

希薄なのは暴力性ばかりではない。仮想空間内では、他者の「固有性」も縮退する。ここで固有性を、希少性、代替不可能性、一回性などの要素に分解してみよう。そのいずれもが仮想空間内では減衰してしまうことは想像に難くないだろう。

たとえば「美人」のありがたみの根拠の一つは、その希少性にある。しかし仮想空間内では、多くの人が美男美女のアバターを選択しがち——と想定される——ため、「顔」の希少性は意味を失う。また、仮想空間におけるアバターは無限の複製可能性を持つがゆえに、代替不可能性をも喪失する。一回性も同じことで、デジタル空間内で起きたことは、何度でも正確に反復できるため、「出来事の一回性」は失われる。つまり、人間の固有性を構成しているであろう要素のほとんどは、仮想空間内では意味を失うのである。

このことは、幸福論においても、ほとんど決定的な意味を持っている。先に私が幸福に関する箴言から抽出した六項目について言えば「②関係性と利他性」、ＰＥＲＭＡで言えば、Ｒ（関係性）の要素が機能不全に陥ってしまうからだ。他者性の要素を欠いた幸福は、やはり不完全なものと言わざるを得ないのではないか。

仮想空間における「死」と「時間」

「仮想空間における幸福」の可能性を考えるとき、私は二〇〇三年に起きたある事件を連想してしまう。「名古屋ドル紙幣ばら撒き事件」として知られる事件だ。(8)

岐阜市に住む二十六歳のデイトレーダーの男性は、株であまりに簡単に儲けられたために嫌気がさし、二〇〇三年十二月二十三日、数千枚の米ドル紙幣など総額約百万円を、名古屋のテレビ塔の屋上展望台から撒き散らした。すぐに職員が取り押さえに行ったが、男性は屋上の柵へ身を乗り出して、「自分の金だから、好きにさせてくれ」と叫んだという。その後、職員に「株で大儲けした。クリスマスだから皆に還元したかった」と語っている。

なぜ、私はこの事件を連想したのか。もちろんこの男性の真の動機はわからない。よって以下は私の勝手な解釈になる。

デイトレーダーの仕事は基本的に、自宅でパソコンのディスプレイと向き合い続ける孤独な作業である。もしも彼が独身で、他の仕事をしていなかったとすれば、その生活世界は仮想空間で完結していた、と比喩的に言うことはできるだろう。なるほど、彼は株取引で、一瞬にして数千万円という金を手に入れた。経済的な不安もなく、安心できる居場所もあり、デイトレーディングという有意義な活動に没頭するだけのスキルも持っていた。にもかかわらず、彼は決して「幸福」ではなかったのではないか。それは幸福の条件として重要な意味を持つ、他者との「関係性」が欠けていたためだろう。

彼はその不幸に耐えられず、ほとんど衝動的に「ドル札のばら撒き」という、逸脱的な利他行為に走ったのではなかったか。

実は私は彼の行為に、もう一つの要因を想定している。それは「時間」である。

仮想空間に欠けている重要な要素として、「関係性」のほかにもう一つ、「時間」がある。

いや、仮想空間でも時間は流れているじゃないか、とベタな反論をする前に、少し立ち止まって考えてみて欲しい。現実世界において「時間」は必ず「痕跡」を残す。生物には「加齢」という痕跡を。物質には「経年劣化」という痕跡を。なかでも究極の痕跡は「死」だろう。そして、これらすべての痕跡が、仮想空間には存在しない。

あなたには覚えがないだろうか。パソコン内に保存した文書は、時間の経過の影響を受けないということ。私は時折、必要があって二十年以上前に書いた自分の文章を引用することがあるが、これまで書いた文章はすべて同一フォルダに保管してあり、検索すれば瞬時に必要な文章を開くことができる。紙媒体で保存していたらありえないことだ。画像にしても動画にしても同じことで、つまりフォルダの中は時間が止まっているのである。

これとまったく同じ意味で、仮想空間内では経年変化が起こらない。つまり、その対象が経年変化を起こすようにプログラムされていない限りは。もちろん「死」も起こらない。仮想空間「外」の人の死は、アバターに何の影響ももたらさない。そのアバターが、「中の人」の死と同時に仮想空間内でも死ぬようにプログラムされていない限りは。そして言うまでもないことだが、そのような「プログラムされた死」は「死」ではない。

唐突ながら、「死」と「時間」の関連について、ハイデガーを参照してみよう。貫井は次のように述べている。

「本来的現在化においては、時間性は『第一に』、現存在の最も固有な存在可能（死の可能性）から発する。それと同時に死の『手前に位置する事実的な諸可能性』への本来的企投もなされ、それに基づいて『配慮的に気遣われたもの』（現在化されるもの）の理解が遂行されると考えられる。『〔…〕決意した現存在は、自ら選び取った存在可能の「〜を目的として」に基づいて、自己をおのれの世界へむかって明け渡す』」（※『』内はハイデガー『存在と時間』からの引用）(9)。

貫井の指摘を、「死の可能性」の覚悟こそが、本来的時間性をもたらす、と私は理解した。仮想空間が無時間であることと、そこに「死」が存在しないこととは、こうしたレベルで深い関連性を持っている。この視点からさきほどの「名古屋ドル紙幣ばら撒き事件」を見直してみると、彼の行為が象徴的な自殺行為に見えてこないだろうか。彼は仮想空間の無時間性に耐えかねて、擬似的な自殺行為を行い、そうすることで「時間」を取り戻そうとしたのではないか。少なくとも私には、そのように思われてならない。

おわりに

仮想空間の問題意識からいくつかの仮説が導かれてきた。もし、仮想空間における幸福が不可能であるとすれば、その理由は「他者の不在」ばかりではない。最も決定的なのは「死」の不在であり、それに伴う「時間」の欠如だ。「他者」と「時間」と「死」を前提としなければ「一人称の幸福」はありえない、ということ。この仮説の射程は、おそらく幸福論のみに限定されない。私の専門領域で言えば「ひきこもりの支援」や「ケアの倫理」にも深い結びつきを持っているが、もはや指定の紙幅も尽きた。「死」と「ケアの倫理」の関係については、いずれ機会を改めて論ずることとしたい。

（1）日本WHO協会　https://japan-who.or.jp/about/who-what/charter/
（2）スチュアート・マクミラン著、松本俊彦、小原圭司監訳、井口萌娜訳『本当の依存症の話をしよう――ラットパークと薬物戦争』（星和書店、二〇一九年）。
（3）D・カーネギー著、山口博訳『人を動かす』（創元社、二〇一六年）。
（4）イローナ・ボニウェル著、成瀬まゆみ他訳『ポジティブ心理学が1冊でわかる本』（国書刊行会、二〇一五年）。
（5）マーティン・セリグマン著、宇野カオリ監訳『ポジティブ心理学の挑戦――〝幸福〟から〝持続的幸福〟へ』（ディスカヴァー・トゥエンティワン、二〇一四年）。
（6）デイヴィッド・J・チャーマーズ著、高橋則明訳『リアリティ＋――バーチャル世界をめぐる哲学の挑戦』上・下（NHK出版、二〇二三年）。
（7）斎藤環『コロナ・アンビバレンスの憂鬱――健やかにひきこもるために』（晶文社、二〇二一年）。
（8）Wikipedia「名古屋ドル紙幣ばら撒き事件」https://ja.wikipedia.org/wiki/名古屋ドル紙幣ばら撒き事

件

(9) 貫井隆「ハイデガー『存在と時間』における「先駆的決意性」と「不安の無意義性」の整合的解釈の試み――「先駆的決意性における不安」の「時間性」に基づく理解から」(『人間存在論』27、四五～五九頁、二〇二一年)。

第2章　ハイデガーの幸福論
自分が嫌になってしまった人に

五十嵐沙千子

一

他人を羨ましいと思うことは誰にでもあるだろう。

あの人は仕事ができる。あの人は背が高い。あの人は頭が良い。あの人は大企業に勤めている。自分も有名大学に入りたかった。美人は努力しなくてもチヤホヤされる。高級住宅地の立派な家に住める人は羨ましい。人脈作りのうまい同僚は羨ましい。よくできる子どもを持っている人は羨ましい。成績の良い人が羨ましい。他人から羨ましがられる人が羨ましい。

ひとはこうやって他人と自分を比べ、他人を羨んで自分にガッカリしたり、あるいは他人を見下して安心したりしている。

「高い収入」や「高い学歴」「高い地位」、背が高い／頭がいい／顔がいい、これらはすべてみんなが認める「高い価値」である。こうした価値を持っている人は社会的偏差値の高い人、社会的カースト上位に位置する「価値の高い人」である。「価値が高い人」は「価値が高いモノ」、すなわち高級住宅地に住んで高級車に乗って素敵な彼女を持てるのである。

それに対して自分には能力がない。見た目もパッとしない。資産もなく出世する見込みも薄い。成功者の持っているものを見て「見せつけられている」と思うのは、まさに自分にはそうしたものが縁遠いから、価値のある人の住むキラキラの世界と自分の住む世界の間には越えられない壁があるからである。

人間はみんな平等だと言うのは易しい。言うのは易しいが世間的現実からするとそれを信じるのは難しい。苦労なく幸せに生きている人と、いくらがんばっても幸せになれない人、その差は歴然とあるとしか思えない。その差がリアルに可視化されたものが住む家であり学歴であり持ち物であり見た目である。これらは全てその持ち主を暴露する記号である。それらはまた幸せのランクであるようにも思われる。

こうした価値の序列の中に私たちは住んでいる。「価値がある人」はどこにいっても幸せそうに見える。価値のない人はどこにいっても悲しい。

たとえばスーパーの店員を例に挙げてみよう。

今日入ったばかりの新人店員がいるとする。入ったばかりで右も左もわからない。レジも打てなければお客さんに何か聞かれても答えられない。人で賑わう明るい店内のどこにも身の置き所がないというのがパート初日の姿だろう。そこで彼は一生懸命に仕事を覚え、レジの打ち方、商品の陳列、お客さんとのやりとりを練習する。仕事が「できる」ようになって初めて彼は安心し、魚のようにスイスイ自由に店内を泳げるようになるのである。

ところが、いつまでたっても仕事ができない店員というのがいる。やることなすことアラが目立つ。焦ると余計にミスをする。指示されないと動けない。自信がなくて暗いからお客さんにも好かれない。当然、「仕事のできる店員」からは睨まれる。その店員のせいで、できる店員の負担が増えるからである。できる店員は溜息をこぼしながら聞こえよがしに言うだろう、「同じ店員なのに仕事量が違うのは不公平だ」、と。店長だって、できる店員の肩を持つ。仕事のできる店員に辞められたくないからである。店にとって、できない店員はお荷物である。こうして店長も言うのである。「少しずつでも成長してもらわないとお店も困る。このままでは辞めてもらわなければならないかもしれない」、と。

仕事のできない人間は肩身がせまい。できる店員たちのようにのびのびと安心して冗談を言ったりくつろいだりすることは彼にはできない。お店の隅っこで、「自分なんかいなくてもいいんだ」と彼は思うだろう。「自分にはここにいる価値がないんだ」と悲しむだろう。もちろん周りも彼のことをそう思っているのである。

これはスーパーの店員に限った話ではない。どこかの社長だって、社長なら社長として振る舞い社長の能力を発揮しなければならない。学校の先生だって先生らしく振る舞い教師の能力を発揮しなければならない。親にだって親としてのあり方がある。生徒にも生徒らしいあり方が求められる。○○は○○らしく。当たり前である。みんなそうしているのである。(1)

親なのに親らしいことをせず社長なのに社長としての役目を果たせないと「親のくせに」「社長の

くせに」と言われるだろう。ひとから言われるだけではない。「親なのに親らしいことをしてやれなかった」「社長なのに社員を引っ張っていくことができない」、そう思うと子どもや社員に心底申し訳ない。そうやってダメな自分を責めてしまうのである。そんな思いをしたくないなら「できる」人にはなれないまでも、せめて自分にできる限りのことはしなければならない。だからみんな一生懸命がんばってひとに応えようとするのである。自分の立場を考え、あるべきあり方を探し、やるべきことを探し、ひとの期待に合わせようとするのである。「できない」人だけではない。「できる」人だって同じなのだ。いくら世間で評価され羨ましがられている人だって、やっぱり立場に合わせひとに応えて生きているのだ。むしろ「できる」人とは、「みんなに合わせること、他人に応えるのがうまい人」のことである。世間で生きていくというのはひとに合わせることなのだ。

そう言ったのが、ドイツの哲学者、マルティン・ハイデガーなのである。

二

ハイデガーは言うのだ。「人間」なんていない、と。「人間」というようなボンヤリした言葉でここにいる私たちを表すことはできない。ここで生きているのはもっと具体的な、すなわち上述のようにいつも心配し、自分はこの場でどうすればいいのかと絶えず目を配り、ここから排除されないように、できれば評価されるように、その都度置かれたその場その場のあるべき姿で「あろう」としている苦しいものたちなのだ。それがすべての私たちの現実の姿である。そういうあり方をしている私たちを彼は「その場その場の存在」(現存在)と呼んだ。「今、わたしは会社にいるから社長としてこうする(わたしは社長だから)」のであり、「今、わたしは家にいるから父親としてこうする(わたしは父親だから)」のである。声も態度も言葉遣いも背中の丸め方も会社と家庭では違うだろう。彼は家庭では父親の声を出し、会社では社長の声を出す。授業参観でママ友と話す彼女の声は会社でのプレゼンの声とは違う。牛丼屋にいるときとミシュランの星がついたレストランにいるときでは態度だって顔つきだって違う自分なのだ。そんなのは当たり前、とあなたは言うだろうか? まさに当たり前である。私たちは「その場その場の存在」(現存在)なのだから。「わたしが本当は何であるか」などは問題ではない。「わたしが本当はどうしたいか」はさらに問題ではない。「である」はいつでも「として」に回収されている。私の目はいつでも瞬時に場を読んで私を「あるべき姿」にしてしまうのだ。こうして私たちは「自分である」よりも先に、自分で選んだわけではない、その都度自分が置かれた「その場のあるべき存在」にいつでももう、「なって」しまっているのである。(2)

そう聞くと、もしかすると「会社は自分で選んだんじゃないか」「家庭だって自分で選んだんじゃないか」と言う人がいるかもしれない。たしかに「その会社」は自分が選んだのかもしれない。しかし「どの会社」に入ろうと同じである。出社の挨拶、朝のミーティング、上司との打ち合わせ、同僚との飲み会、プレゼン、残業、外資系は外資系、保守的な会社なら保守的なように、どんな会社に入ろうと私たちは「その場面場面のあるべき態度」を取っている。あるいは、結婚相手は自分で選んだのかもしれない。でも結婚は自動的に「妻として」のあり方を立ち上げてしまう。働いていても妻が夕食を作るべきだと思い、冷凍食品をチンして出すだけの食事に「罪悪感」を持つ女性も多い。疲れているのに自分を責めなくてもいいだろう、二人で家事を担えばいいだろうとは思うが、そんな「合理的」な考えでは片付かないモヤモヤを彼女たちは多く抱えているのである。「どの」会社を選ぶにせよ「誰」と結婚するにせよ、私たちはその都度、その場その場の見えないオキテに常に嵌ってしまうのだ。

私たちが従っているのは、ひとの語りを通して広く世間に共有され、目に見えない伝統として受け継がれてきた「その場その場の当たり前のあり方」である。この「当たり前」が私たちを縛る枠になっているのはもはや言うまでもないことである。時には息苦しいと思うこともあるだろう。だが、その枠は同時に私たちを生かす指針でもあることを私たちはよく知っている。この枠があるからこそ私たちは差し当たり自分のいる場で「適切に」振る舞い、みんなに認められ、みんなの中で生き延びてくることができたのである。そうやってどうにか現実と折り合いをつけながら、私たちは相変わらずその場を読み、その場に合わせて生きている。少しは重荷に思っても、そうしていれば排除はされない。責められることもない。努力次第で評価されもする。少なくとも不幸にはならないのだ。

ところが話はそう上手くいかないのである。

ハイデガーによれば、問題は二つある。

一つは、「その場」を読み違えている可能性があるということ。

たとえばさっきの食事づくりの例で言うと、「疲れていても妻が食事を作るべきだ」という「妻」観を持っている人もいれば、「作れる方が作ればいい、二人で助け合えばいい」と思っている人もいる。

考えがすれ違って喧嘩になったりすることもあるだろうが、これはどちらが正しいというものではなく、どちらも「正しい」のではないだろうか。疲れていても妻が食事を作るべきだという「妻」観を持っている人は、そういう考えを持つ人たちの間で育てられてきたのであろうし、作れる人が作ればいいと考える人はやはりそう考える人たちの間で育ってきたのである。妻が食事を作るべきだというのは、そう考える人たちの間では「正しい」。同様に、作れる人が作ればいいという考えは、やはりそう考える人たちの間で「正しい」。これを「伝統」とハイデガーは呼ぶ。私たちは「それぞれの伝統」の中で育ってきたのである。その伝統を構成するのは、私がそれまで生きてきた環境、私を育ててきてくれた家族、自分が属している階層・地域、多くの時間を共にしてきた学校の友達や先生、こうしたみんなの語りである。私はこうした「みんな」の中で育てられ、教えられ、仲間に入れてもらい、承認されてきたのだ。私は「みんな」の言うことに染まってきたのであり、今もなお染まっているのである。私はこれら複数の「みんな」の重層的重なりを生きている。私は既に「みんなの語りが構成する目に見えない伝統」に浸食されているのである。

だとすれば、私がその都度の場を読むその「読み／解釈」は、当然のことながら「私だけの解釈」ではない。「私が場を読む」といっても「私が直に」その場を見ているわけではなく、私はいつでも「みんながこの場はこういう場だと言う／だからこの場はこういう場なのだ」と認識しているのであり、「みんながこの場ではこういうあり方をするべきだと言う／だからここではこういうあり方をしなければならない」と考えているのである。すなわち私は「みんなが立ち上げた現実」を見ているのであり「みんなが立ち上げた現実」を生きているに過ぎない。(3) 私は「この場」を「私の過去のみんな」の目を通して見ているのである。

だとすれば私たちの間に「ズレ」や「衝突」が起きるのは当然である。私と彼の「伝統」は違うのだ。異なる伝統は異なる「現実」を立ち上げてしまう。すなわち私と彼とは「違う現実」を見ているのである。それなのに私も彼も「自分の目に映るこの現実」こそ「真の現実」だと信じてその現実を生きている。私たちは「自分が立ち上げた現実を生きる存在（現存在）」だからである。せっかく承認してもらえるはずだと思って妻が無理して夕食を作っても空回りしてしまうというのはその例である。その行為／そのあり方を承認してくれるはずの「みんな」はここにはいないのだ。彼女が立ち上げている「現実」は彼女が属してきた伝統が立ち上げたものなのであり、彼女の行為を承認するのは彼女が属してきた「過去のみんな」であって今ここにいる「あなた」ではないのである。

そう考えるとこういうことにならないだろうか、もしもこの場の解釈がそれぞれの伝統によって決定されているとするなら、この場を「本当に正しく」読める人はいないのだ、というふうに。「絶対的に正しい」場の解釈、「すべて」の人に認められる「適切なあり方」というのは存在しないのだ。つまり私の解釈はいつでも読み違えである可能性がある。私はいつでも「間違った」場の解釈に基づいて「場違いな」自分を立ち上げてしまっている可能性があるのである。それは私の「読み違え」である。だがそれは私と彼の伝統の絶対的相違に由来する必然的な「読み違い」なのである。

こうして私たちは考える。そうだとすれば私たちにできるのはただ一つ、やっぱりその都度その都度その場その場で、実際に目の前にいる他人たちの顔を読み、その相手に合わせていくことだけなのではないか、と。ここにいる相手が何を「適切」と考えているのかはわからない。わからないからこそいつでも私はとりあえず彼らの顔色を見るのである。彼らがそれをやらなければならないと言う。だから私はやらなければならないのだ。彼らがこうあらねばならないと言う。だから私はそうあらねばならないのだ。そうしないと自分の価値は無くなってしまう。こうしていつでも私は多忙である。私の時間はひとに応えることで埋め尽くされている。世間で生きていくために私はひとに巻き込まれ続けていくのである。

まさにこれがハイデガーの言う二つ目の問題である。ひとに合わせなければ私は生き延びていくことができない。そして、ひとに合わせて生き延びている限り、私は私の人生を生きることができない、というのがその問題である。

三

ひとに合わせようとしない人のことを日本語では「わがまま」とか「非常識」と呼ぶ。「KY（空気が読めない）」とか「ガキ」とも言われる。「大人になれ」「立場をわきまえろ」と非難されたり指導されたりする。

それに対して、立場をわきまえひとの期待に応える「行き届いた大人」は「配慮ができる」「よくできた人だ」と褒められる。たとえ言いたいことがあったとしてもそれを呑み込んで生きるのが「大人」である。「アサーティブ」という言葉があって、これは「自分の思うことを率直に伝えること」なのだが、この日本の日常で「自分の思うこと」を誰彼構わず「率直に伝え」ていたら「あいつはキツい」「自己主張が激しい」と排除されるに決まっている。だからこの世間に生きる大人たちは言いたいことも言わずやりたいこともせず、いや、自分は本当は何がやりたかったのか、本当はどう思っているのかと考えてみることさえせずに毎日を送っているのである。

だがそれは本当に「必要なこと」なのだろうか？

私たちが他人と一緒に生きていることは動かせない事実である。「場」というのはその他人と私が何らかのゲームをしているフィールドに他ならない。たとえば「教室」、たとえば「会議」、たとえば「ランチ会」、たとえば「電車」、たとえば「お葬式」。それがどんなゲームだとしても、そのゲームは他人たちと私が「一緒に立ち上げる場」である。これらの「場」が集まって私たちの社会はできている。

だとすると、「場を読まない」のは社会の一員としてもちろん「ありえないこと」だろう。その場その場でなされているゲームを知らないこと、あるいは知っていて無視すること、ゲームの規則を踏みにじることを「わがまま」あるいは「ガキ」と言うのだとしたら、それは全く正当である。ルールになんか縛られずに「てんで勝手に」生きていけば良いというのは単なる「ガキ」の妄想でしかない。みんなが「てんで勝手に」生きていたら会社はもちろん電車だって動かない。子供の教育も医療の保障もできない。社会は「みんなで一緒に」構成しているものなのだ。この前提を忘れた議論は「ガキ」の議論である。

問題は、この「みんなで一緒に」の誤解にある。誤解をしているのは「てんで勝手」がいいという「ガキ」だけではない。自分を殺してみんなに合わせる「大人」たちも、実は「ガキ」と同じ誤解をし、「同じ現実」を立ち上げているのだ。その「現実」とは、「社会は他人が作っている」というものである。

「社会は他人が作っている」と考えるからこそ「他人たちが作っている社会のルール」に縛られるのが嫌だと「ガキ」は反抗し、「社会は他人が作っている」と考えるからこそ「他人たちの社会から追い出されないために」「大人」は自分を殺して他人の顔色を見るのである。社会の恩恵を受けているのにそのルールには縛られたくないという「ガキ」はもちろん「大人」ではない。しかし、他人から排除されることを恐れてひとに迎合する者、自分の生き死にを他人に依存する「大人」が果たして「本当の大人」なのだろうか。

「本当の大人」とは何か。

ハイデガーはこう言うのだ、他人に依存せず自分を生きる者は自分の目で見るのだ、と。[4]
私たちが伝統の色眼鏡で見ているということは既に書いた。「みんなが言うから」ここは「教室」なのであり、「みんなが言うから」ここは「会社」なのであり、「みんなが言うから」「妻」としての自分はこうであらねばならない。こんなふうに「ガキ」も「大人」も両者とも「みんなが言う」通りにその場を立ち上げて[5]その「現実」に反抗したり迎合したりしているのだが、そうだとすれば実は彼らが見ているのは「この場」ではない。彼らが見ているのは「みんな」なのである。

本当の大人は「現実を」見るのである。「みんなが言う」とおりに「現実」を立ち上げるのではなく、自分の目の前にある「この場」を自分の目で見るのである。それは危険なことでもある。「みんなどズレた」、あるいは「みんなと違う」この場を見てしまうかもしれないからである。[6]「みんなの目」ではなく「自分の目」で見ようとすることは、「みんなの正しさ」の外に出て行くこと、「みんなの中にいるという安全」を捨てることに他ならない。それはこれまで「みんなから与えられてきた承認や評価」を、そして、その結果として獲得してきた「目に見える幸せ」＝社会的位置を手放すことでもあるだろう。[7]

ではなぜ、「本当の大人」は自分の目で現実を見ようとするのだろうか？

自分が幸せではなかったことをしみじみと悟ったからである。

これまで私はずっとみんなが言うとおりに現実を見、みんなが言うとおりに現実を立ち上げてきた。みんなに合わせ、みんなの役に立つ道具になろうとし、みんなに評価されるように生きてきた。しかしそれで私が幸せになったわけではない。むしろ私はいつも他人を怖れ、他人に評価してもらいたがり、他人と自分を比べ、評価されている他人を羨ましがって生きてきたのである。評価されれば社会の中心に居場所を与えられる。役に立つ人間になれれば幸福になれる。そう信じて私は頑張ってきたのだ。しかし、たとえひとに評価され、その結果、高い社会的地位を得てきたとしても、評価が下がれば一巻の終わりだということは誰よりも自分が知っている。はたから見れば幸福を手に入れているように見えたとしても、「他人たちの社会」に従う奴隷であることは変わりない。むしろ「上手くひとに合わせて生きる」ことができる人、「役に立つ」人ほど「役に立たない」ことができないとも言えるだろう。なぜなら最もひとに合わせるのが上手い人は排除を最も怖れる人だからである。得てきたものが多いほど失う恐怖も大きい。世間で成功したかどうかにかかわらず、すべての私たちはいつでも「他人たち」を恐れて生きているのである。誰もがみんな、そうなのだ。

だとすれば、みんなの言うことを聞くのはそれほど得策ではないと言うことになる。みんなは幸せではないのである。いや、そもそもみんなは「幸せになるために」生きているのではなかったのだ。口では「幸せになりたい」と言うかもしれない。しかし、実際にみんながやっているのは「他人」を恐れ、「他人たちの」世間で生き延びるために自分を殺し、排除の怖れにまみれて自分の人生を使い果たすことなのである。それはどう考えても「幸せな人生」ではない。そのみんなに合わせるというのは結局のところ、「みんなの不幸」に巻き込まれることでしかない。

では、「幸せに生きる」ためにはどうすればいいのだろうか。

四

ハイデガーの答えは簡単である。

幸せに生きればいいのである。

そのためにはどうしても、「現実」を見なければならない。そうハイデガーが言っていることは既に述べた。だがそれは「みんなが立ち上げる現実」ではない。「みんなが立ち上げる現実」を見ることがみんなの不幸に巻き込まれることであることも既に述べた。「自分が幸せに生きる」ためには、「みんなが立ち上げる現実」ではなく、みんなが語らない現実、みんなが眼をそらしてきた現実、どうしても逃れられない現実を見なければならないのだ。

その現実とは何か？

自分が死ぬということである。

私は生き延びることができないということである。

「みんな」は「どうすれば生き延びられるのか」だけを見ようとし、この他人たちの世間から追い出されないように世間にしがみついてきたのである。だがそれは幻想に過ぎない。どうあがいても私は死ぬ。生き延びようとして私自身がしてきたことのすべて、緊張し、我慢し、うんざりし、疲れ切り、納得できないことを呑み込み、評価を怖れ、上司に気に入られようとおべんちゃらを言い、やりたい仕事ではなく生活のための労働をし、着たい服もひとの目を気にして着ず、いつか楽になれる、少なくともひとに合わせていれば差し当たりは排除されないのだからと自分に言い聞かせて嫌な毎日をどうにか呑み込んできたことのすべては無駄だったのだ。いくらひとに合わせ、役に立つ道具になり、みんなに迎合し、みんなから評価されたとしても私は一人で死ぬのだ。世間で得てきたすべての名誉も富も家族も置き去りにして私は一人で死ぬのである。不安に満ちた人生を過ごして私は死ぬのである。自分の死から目を逸らして世間の中に逃避してきた[8]私は、私の人生の無二の時間を、自分を殺して生き延びようとするみんなの幻想の中にただ捨ててきたのだ。もしかすると「幸せに生きるために」使えたかもしれない私の生の明るい時間を、私は「死なないため」の辛い時間に変えてきたのである。

この現実を、本当の大人は見るのである。

この事実を見ることができたら、初めて私はもう一つの事実を見ることができる。

私は、死ぬその時まで生きることができるという原事実である。


死までの時間は残されている。死の瞬間が来るまで私は生きることができるからである。どう生きるのも完全に私の自由である。もちろん、これまで私がしてきたように生き延びの幻想の中に逃避することもできるだろう。だが、もし仮にあと半年、生きることができるのだとしたら、あなたはその半年を、自分を殺し他人の顔色を見ることに費やすだろうか？

時間は私の時間である。

時間は刻々と過ぎていく。

私の死はただ淡々と来るのである。その淡々とした事実が淡々としたものになればなるほど、その事実を明らかに見れば見るほど、私の時間はかけがえのないものになるだろう。こうして初めて、私は「来年」から解放されるのである。

生き延びから解放された私はどうするだろう。あなたはどうするだろう？

行きたかった場所に行くかもしれない。仕事を辞めるかもしれない。おそらくとりあえず明日は会社を休むのではないだろうか。休んで見る景色は違うだろう。もしまだ生き延びにしがみついているのなら、生き延びられないことに絶望し泣いて暮らすかもしれない。だが来年がないという淡々とした事実をそのまま受け入れられるようになれば（そしてそうしなければならないのだ、いくら泣いたって来年はないのだから)、見る景色は違うだろう。鳥が鳴いて日が暖かく差しているだろう。

私は幸せになるように生きればいいのである。私は幸せになるように生きればよかったのだ。私たちは自分の残りの人生の時間の全部を、自分が幸せになるために使えばいいのである。

そのときに私が何をするか。それはまったく「無規定」である。ハイデガーはそう言う。何をするかはまったくわからない。「どこか遠く」へ行ってしまうかもしれない。関係を絶とうとするかもしれない。何をするか、それは完全に私に委ねられている。善悪を考える必要もない。「悪を為すと排除されるから悪を為さない」のは世間が怖いからであり「どうせ死ぬから悪を為す」のは世間を恨んでいるからである。「自分が本当に幸せになるために」何をするのかは世間とは全く関係のないことである。今のままの場所、今のままの関係の中では自由になれないというのなら別のどこかに行くのもいい。だが、ここで奴隷をやめられない人が他所で自由になれるのだろうか。ここで好きに生きられない人が他所で好きに生きることができるのだろうか。ここで幸せに生きることができない人が他所で幸せに生きられるのだろうか。

ハイデガーが言うのは、私が死ぬという事実、そして死ぬその時まで生きることができるという原事実を携えて、元いたここ、「自分の場所」に戻ることなのである。

少し長いがハイデガー自身の文章を『存在と時間』から引用しよう。

先駆的決意性は、現存在を、その本質上の責めある存在において了解する。この了解は、責めある存在を実存しつつ引き受けることを、つまり、非力さの被投的な根拠として存在していることを意味する。しかし被投性の引き受けは、到来的な現存在が、おのれの最も固有な「おのれがそのつどすでに存在したとおりのありさま」であることができ、言いかえれば、おのれの「既在」であることができるというふうにしか可能ではない。私は既在しつつ存在しているというかたちで、現存在がそもそも存在している限りにおいてのみ、現存在は、おのれが復帰しもどるというふうに、到来的におのれ自身へと到来することができるのである。本来的に到来的に現存在は、本来的に既在しつつ存在している。最も極端な、最も固有な可能性のなかへと先駆することは、最も固有な既在へと了解しつつ復帰することなのである。（Ⅲ－59）

死から目をそらさず、自分の死を受け入れて初めて、私は本来、どう生きるのも自分のせいだったのだということに目が覚める。私が他人の顔色を窺って自分を殺してきたのは他ならぬ私自身の選択だった。みんなに迎合して流されてきたのも私自身が選んだことだったのだ。そして、ここから私の死までの時間をどう生きるか、それも私は自分で選択するのである。私がどう生きるのかはすべて私に依るのだ。奴隷のまま生きるのも自分自身の人生を生きるのも、ただ完全に私の選択のみに依るのだ。これまでそうだったように、どんな状況においてもそれは私が決めることなのである。とは言っても、私は非力である。私がこれまで誰かの奴隷として生きてきたその場所で、誰のものでもない自由な一人の人間として生きることはそう簡単にできることではない。これまでの関係を捨て、そこから逃げ出すことは簡単である。だがこれまでの関係を、本当に自分が納得するように生き直すのは困難である。黙って従ってきた相手に自分の考えを明確に伝え、お互いに依存し合っている「みんな」

の外側に独り立つことは困難である。しかし私が本当に自分を取り戻すことができる場所は、私が自分を失ってきたこの場所なのである。私が自分を取り戻すことができるのはこの場所以外にはないのだ。私は非力なまま、私が生きてきたこの場所で、自分を取り戻そうとするのである。「最も極端な、最も固有な可能性」である「私自身の死」までの私が生きられる時間を、私は私が生きるために使うのである。恐怖や恥ずかしさや不安やきまり悪さに心が折れてしまいながら、私は私の時間を私のために選択するのである。

ハイデガーはこんなふうにも言う。

決意性は、おのれの固有な責めある存在をめがけての、黙秘した、不安の用意のある自己企投として規定されていた。決意性がおのれの本来性を獲得するのは、先駆的決意性としてなのである。この先駆的決意性において現存在は、おのれの存在しうることに関しておのれを了解するのだが、それは、現存在は死の面前へと進み出て、こうして、おのれ自身がそれである存在者を、おのれの被投性において全面的に引き受けるというように、おのれを了解するのである。おのれの固有な現事実的な「現」を決意して引き受けるということは、同時に、状況の中へと向かう決意を意味する。（Ⅲ－187）

幸福とは何か。

みんなから評価され有名になりお金持ちになることが幸せになることだと思う人もいるだろう。いや大事な家族がいて子供が元気であれば幸せだと言う人もいるだろう。

しかしこうした幸福は不幸をはらんでいる。「評価され有名になりお金持ちになることが幸福だ」と考える人にとって「評価されず有名になれずお金が入ってこないこと」は不幸である。「大事な家族がいて子供が元気であれば幸せだ」と言う人は子供が病気になれば不幸だろう。幸福は同時に「その幸福が得られない不幸」を立ち上げてしまうのだ。こうした「幸福－不幸」のシーソーを私たちは上がったり下がったりして生きている。幸福になろうとすること自体が私たちの現実に不幸を持ち込むのである。

ここでハイデガーが言ったこと、すなわち私たちは世間のみんなの言うことを真に受けてみんなが言う通りの「現実」を立ち上げている（現成）、ということをもう一度考えてみよう。そうすると、私たちの言う「幸福」というのは、「私自身の幸福」ではなく、「みんなが言っている幸福」であるということに気づく。「評価され有名になりお金持ちになること」も「大事な家族がいて子供が元気」も、両方とも「みんなが言う幸福」なのである。虹が七色だとみんなが言うから七色の虹を見てしまうのと同様に、これが幸福だとみんなが言うから私たちは幸福とはこれだと思い込んでしまっているのだ。だとすれば私は「みんなが言う幸福のリスト」の中のどれかを「自分の幸福」にしているに過ぎない。さらに言えば、そもそも「幸福」それ自体も「みんなが言うこと」なのである。つまり「虹」があるとみんなが言うから私は虹を「見てしまう」のであり、「幸福」があるとみんなが言うから私は幸福を「見てしまう」のである。すなわち「幸福」こそ共同幻想に他ならないのだ。

そう考えると「幸福になりたい」という私たちはいったい何を見ているのだろうか。

実は、私たちの見ているのは「不幸」なのである。私は、「私の不幸」を見ているのである。もちろんこの「不幸」も幻想であることに変わりはない。せいぜい私は「他の人が持っている地位」や「お金」や「素敵な家族」や「健康」が自分には「無い」ことを見て、それを「自分の不幸」だと思っているのである。

一度、こうした「幸福」や「不幸」、「自分の持っているもの」「自分には無いもの」という概念を手放してみてはどうだろうか。本当に美味しいものを食べてみてはどうだろうか。本当に言いたいことを言ってみてはどうだろうか。会社で自分の思う通りの仕事をしてみてはどうだろうか。家族の前で恐れながら自分の「わがまま」を言ってみてはどうだろうか。悲しい気持ち、嫌だったこと、変えたいことを誰にでも伝えてみてはどうだろうか。そうやって、これまでずっと変えたかったことを、変えてみてはどうだろうか。

本当に美味しいものが何なのかがわからない、という人もいるだろう。そういう人は、自分の身体が喜ぶものを探してみてはどうだろうか。自分の言いたいことがわからない、という人もいるだろう。

そういう人は、自分の言いたいことがわからない、ということを、そしてきっとうまく伝わらない下手な言葉を、相手に伝えてみてはどうだろうか。

私たちには時間があるのだ。

何度でもやってみる時間があるのだ。失敗し、伝わらないことに絶望し、わかってもらえないことを悲しみ、探しものが見つからないことに苛立ち、求めていた何かに少し近づいたことを喜び、たとえ相手がわかってくれなくても言うことができたことを喜び、渇いた喉に冷たい水が沁みることを喜び、そうやって自分が自分のために幸せになっていくことを喜ぶ時間があるのだ。たとえみんなに評価してもらえなくても、こうしてようやく私が私自身の友になれたことを喜ぶ時間が、私にはあるのである。

幸せは無規定である。ハイデガーはそう言う。

無規定であるとすれば、私にもまだ私の幸せはわかっていないということである。私が何を気持ちいいと思い、どんな毎日を幸せだと感じ、自分のどんな人生に心から満足することができるのか。それを私はわかっていないのである。

だからこそ、それを探せばいいのではないだろうか。

私が死ぬ日まで、私はそれを探していけばいいのではないだろうか。

今日から私の人生は宝島になる。

私は、これまで悲しかった私の友となって、まだ知らない幸せな人生を探していくのである。

（1）ハイデガーはこれを「空談」と呼ぶ。「父親」とはこんなもの「教師」とはこんなもの、とみんながお互いに喋りあって共有するそのことを聞いて自分もそれに従うのである。

（2）自分の選択に先立って私たちがその都度その場所に「置かれている」ことをハイデガーは「被投」（投げこまれていること）と呼び、言われた通りにその場を自分で立ち上げて自ら「その場の存在」に「なる」ことを「企投」（投げこむこと）と呼ぶ。

（3）「みんなが言った通りに認識する」のはいわゆる「空間」に限ったことではない。例えば、虹が三色だとみんなが言うところでは、虹は三色にしか「見えない」のであり、七色だと言うところでは虹は七色にしか「見えない」のである。すなわち私の見ているあらゆる「現実」が、私たちの語りによって立ち上げてられているのである。私たちの知覚は私たちの語りによって先行されている。

（4）これをハイデガーは「瞬視」と言う。わかりやすい言葉に直すなら「悟る」と言ってもいいかもしれない。すなわち現実を現実のままに受け入れることである。

（5）ハイデガーはこれを「現成（げんじょう）」と呼ぶ。そういう「現実」を立ててしまうことである。

（6）もちろん「自分の目」だって必然的に「みんなの目」の影響を受けている。しかし、あくまで裸の自分の目でこの場を見ようとすることと、「みんな」の眼鏡で見ようとすることとは違う。あくまで自分で判断しようとすることと、「みんな」の判断に従おうとすることとは違う。前者は、みんなの「中」にいようとすることの放棄の上にしか成り立たないのだ。

（7）高級住宅地や高い地位、人が羨む様々なモノを与えられるのは、彼がひとの評価を得ているからである。それだけ彼はひとに合わせ、ひとの期待に応えてきたのである。逆に言えばそれだけ彼は自分を生きてこなかったのである。

（8）ハイデガーはこれを「頽落（たいらく）」という。

第3章　フーコー、ドゥルーズの幸福論　佐藤嘉幸（聞き手　五十嵐沙千子）

半径五メートルから変えていきたい人のために

五十嵐：みなさんこんにちは。筑波大学人文社会系がお送りする人社チャンネル。本日は佐藤嘉幸先生にお越しいただきました。[1] 佐藤先生どうぞよろしくお願いいたします。

佐　藤：よろしくお願いします。

五十嵐：今日は哲学の研究者でいらっしゃる佐藤先生と私が、どんなお喋りができるのかなとワクワクしているところです。それではまず佐藤先生、先生のご専門を簡単にお教えいただけますか？

佐　藤：いわゆるフランス現代思想、社会哲学が大きな軸になっています。フランス現代思想とは、たとえばフーコー、ドゥルーズなど、二十世紀の後半以降に活躍した、サルトルの次の世代の哲学者ですね。とりわけ彼らの哲学の社会的な切り口に関心がある、ということです。

五十嵐：「社会的な切り口」っていうと？

佐　藤：すごく簡単にいうと、「生きやすい社会」とは何か、より自由に生きられる社会、フーコーは「権力」という言葉を使いますが、権力／力関係によって自分が殺されないような社会とはどんな社会だろうか、そんなことを考えています。

五十嵐：「権力」ですね。たしかに、たとえば上下関係とか、強弱などの力関係はどの世界にもあって、それに縛られていると感じている人も多いのかなと思います。それも、ただ、目に見えるような、自分が具体的なあの上司に縛られている、あるいは生徒であれば学校の校則に縛られている、っていうような、はっきり見える縛りだけではなくて、見えない縛り、自分で自分を縛ってしまっている、たとえば「私は女だからこうしないといけない」というふうに、知らないうちに縛っている／縛られているっていう、いろんな場合があると思います。そんな「縛り」に満ちた社会の中で、先生がおっしゃる「生きやすい社会」、「みんなが本当に心を殺さずに生きていける社会」ってどうすれば実現できるのか、興味深いです。

そもそも、先生がこの問題を考えるきっかけは何でしたか？

佐　藤：きっかけとして、フーコーが書いた有名な本に『監獄の誕生』があります。フーコーは『監獄の誕生』の中で、もちろん監獄についても分析するのですが、「規律権力」という概念を使って、たとえば「学校」を分析するわけです。「学校」というとき、たとえば高校までの管理教育を考えていただければいいかと思います。みなさん、そういう教育を経た上で社会に出ていくわけですが、その中で、ある種、自分を殺しているんじゃないでしょうか。先ほど五十嵐先生が言われたように、「私は何々だからこういうふうにしなきゃいけない」という社会的圧力がある。たとえば「女だから」とか、たとえば「若者だから」とか。あるいはもちろん「これこれの地位についたから」とか、あるいは「これこれの地位にないから」とか。社会の中で自分がどういう役割を背負わされているかを、常に他人との関係の中で引き受けざるを得ない。加えて、学校はカリキュラムが決まっているわけですね。とりわけ高校までだと詰め込み教育的な。「これこれを覚えなさい」、「これこれができるようになりなさい」、そういう環境の中で自分を形成していかなければならない。

そういう自分を殺すような環境の中で、我々は自分を形成してきたんじゃないかと思います。私自身、そうした経験に対する違和感がありました。そういったことをフーコーが『監獄の誕生』という本で研究していることを知り、非常に興味を持った。大雑把に言えばこれがきっかけです。

また、いわゆる「批判的な知」に対する思いもあるかもしれません。そもそも社会には「常識」があって、みんなこの「常識」に縛られて生きている、ということがあるわけですが、それが非常に窮屈なわけです。そうした「常識」を疑うことが哲学の重要な役割だと思うんですが、フランス現代思想もそうした「常識」を疑い、社会を変えるきっかけになる「批判的な知」の一形態だと思います。それ以前であれば、たとえばマルクスが「批判的な知」の大きな軸だったわけですが、時代を経る中で、マルクスも踏まえながら、新しい社会のあり方を、より同時代の文脈に則した形で批判的に探っていこう、という思想の運動が出てきた。とりわけ一九六八年前後に出てきたそうした思想の運動の一つとして、フーコーやドゥルーズなどのいわゆる「フランス現代思想」がある、と私は捉えています。それが、私がこうした思想を研究することになったもう一つのきっかけです。

五十嵐：先生のおっしゃることに非常に共感する人も多いんじゃないかと思います。たとえば、小学校一年生になったら、授業の時間は机に座っていなければならなくて、自由に歩いたりとかすると「問題児」ということにされてしまう。「私」は生徒だからとか、「今」はこの時間だからとか、「ここ」は教室だからっていうことで、立場やＴＰＯそれぞれの縛りがあって、それに「うまく縛られる人」と「あんまりうまく縛られることができない人」っていうのに振り分けられてしまう。それが小学校の時から、いえ、幼稚園の時から起きていて、そこにうまく縛られる人が「成功者」として、小中高大っていうふうに生きてくるんだとしたら、大人になるっていうことは「縛られ上手」になるっていうことでもあるのかなと思います。たとえば監獄の囚人って、いつも看守から見張られていると分かっているから表面上はすごく従順に振舞うんだと思うんですけれど、小学生とか中学生とか見ていると、先生の前で良い子になるだけじゃなくて、むしろ「見張る先生がいなくても」良い子になってしまっている。そしてそれが「本当の」良い子だとされている。見張る看守がいなくても良い囚人になってしまっているようなもので、また、そういう良い子たちはお互いに見張り合っていて、何々ちゃんは先生があぁ言ったのにしないんだよ、みたいな感じで人のことも縛る、自分のことも縛る、っていう……。

佐藤：たぶん、五十嵐先生もそうしたことに違和感おありになったと思うんですが、縛られ上手になるのが嫌だということは、哲学をやる大きなきっかけになっていると思うんですね。もちろん、社会で生きるためにいろんな妥協を経て「大人として」行動するということもあると思うんですが、そんな中で哲学の役割とは、「たしかに大人は常識をわきまえて、社会の中でとどこおりなく生きているように表面的には見えるが、実際にはそんなことない、その背後にはさまざまな葛藤があったりしますね」と指摘すること、あるいは、そもそも先程言ったように、「常識」というものを疑いに付すことだと思っています。これはフーコーやドゥルーズに限らない、ソクラテス、プラトンからの哲学の役割であって、哲学の社会的機能とはそうした批判的機能なのだと思います。それを近代社会の中に置くと、同時代にどういった権力構造、どういった社会構造があるのか、その中でより自由に生きるということはどういうことか、といった問いになる。そうした問いが大きな問いとして、私の中にもずっとあり続けているのかなと思います。

五十嵐： なるほど。でも、先生がおっしゃるような「もっと自由に生きられる社会を考えたい」っていう発想は、たぶん普通の大人にはあんまりなくて、普通の大人はとにかく「社会にいるときは我慢、家に帰ってから自由」にすればいいんだと思っている人が大半だと思うんです。そういう大人に対して、そうじゃなくて社会自体をより自由に、より生きやすくした方が良いんじゃないか、って言うと、おそらく、まず出てくる反応の一つ目が、だって社会はそういうものでしょっていう諦め、それに楯突いてもしょうがないよねっていう諦めが一つと、もう一つは、そんなことを言うお前は社会を転覆するつもりなのかっていう抵抗、その二つが出てくると思うんですけれど。佐藤先生のおっしゃる「批判的な知」っていうのは、もちろん諦めではない。でも別に社会を転覆するわけではないですよね。

それこそ、私が佐藤先生とご一緒に大学の仕事をする中で、「この人は違うな」って感じたところなんです。たとえば大学の中にもいろんな常識とかいろんな規則がたくさんある。なかには時代遅れになったものもある。それに対して、仮に変だなと思っても何もしない大人たちが多い中で、私はあんまり諦めない方なんです（笑）。それで「これは変だと思うんですけど」って言ってしまう。普通の人だったら「でもしょうがないよね」っていう反応が返ってくるはずのところ、佐藤先生は違うんですよね。「変えましょう」って言ってくださる。

佐　藤：だいたい規則というものは、たとえ不合理なものであっても、不合理かどうかを問われないまま生き続けていることが多いんです。だからそういうものをもう少し良い形に作り直していく、ということは大事です。あと、それぞれの個人の発意を大事にすることは非常に重要ですね。発意が無くなるようなシステムを作ってしまうと、組織全体が死んでしまう。要するに創造性が無くなるんですね。だから、規則にしても、組織のあり方にしても、自由闊達に議論した上で、より合理的で自由なものに変えていける、ということは非常に望ましいことだし、その上で、より個人の発意を引き出せるようなシステムを作っていくことが重要なんじゃないかと思います。

五十嵐：なるほど。個人が、誰でもどんな人でも自分の声を出していけるシステムを作るっていうことなんですね。そうすると、「批判的な知」とは、今あるシステムや、今ある社会、今ある関係を「転覆する」ものではなくて、それをもっと良くしていくために「作り替える」っていう知だということになる。そして「批判」っていうのは「破壊」ではなくて、「改良」っていうか「改善」であるっていうことなんですね。そしてその「改善」のためには、誰か偉いトップの人が考えて作り変えるんじゃなくて、先生がおっしゃったように、嫌だなとか、ちょっとこれは息苦しいなと感じた人こそが自分の声を出していけるような、そういう社会、そういうシステムを作るべきだ。そういうことなんですね。では、たとえばそういうシステムってどういうものでしょうか？

佐藤：政治制度でいうと、いわゆる「代表制民主主義」という形が普通は民主主義と考えられています。それは、投票で議員を選ぶという形で民主主義を行使するもの、ということになっているわけですが、でもよく考えれば「代表を選ぶ」といっても、選ばれた代表が選んだ人たちの民意をきちんと汲み取って、それを実現しているわけではないですよね。

私は原発の問題についても研究しているんですが、二〇一一年に福島第一原発事故が起きた時に、多くの人々が原発というシステムは危険なシステムと思った。そもそも原発は事故を起こさない安全なものだと政府も電力会社も言っていたわけですが、それが事故を起こし、しかも何万人もの人たちが自分の生きてきた土地から引き離されて避難せざるを得なくなった。この問題は、哲学的な問いを立てることが有効な問題だと思うんです。まず、電力を作るために、「原子力発電」という、放射性物質を扱うような危険な発電方法を採用しているが、電気を作るためにそんな危険な方法を使う必要があるのか。そんな危険な電力生産システムは市民社会と両立し得るものなのか。しかも、そんな危険な原発を地方に押し付けているが、その電気を使っているのは都会の人なわけです。福島では「ここで作っている電気は全て東京のためのものだ」と言われていたのですが、実際その通りで、福島は東京電力の給電範囲ではないし、作った電気はすべて関東地方で使われていた。こうしたことを考えると、これは一体どういうシステムなのか、これは差別を内包しているシステムなのではないか、といった問いが出てくるわけです。

二〇一一年に福島第一原発事故が起こった後、かなり多くの人たちが、原発はもう使わない方が良いんじゃないか、と考えた。日本は地理的に地震が頻発する場所であり、事故が起これば、人間にとって危険な放射性物質が環境に拡散される。そうしたこと考えると、人間は本当にこのテクノロジーと共存できるのか、という問いにまで達するだろうと思うんです。では政治家は何をしているのか、と考えると、相変わらず漫然と原発を使い続けようとしている（最近では、政府は新しい原発を作るとさえ言い始めています）。これについては、多くの人々がおかしいと思っているのではないでしょうか。二〇一一年にかなり多くの人たちが原発は危険だと気付いたにもかかわらず、根本的な解決が図られないまま十年以上原発というシステムが温存され続けている。

そうしたことを考えてみると、「代表制民主主義が民主主義だ」という「常識」について、果たしてそれはそれほど良いシステムなのか、という問いが出てくると思うんです。多くの人たちが望んでいることを実現するのが代表制民主主義というわけではない、ということが分かってくると思うんですね。

それなら、より「直接民主主義」的なものを組み込んだ政治システムが望ましいんじゃないか、また原発について言えば、きちんと住民の意見を反映して政策を作っていくことが望ましいんじゃないか、そういうことになると思うんですね。それは、何でも直接民主主義で決めていけばいいということではなくて、多くの人たちがそれぞれの問題について深く勉強した上で、自分の意見を形成してその意見を表明していく、そういう「プロセス」を重視した政治が、とりわけ原子力政策のような重要な問題については望ましいんじゃないか、ということです。それは私が二〇一一年以降にずっと感じ続けてきていることなんです。

五十嵐：今、先生のお話を伺っていて不思議だな、と思いました。たとえば、福島は二〇一一年だけじゃなくて、その後も長く、風評被害とか、自分の家にもう住めないとか、いろんな悲しみとか苦しみを背負っている。それを知っていながらどうしてそれを今の日本のシステムは無視してくることができたんだろう。もしかするとその原因は、今の日本の大部分を形成している私たちの諦め上手にあるんじゃないかなって思ってしまいました。自分達にも自分の息苦しさはある。でもその苦しさを殺して、辛いけどこんなもんだとか、社会はどうせ変わらないからっていうことで我慢してしまう。自分の中のモヤモヤをスルーしてしまう。自分の頭の中に一つの声しかない。「社会はこういうもの、人間はこういうもの、だからしょうがない」っていう声しかない。別の声、他の声、他者の声を聞かない。他の人の声、少数者の声、辛いなとか、どうにかしたいんだっていう声を自分の頭の中に入れるのは嫌なんだろうなと思います。自分の頭の中には一つの声しかなくて、その声に従うことが自分にとって本当は楽なわけでもないし良いと思っているわけでもないけど、でももうそれでいいんだ、あとは考えたくない、って耳を塞いでしまっていることが、たとえば福島で今生きている人たちの気持ち、福島だけじゃないと思うんですけれど、いろんな思いを抱えている「他なる声」を聞かない、という姿勢につながっているんだろうな、本当は自分の中にもある「別の声」を聞かない人が、つまり自分を殺している人が、他の人のことを殺すんだろうなっていう気がすごくしました。

佐藤：福島第一原発事故は非常に分かりやすい一つの例だと思いますし、私たち全員が巻き込まれた現実としても非常に重要な出来事と思いますね。東日本大震災自体、非常に大規模な震災だったわけで、それに更に大規模な原発事故が重複するという形で、かなり広範な人々が影響を受けた。だから、いわゆる避難地域の人たちだけが影響を受けているというだけではなくて、たぶんもっと多くの人たちが生き方を考え直すような体験をした、それはたとえばコロナが人々に与えた影響もそうだと思うんですが、そういった非常に大きな出来事だったわけです。

しかしそれを、現実の社会をどうやって良くしていけばいいか、という問いに結びつけていけるかどうかがポイントなんですね。すごく大変な出来事が起こった、ということはみんな共有している。もちろん被害には濃淡もあって、自分の住んでいた地域を失った人たちもいれば、そこまでの被害ではなかったけれども影響を受けたという人たちももちろん多いのですが、そこから多くの人たちが、もっとより良い社会にするためにはどうすれば良いんだ、と考えて、それを行動に移していく、ということが重要だったんだろうなと思います。その程度のとても大きな社会的出来事だったと思うのですが、いま五十嵐先生が言われた通り、「日本人は我慢することに慣れている」というのは「諦め上手」とセットになっている、ということだと思うんですね。だからそれを「諦め上手」じゃなくて、「いや、もっといい方向に変えていこう」という回路に結び付けていくことは重要なんじゃないかと、とりわけ哲学を研究してきた者としては思いました。私自身は二〇一一年に、震災と原発事故というこんな大変な出来事が起こったのに、自分が今まで研究してきた哲学を活かせないんだったら、何のために勉強してきたんだろう、ということも思いました（そこから、田口卓臣さんと共著で『脱原発の哲学』という本を書くことにしたわけです）。ですから、諦め上手になるのではなく、それを「社会全体にとってより良いことは何か」という問いや行動に結び付けていくことが重要だし、そうした問いを社会的な活動に結びつけている方も多い。いずれにせよ、震災と原発事故のような大きな出来事を「より良い社会とは何か」という問いに結びつけることは、重要なことだと考えています。

五十嵐：ここまでお話を伺っていて気が付いたことがあります。佐藤先生は「幸せになれる」っていうことを信じていらっしゃる方だなって私は思うんです。

それが他の方とは違う佐藤先生の個性っていうか、「背骨」になってらっしゃるんだろうなって思います。

普通、多くの人、学生もそうなんですけれど、自分が幸せになれるとは思ってないんです。ただ、これ以上不幸にならないように、あるいは社会から追い出されないようにと恐れて、でもそのためにものすごく苦労したり努力したりしないといけないと思っている。その苦労が辛くて、でもそれは自分の居場所を失わないためには必要な苦労なんだって諦めて、頑張って勉強したり仕事をしたりしている。辛いことと楽しくないことがあったとしても、それを我慢しないと私の場所は無くなるんだと思って働いたり勉強したりしているんだと思います。そういう人たちに欠けているのは、「私は幸せになって良いんだ」っていう視点、「私が幸せになる社会を作って良いんだ」、「私たちが幸せになる社会をデザインして良いんだ」っていう視点だと思うんです。

ところが佐藤先生には「私たちは誰でも幸せになって良いんだ」っていう前提がある。そして「じゃあそのために何をしようか？」って相談に乗ってくれる人なんです、佐藤先生って。

佐藤：多くの人たちは実は、自分の居る場所に息苦しさを感じていて、それをもっと良くしたいと思っているんじゃないか。ただ同時に、どうすれば良いかが分からない、ということもあると思うんです。私自身もよく挫折しそうになるんですが、でもとにかく、「何か」を変えていけるんじゃないか、という漠然とした希望は持つ方が良いだろうし、自分を規定している条件を変えていけるんじゃないか、自分の周りの状況、おそらく多くの人たちも、「たしかにそうしたことを実現できた方が良い社会になる」と感じていると思うんですね。だから、多くの人たちとそれほど違いがあるわけではないだろう、と。私は、哲学とは人々の耳にそうした希望を囁くものだと思っているんです。

五十嵐：唆（そそのか）す。

佐　藤：唆す、あるいは囁く。囁くだけでも、結構違うんですね。囁くというのは非常に弱い力のように見えますけれども、でも囁かれることによって、それが唆されるきっかけになるわけです。

五十嵐：いま先生がおっしゃっていることを伺いながら、ある大学院生のことを思い出したんですけれど、彼はバイトをしていて、店員さんなんですけれど、働くことがもう辛くてしょうがないって言うんです。たかが時給九百円とか千円のために、どうして自分はやりたくもないことをしないといけないのか、もう本当に嫌でしょうがないって言うんです。でも、そのバイトを辞めて他のバイトをしてもどうせ結局同じで、人に使われてお金をもらうんだからしょうがないって辛がっているんです。それで、彼に、そのバイト先で、何時から何時までって働いているなかで、自分が嫌なことをちょっと変えてみたら？　って囁いたんです。自分がこうするとちょっと気持ちいいなって思えることをやってみたら？　って。それで、二週間ぐらい経って彼に会ったら、バイトが楽しくなったって言うんです。どうして？　って聞いたら、その人割と綺麗好きらしくて、レジの周りが乱雑でそれが嫌だったっていう。それで、自分の仕事の合間にレジの周りをちょっと綺麗にしてみようと思って、ちょっとその辺を拭いたり並べたり片付けたりし始めた。それから、そこのお店にはかなり高齢の方がお買い物にいらっしゃるらしくて、高齢なので棚のものが取れなかったり、お金もなかなか出せないからレジもその人の後ろにずらっとお客さんが並んじゃったりして、彼はそれを見るのが嫌だったらしくて、だから彼は自分から動いてその人のところに行って「取りましょうか?」って取ってあげたり、レジでお金がなかなか出せない時に、後ろに並んでいるお客さんに声掛けをしたり、「自分が嫌なことを自分で解消する」っていうことをした結果、すごくバイトが楽しくなったって言うんです。

先生がおっしゃったことってそういうことじゃないのかな、って私は思うんです。「もっと社会を良くする」とかって考えると、「そんな大変なこと」とか「大きすぎてどうして良いか分からない」って諦めてしまうんですけれど、たとえば、「あの人困ってるな」とか、「ここ汚くて嫌だな」っていう、小さいこと、自分の手の届く小さい範囲を自分で気持ちの良いようにしていくっていうことは、本当は誰にもできるはず、なのにそれをしていない、なぜなら社会を変えることができないから、みたいな。それを、たとえば佐藤先生は、去年も佐藤先生と私で小さなことを変えたんですけれど、その時の佐藤先生のバイタリティっていうのがすごかった。いや、私は半分諦めていた(笑)んですけど、佐藤先生は諦めないんです。いっぱいいろんなことを調べてきてくれて、中央官庁の人とも連絡を取ってくれて、その結果、大学のシステムが変わったんですね。自分が手の届く範囲のこと、自分が納得できることを、佐藤先生はコツコツやってらっしゃる。その一つが原発だと思うんです。それが、先生や、先生の大の仲良しであるフーコーとかドゥルーズ、敢えて仲良しっていいますけれど、思いを共有している人たちの生き方っていうか、価値観なのかなって思いました。

佐藤:原発のことで今思い出したことがあるんですが、福島第一原発事故後にジャーナリスト、社会運動家として活動を始め、しかも芸人でもあるという変わった方がおられるんです。おしどりマコさんという方ですが、おしどりマコさんの標語は「半径五メートルを変えていく」というものです。自分の周りの半径五メートルから変えていく、という意味ですが、この標語を思い出しました。とにかく変えられるところから変えていこう、しかも身近な人と話をして、おかしなことについてはいろいろアクションしていこう、ということなんです。なぜ私がおしどりマコさんの話をするかというと、原発関係の市民活動で知り合ったということもあるんですが、生き方としても非常に面白い方だからです。そもそも鳥取大学医学部に入ってらっしゃるんですが、阪神・淡路大震災を経験して、人々を笑わせるという方向に魅力を感じたらしく、大学を辞めて、芸人になるという選択をした方なんです。ところがその後、二〇一一年に原発事故が起こると、即座にフリージャーナリストとして原発事故に関する取材を始められたわけです。芸人もしながらです。

とても面白い生き方だなと思いました。半径五メートルを変えていく、という標語も興味深いですが、生き方自体も、自分が経験したことに非常に忠実に行動するというところに特徴がある。ジャーナリストや社会運動家として、いろんなところで、おかしいことはおかしいよね、と言う。しかもただ言うだけじゃなくて、行動もするという人なんです。そういう生き方には非常に共感しますね。

五十嵐：マコさんのお話、半径五メートルって手が届いちゃいますもんね。五メートルだったら自分の手をちょっとがんばって伸ばせば届いちゃう。それなのに手を伸ばさないのか。伸ばさないとしたらそれも自分の選択だけど、手を伸ばせば届く、本当は自分にも何かはできる。それは「事実」なんですよね。じゃあ、伸ばしてみるとどうなるのか？　半径五メートルを変えるとどうなるのか？

それは結局、自分が気持ち良くなるっていうことだと思うんです。「変えることができた」「自分の目の前が綺麗になって良かった」って思うことこそ「自分の幸せ」なんじゃないのかなっていう気がします。

もう一つ、マコさんについて思うのが、「自覚がない」っていうか「アイデンティティが弱い」っていうこと。実は、それは佐藤先生にも当てはまりますし、私もそうかなと思うんですけど、たとえば「大学の教員なのに」とか、「医学部に入ったのに」とか、「男なのに／女なのに」とか、「今はこうなのに」とか、「何々なのに」っていうアイデンティティっていうか、TPOっていうか、そういう自覚があんまりない。あったとしても弱い。確立された「アイデンティティ」があるんじゃなくて「私」がある。固定的な「立場」があるんじゃなくて「私」がある。「芸人だから、ジャーナリストだからこうしなきゃ」じゃなくて、「私が」っていう気持ちの方が強くて、「私が「私の五メートル」の中にいるんだ」って考えると、「私は、今、これがしたい（から芸人になる）」「私は、今、これがしたい（からジャーナリストになる）」「私は、今、これがしたい（から政治活動をする）」「私は、今、これがしたい（から大学のシステムを変える）」っていうのが、全部「私」の中でシームレスに繋がっていてシームレスに動いている。「大学の教員」と「芸人」っていうのが別のことではなくて、「私が今」これをしたい、その「私」が今度はこれをしたいっていうことで、私っていう軸があって、ただそれが「私の気持ちの変化」のままにシームレスにいろんなものに変化していくだけ。

それを「自由」って言うんじゃないかと思いました。もしかすると、そういう「自由」な人たちが増えることが、即、社会がより良くなっていくこと、社会が綺麗になっていくことに繋がるんじゃないかっていう気がします。

佐藤：だから、おしどりマコさんは、すごく面白い。ドイツでも原発のことを取材されたり講演されたりしているのですが、ドイツの学校は日本の学校とはかなり違う、ということをよく話されている。原発事故の講演してくれと言われてドイツの高校に行くと、多くの生徒が事故についてきちんと調べて自分の意見を持っている、質問も議論もとても活発だ、というわけです。日本の学校だと、政治的なことについては中立的じゃないといけないからといって、学校の中で議論しない傾向があるじゃないですか。でもドイツは全く逆で、生徒が未来の主権者である以上、政治的な問題について学校の中でも議論する。それがドイツの主権者教育なので、これは羨ましいなと思いますね。学校の中で自由に考えて、自由に議論できる、これだけでも全然違うということなんです。

自由に考えて自由に議論できるということは、「社会ってどうせこういうものだから、こういうふうにしないといけない」と常識に縛られてそこから動けなくなる、という状況から開放されるということです。これは重要なことですね。

私は二〇一一年以降に原発の問題を研究するようになって、社会運動の現場でいろんな方と知り合ってお話するようになったんですが、みなさんの生き方も含めて、本当に勉強になりますね。

原発をめぐる社会運動の中で私が尊敬している方がもう一人います。小出裕章さんという方です。小出裕章さんは、一九七四年から二〇一五年まで、京都大学の原子炉実験所というところに勤めておられました。京都大学の原子炉実験所ですから、当然、職場のほとんどの人々が原発推進派であるという、いわゆる「原子力ムラ」ですね。その中で、小出さんとその仲間達（研究所のある地名を取って「熊取六人組」と呼ばれています）は「原発は危険な技術だから、我々はそれを無くすために研究します」と宣言して、一貫してそれを実行してきた。それはすごいことですね。自分の職場はまさに「原子力ムラ」そのものなのですが、その中で「いや、私はそういう技術を信奉する生き方はできません、これが危険なものであることはわかっているわけだから、それを無くすための研究をしていきます」と宣言して、ずっとそれを実行してこられたんです。

彼は原子力ムラの中で反原発の立場を取って研究を続けてきたということで、ずっと助手、助教のままだった。でも彼は「いや、私は自分が信じるもののために生きているのであって、世間的な立場とか出世などというものはどうでもいい」と考えて、そのように生きてきたわけです。これは、多くの人たちが憧れるかもしれないけれども、実際にそれを実践することは非常に難しい生き方だと思います。だからこそ、私にとって小出さんは大変尊敬する方の一人なんです。生き方そのものが哲学みたいになっている。あるいは、生き方そのものがソクラテスみたいになっている。つまり、「常識」に囚われた人々の中で、その「常識」にとって耳の痛い「真実」を主張し続けるわけですから。当然払う犠牲も大きい以上（ソクラテスは「常識」の共同体によって死刑宣告を受け、毒を飲んで死にました）、これを実践するのは本当に難しいことだし、だからこそとても勉強になる生き方だと思いました。

いくつかの例を出してみたのですが、いかがだったでしょうか？

五十嵐：「生きる」っていうことを思いました。「生きる」っていうことが「何々になる」ことだったり、「何々である」ことだと思っている人は多いと思います。でもそうではなくて、生きるっていうのは「半径五メートルを正直に生きる」っていうことなんだなって思います。つい私たちは、何かを達成したり、何かの立場を獲得したり、そうやって人から羨ましがられることを「幸せ」っていうことだと思ってしまう。そして「自分もそうなろう」とするんですけれど、そうではなくて、自分が今いるこの場所があって、その都度のご縁があって、この自分の五メートル、その都度のその五メートルを正直に自分に気持ち良いように生きるっていうこと。それが、誰にも奪われないその人の人生になるんだなって。「生きる」って、それを毎日やっていくだけなんだなって思いました。そして、先生と話して良かったなって。

佐藤：小出さんとお話していてすごいと思うのは、実際にこういう生き方ができるということです。しかも、不幸にも福島第一原発事故が起こってしまったけれども、その中で、そしてその後で、こうした方が毅然として発言しているということに感銘を受けます。

彼の生き方そのものが暗闇の中で一つの希望でもあると感じました。多くの人たちは、自分らしく生きるとか、人に縛られずに生きるとか、社会の中で重圧を感じつつも自分の生き方を貫いていくとか、そういうことにどこかで憧れているところはあると思うんですが、実際にそういう生き方ができるわけではない。そういう生き方を実行することは非常に難しいわけです。しかし、そういう困難なことを現実に実践している人がいる、これは一つの希望だと思っているわけです。

　そういう生き方もあるということを示す、囁くということも哲学の一つの役割なのかなと思いました。

五十嵐：でも私には無理だ、って言う人に対して、「五メートルは届かないかもしれないけれど、十センチだったら届いちゃうかもしれないね」「たとえば消しゴムをここに置いてあるのをこっちに移す、その方が私は気持ち良いってことをこっそりやってみてもいいのかな」って囁いてみる。そして「こっそりやってみて意外とイケたわ、みたいなことを積み重ねていくと、五メートルになるのかもしれないね」っていうことを、私も、佐藤先生の後ろから囁きつつ歩いていきたいなと思います（笑）。

　お話の最後に、先生の大好きな、本当に親友でいらっしゃるフーコーとドゥルーズの、フーコーってこんなこと言ったんだよとか、ドゥルーズってこんな人だったんだよっていうのをなにか、私たちに教えていただけますか？

佐藤：とても難しいことを最後に問われてしまいましたが（笑）、たとえばフーコーは同性愛者だったわけで、そのせいで、社会の中で生きることに非常に葛藤があったわけです。想像してみていただければ分かることですが、フーコーが若い時に暮らした二十世紀前半のフランスは、カトリックの国で、非常に保守的な環境です。家族と一緒に子どもを作って、育てていくのが当たり前、というような社会ですね。その中でフーコーは、その重圧を「規範」という言葉で呼びました。規範というのは英語でいうとnormですね。何がノーマル(normal)かを決めているのは、社会であり歴史なのであって、人々はそうした規範に縛られて生きている。「これが普通(normal)なんだよ」と言われて、それを守ることが当然なんだという形で生きている。しかし、それに葛藤する人たちも当然多くいるわけです。

そうした社会構造こそが問題だ、と言い続けたのがフーコーだと思いますね。そうした規範を押し付けてくる権力のことを、フーコーは「規律権力」と名付けたわけです。

ドゥルーズも、どうすればそうした社会的な「規範性」からより自由に生きることができるのか、ということを考えたわけで、そこで彼が言ったのが「生成変化」ということでした。生成変化というのは、要するに「変わる」ということですね。「規範」を背負って「その形」に縛られて生きる、そうした生き方を当然とするのではなく、「変わる」ことを恐れない、「生成変化する」ことを恐れない、ということです。

さきほどのおしどりマコさんの話でも触れたように、突然起きた社会的な出来事、自然に由来する出来事の中で、人間は否応なしに変わらざるを得ない、ということがある。

アイデンティティという言葉がありますが、アイデンティティなどというものは脆いもので、ちょっとしたことで人間は自然に変わってしまう、人間とはそういうものなんだ、つまり「生成変化」するものなんだ、ということです。だからドゥルーズは、生成変化することを恐れないこと、より自由な存在に生成変化することこそが重要だ、と言ったわけです。『千のプラトー』という著書の中で、ドゥルーズと、ドゥルーズの友人のガタリは、「マイノリティになること」、「マイノリティ的なものへの生成変化」ということを唱えています。なぜ「マイノリティーになること」なのかというと、結局、みんな世間的な規範（norm）に縛られて、いわゆる普通（normal）の「マジョリティ」として生きるのが当たり前だと思っているわけですから、マイノリティー的なものに生成変化してみるということを少しでも考えてみてください、というわけです。

たとえば、男性だったら女性の立場になってみる。そうすれば、自分がどれだけ男性として社会の中で優越的な立場を享受しているか分かるでしょう、と。あるいは異性愛が普通（normal）な社会の中で、同性愛の人たちがどれほど過度な重圧をかけられているかを考えてみてください、と。あるいは人種的マイノリティが受けている過度な重圧を考えてみてください、と。最近だとブラック・ライヴズ・マター（黒人の命は重要だ）という言葉が反人種主義運動の一つのスローガンになっていますが、多くの人たちが、黒人であるというだけで社会的権利を奪われているような状況に置かれている。自分が黒人でなければ、黒人になるということを考えてみてください、そういうことを言っているわけです。

とても面白い考え方だと思います。そこから私自身、哲学はマジョリティの側に立つのではなく、徹底的にマイノリティの側に立つことが重要なんだと思っています。だからこそ哲学は常識を疑えるし、何が規範（norm）なのかを問うことができる。そして、規範が必ずしも正しいわけではなく、ただ単に「正しいとされている」だけだ、と言えるきっかけの一つに、哲学はなるんじゃないか。

五十嵐：社会の中で生きていく時に、私たちが切り捨てている声があるっていうことですね。それは他人であったり、マイナーな少数者の声であったり……、そういう、「普通の向こう側」にいる人たちのことを私たちは「そういう人はいるでしょう、でも私は関係ないし」って、切り捨ててきたんですね。その「向こう側」の人たちを切り捨てることで、私たちはあたかも「自分は多数の中にいる」「自分は安全に多数の側で生きている」かのような錯覚を作ってそれにしがみついているんですけれども、実は、向こう側の人たちを切り捨てることで私たちは自分自身を不自由にしてきたんですね。

だとすると、たとえばこれまで自分に禁止してきた「向こう側」に行ってみる、行って「こっち側」を眺めてみる、その気持ちを知る、そしたらそこで生まれてくる声があるはずだ、こちら側の人たちに対して言うことが生まれてくるはずだ、っていうことですね。

先生はおっしゃいましたけれど、そうやっていろんな人の声を「私」という生きている人間の中に立ち上がらせていく、「私」を「一人の私」ではなくて、「たくさんの私」にしていくっていうことが、私が「変わる」っていうこと、「自由に生きる」っていうこと、「幸福に生きる」ってこと。それが「もっと良い社会」を作っていくってことなんですね。

佐　藤：アイデンティティというと、「人間には一個の人格しかない」と思いがちなんですが、実際には、「人間」とはある種の「関係性の束」だったり、ある種の矛盾する「様々な性格の束」だったりするわけですね。

だとすれば、「私」のアイデンティティを、「私はマジョリティとしてのこういう立場に立っている」というところから考えないで、「私の中のマイノリティー的な部分は何なのか」とか、「私は社会的立場としてはマジョリティの立場に立っているが、しかしそれは本当にそうだといえるのか」（たとえば日本人として生まれて、日本国内ではマジョリティの側に立っているが、それが外国に行くと全く単なる「外国人」でしかない）、ということから考えてみれば、私たちがアイデンティティだと信じているもの、あるいは私たちが置かれている社会状況は、実はそれほど強固なものではない、変化しうるものなんだ、ということに気付くのではないか、と思います。

五十嵐：先生、ありがとうございました。もう、本当に。

（1）本章は、「筑波大学人社チャンネル第14回　半径３ｍから変えていく――佐藤嘉幸さんに聞く社会哲学／現代フランス思想の視点から」（https://www.youtube.com/watch?v=F0MfVH-5IXE）に加筆修正を加えたヴァージョンである。

哲学の「三大幸福論」を読む

※なお本文引用後に付す数字はそれぞれ以下の資料からの引用頁を示すものである。
第4章は、ヒルティ著、草間平作訳、『幸福論Ⅰ～Ⅲ』、岩波文庫、一九六一年。本文中の表記では『幸福論Ⅰ』をⅠと略した。（Ⅱ、Ⅲも同じ。）

第5章は、アラン著、白井健三郎訳、『幸福論』、集英社文庫、一九九三年。

第6章は、ラッセル著、安藤貞雄訳、『幸福論』、岩波文庫、一九九一年。


（「哲学の「三大幸福論」を読む」は、『倫理学』三六号（筑波大学倫理学研究会、二〇二〇年）所収の論文「哲学における幸福論——ヒルティ、アラン、ラッセル」に大幅な加筆修正を加えたものである。）

第4章　ヒルティの幸福論

五十嵐沙千子

ヒルティ（Carl Hilty, 1833-1909）の著書 “Glück”（『幸福論』）は、一八九一年から一八九九年にかけて出版されたものである。

その冒頭部分でまずヒルティは、「人間の本性は働くようにできている」（Ｉ－15）と言う。ヒルティにとって仕事・労働とは、人間が生活するためにやむなく行うものではなく、むしろ人間が人間として本来的に生きる時間、つまり人間として on である時間である。それを支えるものとして休息（off）が存在する。車を動かすためにガソリンが必要なように、休息は人を「働く」という本来のあり方へと充電するためにあるのだ。だから「本当の休息はただ活動のさなかにのみある」（同）。そして「こうした自然の休憩によって中断されるだけの、絶え間ない有益な活動の状態こそが、この地上で許される最上の幸福な状態なのである」（Ｉ－16）。つまり「人間の最上の幸福」とは、人間が人間である時間、絶え間ない有益な活動＝働くことのうちにあることなのだ。

もちろんここで言う「働くこと」が「有益な活動」と限定されていることには注意しなければならない。「どんな仕事もみな同じだというわけには行かない。見かけだけの仕事もある。つまり、単なる見かけが目的の仕事、または見かけだけのためにある仕事などである」（Ｉ－18）。ヒルティが例として挙げるのは「いわゆる「ご婦人がたの手芸」の一部分、特に以前によく見られた道楽半分の無意味な軍人生活、……それから自分の財産の単なる「管理」」(同)などである。これに加えてヒルティは、「名誉心や貪欲、わけても生活維持の必要」(I－22)のための仕事もまた「有益な仕事」ではないと言う。なぜならわれわれがこれらの「仕事」をするのは、自分の暇つぶしや名誉、社会的評価、あるいは生活を維持するためであって、その目的が達成されれば(あるいは達成できないとわかれば)動機付けを失ってしまうものだからである。ここでは仕事は自分の欲望を叶えるための手段である。そしてヒルティはこれらの動機を「低い」と言うのだ(同)。

では「高い」動機とは何か？　ヒルティによれば人が働く「高い動機」とは、「仕事そのものに対する、あるいはその人々のために仕事をしなければならぬその人々に対する、愛や責任感情」(同)である。高い動機の仕事において人は「自分」のために働くのではない。高い動機において人は何よりもまずその「仕事」そのものを愛するがゆえに働くのであり、またその仕事を通して出会う「人々」を愛し、その人々に対する責任を果たそうとするがゆえに働くのである。だからこそこうした仕事には「より多くの持続性があって、必ずしも結果に拘泥しないという特質をもつ」(同)。たとえ仕事がうまくいかなくても、仕事そのものに対する愛があれば、あるいは目の前にいる人々を自らの仕事によって支えようと願う場合には、「失敗しても飽きていやになったり、成功しても満足して熱意を失ったりすることがない」(同)。私の愛する仕事は自分の目の前にあって私自身を待ち、また私がそのために働こうとする人々もまた私の目の前にあって私を必要としているからである。高い動機に基づく限り、私の仕事は終わることがない。私の「仕事」は生きている限り私を鼓舞し、充電と休息を挟みながらも私を終わりのない仕事に置き続けることになる。私はもはや自分のために生きるのではなく仕事のために仕事をし、目の前の人々のために働くのである。ここにおいて初めて人は自分以外の何ものかを愛するのであり、しかもまさに自らの仕事において／自らが働くということにおいて愛するのである。この仕事をヒルティは「有益な活動」と呼ぶのだ。そして「我を忘れて自分の仕事に完全に没頭することのできる働きびと（アルバイター）とは、最も幸福である」（I－19）と言うのである。

これに対し、先述のとおり「我を忘れる」ことのない人間、すなわち自分の利益のために働く人間、あるいは「どうしたならこの地上の生活において、自分のために最高の幸福を見出すことができるか、という問題[2]」（I－55）に拘泥する「低い動機の利己主義者」は幸福になることはできないとヒルティは言う。自分の幸福を求め探す限り、その人は幸福にはなれないとヒルティは考えるのである[3]。

この「利己主義者」の例としてヒルティが出すのはストア派の哲学者エピクテトスである[4]。ヒルティによればエピクテトスは次のように言っている。

「世にはわれわれの力の及ぶものと、及ばないものがある。われわれの力の及ぶものは、判断、努力、欲望、嫌悪など、ひと言でいえば、われわれの意志の所産の一切である。われわれの力の及ばないものは、われわれの肉体、財産、名誉、官職など、われわれの所為（せい）でない一切のものである。われわれの力の及ぶものは、その性質上、自由であり、禁止されることもなく、妨害されることもない。が、われわれの力の及ばないものは、無力で、隷属的で、妨害されやすく、他人の力の中にあるものである」（I－43－44）。

「自分の力の及ばないもの」に手を出さないというのは賢いやり方であり、「及ばないもの」をどうにかしようともがくのは愚かである。だからエピクテトスは言うのだ、「それがわれわれの力の及ぶものであるかどうかを検べるがよい。そして、もしそれがわれわれの力の及ばないものであるならば、次ぎの言葉を用意せよ、「それは、わたしにはかかわりがない。」」（I－46）、と。肉体も財産も名誉も官職も「自分の力の及ばないもの」「他人の力の中にあるもの」であり、われわれの思い通りになるものではない。だとすれば、「どうにもならないもの」を「どうにもならないもの」として冷静に受け入れること、「どうにもならないもの」をどうにかしようとして自ら破綻するのを避けること、それがわれわれに「できる」最大のことだということになる。

さらにエピクテトスは次のことを教える。それは、われわれに降りかかる「不幸」は実在するものではない、ということである。エピクテトスによれば、「不幸」とは、人がそれを「不幸」として見るから「不幸」だと見えるものに過ぎない。「実在する」のは「何らかの具体的な不幸」ではなく「何かを不幸と考える自分の考え」であり、「人を不安にするものは、事柄そのものではなく、むしろそれに関する人の考え」（I－49）なのである。たとえば人が誰かに虐待されたとする。その不幸な人間に対してエピクテトスは言うのだ、「きみを虐待するものは、きみをののしったり打ったりする人ではなく、これを屈辱と考えるきみの観念である。だれかがきみを怒らせたなら、それはただきみ自身の観念がきみを刺激したのである。それゆえ何よりもまず、事の起こった瞬間に、その観念のために心を奪い去られぬようにつとめるがよい」（I－62）、と。「自分が虐待されたということ」は「虐待された」と考える自分の観念によって生じるとエピクテトスは言うのだ。だから「われわれは、何物かによって妨げられ、不安にされ、あるいは悩まされたなら、決して他人を咎めてはならない。むしろ責むべきものは、われわれ自身、ことにそれに関するわれわれの考えである。自分の不幸のために、他人を責めるのは、無教養者の仕方であり、自分を責めるのは、初学者の仕方であり、自分をも他人をも責めないのが、教養者の、完全に教育された者の、仕方」（I－49）なのである。

われわれが不幸なのは自分が不幸だと考えるからなのだ。「きみが苦しめられたくないと思うとき、だれもきみを苦しめることはできない。きみが自ら苦しめられたと考えるときにのみ、きみは苦しめられるのである」（I－76）。だからわれわれが不幸になりたくないのなら、われわれは何よりもまず自分自身を不幸に陥れている原因＝「自分の考え」をコントロールしなければならない。例えば次のように。「もしきみが一個の壺を見るならば、その時きみの見るものは一個の壺であると自分に言い聞かせるがよい。そうすれば、それがこわれても心の平静をやぶることはないであろう。もしきみが妻子を胸にいだくならば、きみの愛撫するものが一人の人間であることを、自分に告げるがよい。そうすれば、その人が死んでも狼狽することはないであろう」（I－48）、と。たとえ何が起きてもそれを不幸だと思いさえしなければわれわれは不幸になることはないのだ。

こうしてエピクテトスは次のような結論に達する。「すべて世間の事柄は、きみの欲するままに起これよ、と望んではならない。むしろ世に起こることは、その起こるがままに起これ、と願うがよい。そうすればきみは幸福であろう」（I－51）。

これがエピクテトスの考える幸福への道筋である。われわれは外界の出来事をどうすることもできない。また、他者の心や行為を動かすこともできない。しかし、われわれは自分自身の意志によって、外に対する（そもそも不可能な）操作を一切放棄し、その出来事を受け入れるという選択をすることはできるのである。この選択においてこそ人間は外界の出来事から自由でいられる。人間にとって自由にできるのは外部の出来事ではなく自分の意志だけなのだ。思うに任せず翻弄されることの多いこの地上の生活において自分の被害を最小限に食い止め、自分自身を救うのは他でもないこの自分自身の意志なのである。こうして、エピクテトスにおいては、「完全に教育された者」、自己完成した者は、自分がどうすることもできない外的出来事に動じることはもはやないのであり、外からもたらされる「不幸」に抗して自由な主体であることを得るのである。(5)

ヒルティは、こうしたエピクテトスを「哲学的利己主義」（I－55）だと批判する。

ヒルティは言う。「われわれはただ、われわれ自身のためにのみ生きているのではない。われわれの自己完成のために生きているのですらない。それればかりでなく、自己完成なるものがそもそも、他人に対する配慮なしには成り立ちえないのである。ところが、古代哲学の根底には、いったいに、どうしたならこの地上の生活において、自分のために最高の幸福を見出すことができるか、という問題が常に潜んでいる。個人の最高の形成の問題も、古代哲学からはすでにいくぶん縁遠い問題であり、単に幸福の手段としてのみそれは考察されてきたのである」（同、一部既出）。

たしかにエピクテトスは「自分だけの」幸福を求めたわけではない。だが彼が「自分のための」幸福、すなわちいかなる外的条件にも左右されない自分の内面的安定を確保する手段を模索したことは事実である。その手段としてエピクテトスは自分自身の意志を強化し理性を伸長させるという方策を立てたのだ。彼にとっては、自らの意志で自らをコントロールしうる力能ないし徳を持つ者のみが自らの「幸福」を実現することができるのである。だが、その力能を持たない愚かな者は不幸に留まる。幸と不幸の全ては本人の意志と理性と知性にかかっているのである。だからストアにおいて「徳はこの世における唯一の福であり、悪徳は唯一の災いである。…（中略）…徳は英智であり、悪徳は愚であって、両者の間にはどんな過渡的段階も存在しない。人間における最高のものは、この道理を洞察する理性（nus）であり、次ぎにはこれを実行し、確保する意志力（thymos）であり、そして最後に、この二つの精神力によって正しい限界内にとどめられる欲求の能力が来るのである」（I－104）ということになる。不幸を免れることができるのは自己を制御できる英知ある高邁な人間であり、不幸なのは愚かで低劣な者なのである。

ヒルティからすれば、エピクテトスを代表とするこうした「ストア主義はさながら一つの哲学的兵営であって、そこでは人類のすぐれた一部の人々が常に厳格な義務を果たすことによって、その報酬として他の人々に対する支配と、高められた階級意識とを持つのである」（I－105－106）。

しかも、もしここで要求されているような高いレベルにまで自己の意志と理性と知性を鍛錬し、またこうした「高い自己」を人生のどの場面においても維持し続けるという難事を達成したとしても、その結果得られるストア的「幸福」なるものはせいぜい「不幸を減ずる」程度のものでしかない。「彼等の幸福はむしろ消極的で、人生には必ず付随する災いを主観的にできるだけ少なくすること」に尽きる（I－56）とヒルティは言うのである。

では、ヒルティ自身の考える幸福とは何なのだろうか。

まず、ヒルティはエピクテトスの前提それ自体に関しては同意する。エピクテトスはこう言ったのだった。「すべて世間の事柄は、きみの欲するままに起これよ、と望んではならない。むしろ世に起こることは、その起こるがままに起これ、と願うがよい。そうすればきみは幸福であろう」この地上の生において自分の欲することだけが起きるということはあり得ず、むしろ起きて欲しくないことが起きることがわれわれの日常だからである。われわれは「不幸」を避け得ないのだ。だとすればわれわれにとっての問題は「不幸」を生起させないことではなく、「不幸」があるにも関わらず幸福であるにはどうすればよいかということになる。だからヒルティもエピクテトスと共にこう言うのだ、「幸福とは、もはや外的運命に支配されることなく、完全にこれを克服した、この不断の平和のことである」（I－245）、と。

ヒルティとエピクテトスでは、「しかしそれに到達する道からいえば、違っている」（I－52）のである。

好ましくないことが起きるとき、それに対する対処は三つある。一つはその不幸に巻き込まれて苦しむ道である。二つ目はストアの道、すなわちその不幸を意志によって克服する道である。ストアにおいては、この地点に達するためには、自らの意志と力能によって「不幸」を克服すること、もはやどんな不幸にも振り回されない自己を形成することが必要条件だった。これはすなわち「不幸を不幸と考え、そのことによって不幸を実在させてしまう自己（＝巻き込まれる自己）」を「不幸を不幸と考えないことによって不幸を不在化させる自己（＝巻き込まれない自己）」に作り変えること（自己形成）

によって不幸をかわす道に他ならない。

「幸福とは、もはや外的運命に支配されることなく、完全にこれを克服した、この不断の平和のことである」（既出）が、この幸福を実現するために、ストアは、「外的運命」をすべて、主観の映し出す幻影として脱権力化し克服したのである。しかし、あらゆる外的運命が中性化されたこの「不断の平和」の中で、たしかに不運は不運ではなくなるが、同時に幸運もまた喜ぶべき幸運でなくなってしまう。ストアの管理された内的世界には苦しむべき不運はない。だが喜ぶべき幸運もないのだ。ヒルティがエピクテトスの「幸福」を「消極的」と言うのはそれだからである。

ヒルティは「積極的」な「幸福」をいかにして実現するのか？

すべてを神からの恵みと置き換えることによってである。この三つ目がヒルティのやり方、すなわち意志を放棄する道である。ヒルティはただ自らを委ねよと言うのである。

好ましくないことが起きたとき、すなわち不幸を、ヒルティはまさに「不幸」として受け取れと言うのである。しかも同時に「自らに対する賜物」として受け取れと言うのである。「自らの力の及ばないものをそのままにせよ」というストアの命令は、ヒルティにおいては「あらゆるものを喜び迎えよ」と命ずる命令に転化するのだ。

そもそも起きていることはすべて「自らの力の及ばないもの」、「外的運命」であり、自己の好悪に関わらず外からわれわれに与えられたものである。出来事に限ったことではない。われわれがここに生きているのもわれわれ自身の努力によるものではなくわれわれが呼吸をしているのも自らの意志によるものではない。自分の意志を超えたこの絶対的受動性をわれわれは既に生きているのだ。われわれにできるのは「与えられている」というこの受動性を生き切るか、あるいはその事実性に抗うかの二択である。そしてすべてが与えられたもの／自分を超えるなにものかによって自らに下されたものであるとするのなら、われわれはそのなにものか／われわれを超える-ものである超越-者に自らを委ね、与えられる生を「恵まれた生」として生きるしかない。ヒルティはあらゆるものを喜び迎えよというこの命令を神への帰属の命令として与える。

ヒルティはこの超越者を神と呼ぶ。この超越者を神と呼ぶのは神が超越-者であるからに過ぎない。ヒルティは彼の住む世界の文化にしたがって超越者を神と呼び、その伝統にしたがって「キリスト教」を通じての超越者への近接路を守ろうとしたのだ。森で深呼吸をすることの喜びも息が詰まる苦しみも共にこの自己の視点をはるかに超越する者、すなわち神から与えられたもの、恵みである。そして、恵みとして受け取ることのできる者こそ幸福なのである。

こうして、もはやヒルティにおいて不幸は存在しない。「不幸」も自己において生まれる「苦しみ」もすべてが神からの恵みなのである。たとえば「厭なことが実際訪れた場合、それを避けようとはせず、道理にそうてそれを活用し、克服しなければならない。神はそれをあなたに送らざるをえなかったのだ。そうしなければ、神は、精神的により高い人を育てることができないからである」（Ⅲ-353）。われわれが受ける「いろいろの苦痛は「それぞれ大きな幸福へ入る門」であるといってよい」（Ⅰ-243）。だから、たとえ「病気のときでも、あるいは、何事かに思いわずらって、その好結果の得られる望みがほとんどまったく絶えたときでも、おのれの一切の行動を神にゆだねて信頼しきること、これが神に仕えるという意味である」(Ⅱ-77)。「したがって、苦しみに出会ったら、まず感謝するがよい。それから、その苦しみが何のために役立つかをたずね給え。あなたがそれをただ避けようとせず、その苦しみの意味を理解しようと真剣に願うならば、やがて必ずそれを発見するであろう。……これこそ、高きをめざす一番の近道である。この場合、ひたすら神の導きに信頼する以外には何ものも必要でない」(Ⅲ-353)のだ。

神に仕えること、自分に理解できないものを理解できないままに超越者からの恵みとして受け入れること。この幸福の地平に存在するのは「哲学的兵営」でもなければ「常に厳格な義務を果たす人類のすぐれた一部の人々」でもない。高きをめざすには「何ものも必要でない(6)」。「自力による徳というものを、キリスト教はまったく信じない」(Ⅰ-106)。必要なのはただ、超越者に従うこと=仕えることだけなのだ。

ヒルティは言う。「われわれがおよそ達しうる最高の段階は、パウロがピリピ人に送った手紙で述べている。ピリピ人への手紙二の一四・一五、三の一二―一五、四の四―八・一二・一三・一八。それは、神が欲したもうような単純な人間となることであって、人間が自分自ら気にいるような者や、幾千年来人間が人為的に教育してきたような者になることではない」(Ⅱ-349)。人間が達しうる「最高の段階は、自分の運命を、ただ不平を鳴らさずに、あるいは受動的な忍耐をもって、受け取るというだけではなく、それが正しい運命だという喜ばしい確信をもって迎えうる境地である。これができる人は、キリストとともに言うことができる、この世ではなやみがある、しかし、わたしはすでに世に勝った、と」(Ⅲ-119)。

だがもちろんこうした「神のみこころに従う生活は、それに先立って、本来利己的にできている自然的存在（それが上品であるか、粗野であるかは、実質的に区別がない）の完き改造を要求する」（I－106）。神のみこころに「従う」こと、「生まれながらの利己心を完全に捨てて、おのれの意志をのこらず神に委ねること」（III－70－71）、すなわち自己の利益を捨て自己の不幸を喜ぶことは難しいからである。エゴは自己利益を求めるのだ。したがってもし真に神に従おうとするなら「その前に、先ずほんとうの死〔我意の死〕がなくてはならない」（III－71）。もちろん、「ここに死というのは、利己的生活をめざす我意の放棄を指すのである。」（II－304）。

だが、こうした「死」も、自ら生起させるものではない。ヒルティは言う。「正しい生涯においては、おそかれ早かれ、あのジェノヴァの聖カテリナの「すべての我意は罪である」という烈しい言葉が、真理となる瞬間がやって来る」（同）のである。われわれはそれを待ち、受け入れれば良いのだ。

> われわれは自分を神もしくはキリストにゆだね、家の鍵をまったく無条件に神の手に渡さねばならない。そうすれば、神からわれわれは愛をさずけられるだろう。この愛はいかなる人も自分では得られないものであって、しかもそれは人間を変化させる原理である。こうしてわれわれは、自分では決して打ち破ることのできない利己心を無くすることができるのである。（II－315）

ヒルティにおいて、幸福になるのは簡単なことである。

われわれの人生は始めから成功を約束されているのである。私は神が意志する通りに生きれば「良い」のだ。神の意志に喜んで身を委ねれば「良い」のだ。私は私自身の持ち物ではなく神の持ち物だからである。だとすれば私にできる最大のことは、自己の身体を神に差し出すこと、神のプログラムを自己の身体において生きること、自己の視野をはるかに超越する神の意志を実現する場となることである。しかも私は既に神の道具なのである。

だとすれば私は何も計算しなくて良いのだ。私は既に神のプログラムだからである。

地上に限定された私の狭い視野でどちらに行けばいいか、どうすればよいかと案じることはないのだ。私は自らのままに生きれば良いのだ。神が作った私のままに生きれば良いのだ。超越する見通す神が私を配置するからである。私は神の内にある。私が何をしようと、すべては神の善である。しかもすべてが善であるということを私は私の視野からは決して見ることができないにも関わらず私はそれが善であることを知るのである。だからヒルティは言うのだ。「それ故、心の喜ばしさは、つねに信仰のまことの証明である」(Ⅲ－83)。「信仰とは、神に対する従順を本体とする、理想的生活への勇気である」(Ⅲ－85)、と。

こうして、ヒルティにおいて、人間に許される最大の幸福の中で「神の支配と自由とが人間において合致する」(Ⅱ－329)のである。

(1) Well-being は「健康であること」とも言える。では「健康」とは何か。WHO憲章では以下のように定義している。「健康とは、肉体的、精神的及び社会的に完全に良好な状態であり、単に疾病又は病弱の存在しないことではない」（"Health is a state of complete physical, mental and social well-being and not merely the absence of disease or infirmity."）。「健康」といえば、まずは身体的なものを思い浮かべることが多いのではないだろうか。しかし、ただ表面上病気でなければいいというものではない。肉体的にも、精神的にも、更には社会的に見ても、全てが良好な状態でなければ、健康とは言わない、ということだ。また、同憲章にはこんなことも謳われている。「到達しうる最高基準の健康を享有することは、人種、宗教、政治的信念又は経済的若しくは社会的条件の差別なしに万人の有する基本的権利の一つである。」「全ての人民の健康は、平和と安全を達成する基礎であり、個人と国家の完全な協力に依存する。」「ある国が健康の増進と保護を達成することは、全ての国に対して価値を有する。」つまり、健康が個人にとって、また国家にとっても極めて大切なものであり、その達成に向けて個人と国家が協力していくことが必要ということである。これが既に半世紀以上前に作成されており、今でもなお憲章としての意味を持ち続けているのである。（厚生労働省ＨＰより。https://www.mhlw.go.jp/wp/hakusyo/kousei/14/dl/1-00.pdf）

（2）「低い動機」で働く場合には、彼は当然「仕事」を自分の益（評価や地位が得られる仕事／金銭を稼げる仕事など）のために選ぶのだが、「高い動機」で働く場合には「仕事」それ自体を選ばないことさえある、ということは興味深い。「高い動機」の仕事において、まず彼は、彼が置かれた仕事そのものへの愛や責任に、また彼がその前に置かれた人々に対する愛と責任に基づいて仕事をするのだ。自己利益の計算を欠くがゆえに、彼は「自分にとって都合の良い仕事」を選択することはないのである。

（3）ここにおいてヒルティの「高い」動機と「低い」動機の区別は明確である。ヒルティは「自分」を超越する動機を、自分を超える高い動機と呼ぶのであり、自己利益を超越することのない動機を、自己にとどまる低い動機というのである。

（4）興味深いことにこのストアの哲学者の考えは現代の心理学に非常に近いものがある。さらに面白いことにエピクテトスとヒルティの立ち位置も一見上かなり近いのだ。だがそれにも関わらず両者の距離は無限に隔たっている。だからこそヒルティはエピクテトスが著した『提要（Enchiridion Epicteti）』の全文を本書に載せ、批判を加えているのである。

（5）こうしたストアの考えは現代の選択心理学やセルフマネジメントの考えに通じる。

（6）ストアとの対比で言えば、「ストア主義は人生の苦難を否定し、常にすぐれた精神力をもってこれを蔑視しようとつとめる。ところが、キリスト教の方は、人生の苦難を現実的存在として充分これを承認するが、それと同時に、ある力を人に与え、より高い、より内的な幸福を約束して、それによってその苦難を堪えやすくし、いな、むしろそれを無意義にさえするのである」（I－52）。

第5章　アランの幸福論

五十嵐沙千子

アランは次のように言っている。(1)

自分のやっている職業に不平を言っているような人に、あなたは毎日、すくなくともひとりぐらいは出会うだろう。そして、その人の文句は、いつでも、じゅうぶんもっともだと思われるだろう。**どんなことにも文句はつけられるものだし、なにものも完全ではない**からだ。

あなたが教師だったら、こう言うだろう。なにひとつ知らない、なにひとつ興味をもたない粗暴な若者たちを教えなければならないのだ、と。技師だったら、山のような無用の書類に埋められている、と言うだろう。弁護士だったら、こちらの言うことを聞きもせず居眠りしながら条文を読んでいるような裁判官の前で弁護するのだから、と言うだろう。あなたの言うことはたしかに真実だ。そしてわたしもそのとおりだと思う。こういう事がらはつねに、人が真実であると言える程度には、真実である。その上、胃のぐあいが悪いとか、靴がぬれているとかであれば、わたしにはあなたの言うことはしごくよくわかる。まさにこういうことのために、人生や、人間や、またもしあなたが神の存在を信ずるなら、神さままで呪うことになる。(198)

こうした不平を言う人はよくいる。彼らはたいてい疲れていて、そして不幸である。

とはいえ、一つ注意すべきことがある。それは、そんなことを言えばきりがないし、悲しみは次から次にと悲しみを生みだす、ということだ。なぜなら、そういうふうに運命について不平を言えば、不幸を増すことであり、笑う希望をすべてあらかじめとりあげてしまうことであり、そのために胃そのものまでいっそう悪くなるからである。もしひとりの友人がいて、なにかにつけて悲痛の思いで不平を言ったとすれば、もちろんあなたはかれをなだめて、世の中を別の角度から見させるように努力するだろう。それなら、なぜあなたは、あなた自身にとっての貴重な友とならないのか。(199)

小雨が降っているとする。あなたは表に出たら、傘をひろげる。それでじゅうぶんだ。「またいやな雨だ！」などと言ったところで、なんの役に立とう。雨のしずくも、雲も、風も、どうなるわけでもない。「ああ、結構なおしめりだ」と、なぜ言わないのか。もちろん、こうあなたが言うのをわたしが聞いたからといって、雨のしずくがどうなるわけでもない。それは事実だ。しかし、そのほうがあなたにとってよいことだろう。あなたのからだ全体がふるいたち、ほんとうに暖まることだろう。……人間のことも雨同様に見なすがいい。それは容易なことではない、とあなたは言うかもしれない。ところが、容易なのだ。雨に対してよりもずっと容易なのだ。なぜなら、あなたが微笑したところで雨に対してなんということもないが、人々に対しては大いに役立つからだ。そして、たんに微笑のまねをしただけでも、もう人々の悲しみや悩みを少なくする。(200)

あなたが不平を言ったからといって、どうともなるものではない。そして、わたしは不平の雨にびしょぬれになり、この雨は家のなかまでわたしを追いかけてくる。ところが、雨降りのときこそ、晴れ晴れとした顔が見たいものだ。それゆえ、悪い天気のときには、いい顔をするものだ。(284)

アランの言うことは平明である。自分の状況に不平を言うな、たとえ不幸な「雨」のときでも「微笑のまねをしろ」ということ、つまりどんなときでも微笑していろということ、その一点である。微笑しても「雨に対して」どうにかできるものではない。だが微笑は「あなたにとって」良いことであり、しかも「人々に対して」は大いに役立つことなのだ。しかもそれは「容易なこと」である。微笑の「まね」をする「だけ」ならいつでもできるはずだからだ。だとすれば、その容易にできる「微笑のまね」をせず、雨だから不平を言う者、雨だから幸福でない者は、外的状況に依存し、「不幸である」ことを自らに許し、不幸の中に「居座る」者である。彼は「不幸」の外に出ようとはせず、きりなく不平不満を言うことで「自らの」不幸を増し、そのことによって周囲の「人々の」気分をも害する「無作法者」なのである。(2)

不幸だったり不満だったりするのは、むずかしくない。人が楽しませてくれるのを待っている王子のように、坐っていればいい。……かれらの理屈もなかなかもっともであることは、わたしも知っている。幸福になることは、いつでもむずかしいのだ。……しかし、全力を尽くしてたたかってからでなければ、けっして負けたと思ってはならないというのは、おそらくもっとも明らかな義務であろう。そしてとりわけ、わたしに明らかだと思われるのは、幸福になろうと欲しないならば、幸福になることは不可能だということである。それゆえ、自分の幸福を欲し、それをつくらなければならない。(285)

こうしてアランは言う。

わたしはあなたに上機嫌をおすすめする。これこそ、贈ったり、もらったりすべきものだろう。これこそ、世の人すべてを、そしてなによりもまず贈り主を豊かにする真の礼儀である。これこそ、交換によって増大する宝ものである。……ひとこと親切なことばを言い、ひとこと感謝のことばを言いたまえ。冷淡なうすのろに対しても親切にすることだ。あなたは、どんな小さな浜辺までも、この上機嫌の波のあとを追っていけるだろう。(あなたがそのように接すればたとえ混んだ忙しい店内でも)ボーイはちがった調子で料理をたずねるだろうし、お客たちが椅子のあいだを通るしかたも変わってくるだろう。……それゆえ、よい馭者となることだ。馭者席にゆったり腰をおろして馬の手綱をしっかり押さえておくことだ。（248－250、（ ）内は引用者）。

われわれは幸福を「つくらねばならない」とアランは言う。幸福が向こうからやってくるのを「待つ」のではない。自分で「つくる」のである。それには「微笑のまね」をし、「ひとこと」感謝のことばを言えばよい。相手が感謝する価値のある人間だから感謝するのではない。どんなうすのろに対しても親切にするのである。

仮にもし自分が冷淡なうすのろのせいで不幸になったとしよう。たしかにそれは無理からぬことである。だがそうだとしても、そこで起きている事実は「自分が不幸になった」ということ、この一点である。不幸に「された」自分は不機嫌になり、その不機嫌に巻き込まれて周りの人たちは悲しい思いをし、その結果、レストランで過ごす時間は台無しになってしまう。これがそこで起きる「事実」である。

これに対し、たとえ相手が冷淡なうすのろであったとしても、自分という「馬の手綱をしっかり押さえて」礼儀正しく感謝をし、「自分が」上機嫌でいるなら、状況は変わる。周りの人たちも巻き込まれずに済む。これもまた「事実」である。

だとすれば自分は不幸にされたのではない。「自分が」不幸になったのである。そして自分が不幸になったせいで、自分が不幸な状況を現実に立ち上げているのだ。

だから幸福「である」ことはむしろ人間の「義務」である。「幸福であることが他人に対しても義務である」（286）のは、人間には「雨だから」といって周囲を害する権利はないからである。「雨降りのときこそ」晴れ晴れとした顔をしなければならないのは自分が「幸福である」ことが自他を晴れやかに／幸福に「する」からである。「幸福である」ことは他者に対する「礼儀」であり、自他に対する「もっとも美しく、もっとも気前のいい捧げ物」（同）なのだ。[3]「幸福それ自体が美徳」（277）なのである。

もちろんこれまで不機嫌を続けてきた人間が「微笑のまね」をするのは簡単なことではない。だが「はじめからうまくいかないことは、どんな種類のことにせよ、あらゆる試みの法則である。……たとえ釘一本打つだけのことでも、だれでもはじめはへたなものだ。しかし、練習によって獲得できる腕まえには限度というものがない」（218-219）。それをしないで不機嫌に居座るのが不幸な人間なのだとしたら、不機嫌な人間、すなわち不幸な人間とはエゴイストである。もし幸福になりたいなら、まずは自らが「幸福になろうと欲し、それに身を入れることが必要である」（279）。逆に、その練習に打ち込まず、「全力を尽くしてたたか」うこともせず、「幸福に通路をあけ、戸口を開いたままにしておくだけで、公平な見物人の立場にとどまっているならば、入ってくるのは悲しみであろう」（同）。「エゴイストが悲しいのは、幸福を待っているからである」（280）。

悲観主義は気分に属し、楽観主義は意志に属する。成り行きにまかせる人間はみんなふさぎこんでいるものだ。……根本的には、上機嫌などというものは存在しないのだ。しかし正確に言えば、気分というものはいつでも悪いものであり、あらゆる幸福は意志と抑制とによるものである。……楽観主義は誓いを要求するものであることが、よくわかる。はじめはどんなに奇妙に見えよ

うとも、幸福になることを誓わねばならぬ。主人の鞭で飼い犬の叫びをやめさせなければならないのだ。（288―289）

根本的には、上機嫌などというものは存在しないのだとアランは言う。冒頭の引用の通り「どんなことにも文句はつけられるものだし、なにものも完全ではない」からである。われわれが幸福を「つくらなければならない」のは「なにものも完全ではない」からなのだ。状況が完全に良いものでないと幸福になれないのだとしたらわれわれは一生幸福にはなれないだろう。だからわれわれは「よい馭者」となって「馬の手綱をしっかり押さえ」、「主人の鞭で飼い犬の叫びをやめさせなければならない」。われわれはいつでも悪い「気分」を「意志」で抑え込まなければならない。自分の思い通りにならないから不幸だと言う無作法なエゴイスト、思い通りにならないことを嘆く「気分」という飼い犬を、われわれは鞭で打って「黙らせ」なければならない。雨が降れば気分は沈む。だがその気分に引き摺られていては自他を不幸にするだけである。「あらゆる幸福は意志と抑制によるもの」なのだ。だがそれは意志で気分を変えることではない。

> 気分にさからうことは、判断力のなすことではない。判断力はここではなんの役にも立たない。そうではなく、姿勢を変えて適当な運動をやってみる必要がある。というのは、わたしたちの身体のうちで、運動を伝える筋肉**だけが、わたしたちが統御しうる唯一の部分**だからである。（44―45）

わたしたちは気分それ自体を変えるのではない。仮に気分を黙らせたとしてもそれですぐさま明るい感情が生まれるわけではない。意志で明るい感情を生めるわけではない。だが、「意志は情念に対してなんの力もないが、運動に対しては直接の力をもっている」(59)のだ。だからわたしたちは自分の筋肉を動かさなければならないのである。微笑む顔の筋肉、うなだれた気持ちの時に姿勢を正す背筋、ため息ではなく深呼吸をする胸をわたしたちは意志によって動かすことはできる。だからわれわれはそうしなければならない。なぜならできることはそれだけだからである。もしわたしたちが真に幸福であろうとし、不幸であることを手放そうとするのなら、そしてエゴイストであることを放棄し、人々を愛そうと思うのなら、そして、わたしたちが真に不幸から自由であろうとするのなら、わたしたちにできることはそれだけなのだ。

だからアランは言う。まるで「ダンスのようにして」(255)、上機嫌の人を見習って「幸福」の仕草を覚えよ、と。「初めは奇妙なことに見えても」、あたかも幸福な人間であるかのように、あたかも上機嫌であるかのように振る舞え、と。「優しさ、親切、快活さなどをまねるならば、それは不機嫌や、さらに胃病に対してさえも、すくなからぬ手当てとなる。頭を下げたり、微笑したりする運動は、怒ったり、不信の念をいだいたり、悲しんだりするという、その反対の運動を不可能にするという長所がある。だからこそ、社交生活、訪問、儀式、祝祭などがいつでも喜ばれるのである。それは幸福をまねる機会である」(57–58)。そしてもし、自分が「不幸である」という「しつこい考え」に捕らわれたなら、「まるで筋肉をほぐすみたいに、肩をすくめ、胸をゆす」(58)り、喉を締め付けるのをやめ、幸福な人があたかもそうであるように肩を楽にし、「身ぶりをととのえ、和らげ」(同)、「かたくならず、混乱せず、したがってこわがらずに」(255)、微笑して上機嫌に振る舞えば良いのだと彼は言うのである。

これを実際に「する」のか。あるいは冷笑し、横目で見て通り過ぎるのか。

先の引用文でアランは、幸福になるためにまず第一にしなければならないのは「幸福になることを誓うこと」だと言った。それは「他ならぬこの自分自身が幸福になること」なのであって、「自分を幸福にしてくれる外の何かを探し求めること」ではない。「人間が幸福をさがしはじめるやいなや、幸福を見いだしえない運命におとしいれられる。……もし、あなた自身の外部で、世界のなかで幸福をさがすなら、けっしてなにものも幸福の姿をとらないだろう」(270)。幸福とは「いま現にもっていなければならないのだ。幸福が未来のなかにあるように思われるときは、よく考えてみるがいい。それは、あなたがすでに幸福をもっていることなのだ」(同)。

もし幸福が自分の自身の「外部」に、そして「未来」のなかにあると思うならわたしたちは「幸福をさがしはじめる」だろう。実際、そう思っているからこそ人はいつも「幸福を」探している。しかしそれは同時に今の自分が「幸福を」持っていないこと、「幸福」ではないこと、自分の中にではなく自分自身の外部に自分を幸福にしてくれる「何か」(ないし誰か)があるのだということを前提している。

だがわたしたちが「いま現に幸福をもっている」とすれば、それは「外部」の状況に関わらず、いま「すでに」わたしたちが「幸福をもっている」ということである。そして、わたしたちがいますでに「幸福をもっている」とすれば、わたしたちはもはや幸福に「なる」必要はないはずである。なぜならわたしたちはすでに幸福だからである。

だとすれば、驚くべきことに、わたしたちは「幸福になる」ために「幸福のまねをする」のではないということになる。わたしたちは、幸福をもっているにも関わらず「不幸である」というあり方をとってきたのだ。「幸福をもっている」にも関わらずわたしたちがとってきた「不幸である」という振る舞いが、わたしたちに「不幸」を現出させ、わたしたちを不幸に固定してきたのだ。であれば、わたしたちが「幸福である」ためには、わたしたち自身の「不幸の振る舞い」「不幸の態度」を撤廃すれば良いのである。アランによれば「幸福」は「態度」である。だがその前に、そもそも「不幸」も「態度」だったのである。

その「不幸の振る舞い」をリジェクトして「幸福である」という本来のデフォルトにわたしたちを置き直すことこそ、アランの「幸福の振る舞い」の学びに他ならない。

もしわたしの幸不幸が外的事象に依存しているのなら、わたしはわたしを振り回す外の世界を恐れて臆病になり、緊張し、絶えず「不幸である」ことを呪いかつ恨まなければならない。わたしが「不幸である」のは外的事象のせいだからである。わたしは不幸にされたのだ。

これに対し、もしわたしの幸不幸が自分自身の手の中にあるとすれば、わたしは外の世界に恐れるものを持たない。外の状況はいつでも不完全である。だがわたしはわたしの幸福の主人だからである。

わたしは他に依らず、幸福なのである。

こうしてアランにおいて、幸福になるということは自立することである。

だから面白いことにアランは、「ほんとうに礼儀正しい人間は、軽蔑すべき、あるいは悪意のある人間を、きびしく、乱暴なまでにあつかうことができるだろう。これはけっして無作法ではない」(258) と言うのである。

そもそもアランが不幸を非難したのはそれが人々を「嫌な気持ち」にさせるからであった。幸福とは彼にとって、人々を「害し」、嫌な気持ちにさせない「礼儀」なのであり、人の気分を「害する」行為こそ無作法であるとされたのである。つまり他人を「嫌な気持ち」にさせること、人の気持ちを害することは、無作法＝礼儀に反する行為である。しかしアランは、「ほんとうに礼儀正しい人間」は人を害し乱暴に扱うことができると言うのだ。しかもそれは無作法ではないと言うのである。しかも彼は続けてこう言うのだ、人を「良い気持ち」にさせるための「故意の親切もやはり礼儀ではない」(同)、と。「廷臣の礼儀というものがあるが、これはりっぱなものではない。さらにまた、これはけっして礼儀ではない。故意になされたものはすべて礼儀のなかには入らない」(同)。また「計算ずくのへつらいも礼儀ではない。礼儀というものはただ、人が考えもせずに行い、表わすつもりでないものを表わす行動に関係する」(同) のだ、と。

どういうことだろうか。

たとえば「軽率になにかの話をして、思いもしなかったのに人の気持ちを傷つける」(同)、「思いついたことをなんでも言ったり、最初の感情に溺れたり、驚き、嫌悪、楽しさなどを、自分の感じたものがなんであるかわからないうちに、慎みもなく表わすような、軽はずみな人間は、無作法な人間である」(同)。彼はただ状況に巻き込まれ自分の気分に「溺れて」いる。彼は自分の手綱を持とうともせず、「思いもしなかったのに人の気持ちを傷つけ」ているのである。「無作法な行為とは、思いがけない跳ね弾である。礼儀正しい人はそれを避けるし、それに触れるのは触れようと思う場合だけである。かれは触れたほうがいい場合にしか触れない。(だが)礼儀正しいということは、かならずしもへつらうことを意味しない」(259、( )内は引用者)。他者を害しようなどと「思いもしなかったのに」害してしまうのは無作法である。だがそれは、他人にへつらうこと、故意に他人を良い気持ちにさせようとすることが礼儀だということではない。

だとすれば、礼儀正しさとは、単に他者を「傷つけない」ことではない。単に人の気持ちを「害しない」ことが礼儀なのではない。礼儀正しい人間は、たとえ人を傷つける結果になるとしても、それでも他者の傷に自ら「触れようと思う場合」にはためらわず、自分によって他者が負うその傷を明瞭に直視しながら他者を「乱暴に」扱うことができるのである。「なぜなら、もし危険な人物の急所を突きさすことが必要だと判断したら、それは、その判断する人の自由だからである」(同)。

不機嫌さから無闇に剣を振り回して他者に危害を加える者は無作法である。これに対し、剣の扱いを心得、普段は上機嫌であって自分の剣の射程を知り、したがって剣を無駄に抜くこともせず、しかし自分で必要だと判断した場合にはその上機嫌を保ったまま熟練の外科医が執刀するように何の躊躇もなく相手の急所を突きさす人間こそ礼儀正しい者である。

こうしてアランにおいて、礼儀正しい者とは自分において自由な者である。彼は他者にへつらうこともなく、無意味に不幸に居座ることも、またその不幸のせいで暴走して周りを害することもなく、楽に自分の手綱を握っている者である。彼は自分自身の主人なのだ。主人が自分の家にいるように、そして家に友人を迎えたかのように、どんな時も、どんな人間に対しても彼は自由に振る舞う者なのである。「礼儀とは習慣であり、気楽さである。無作法な人とは、あたかも皿やがらくたを装飾皿とまちがえて壁にかけるかのように、自分のしようと思っていることとは別なことをする人のことである」(同)。

この能力、世界に恐れるものを持たず、自分自身の手綱をやすやすと手にし、外的事象の作用からも自分の気分からも、したがって「不幸」からも自由であり、なにものにも妨げられることなく他者に、そして世界に相対し、自分のしようと思うことをし遂げる能力を持つ者、それこそ礼儀正しい者であり、自ら「幸福である」者である。

「幸福とは、アリストテレスの言うように、能力のしるし」(274)なのだ。

アランは、幸福であろうとするわれわれに言うのである。

解きほどけ、解放せよ、そして恐れるな。自由な人は武装を解いているものだ。(275)

(1)アラン(Alain)は、本名 Emile-Auguste Chartier, 1868-1951。本書の原題は『幸福に関する語録』で

あり一九二五年に出版されたものである。

（2）自ら不幸である者は以下のような病人と同じだとアランは言う。「自分でひっかいては、苦痛のまじった一種の濁った快感を自分にあたえる病人がいる。そんなことをして、あとになってもっとひりひりする痛みに見舞われる。みずから喜んで咳をする連中と同じで、自分自身に対して一種の熱狂を起こしているのだ。これこそ、間抜けな人間のやり方だ」（195）。アランは他の場所でも不幸である者を病気になぞらえている。「不機嫌につきもののあの犬のような唸り声は、まず第一に改めるべきものである。なぜなら、これはわたしたちの内部にある確かな病気であって、それは、わたしたちの外部にあらゆる種類の害悪を生み出すからだ」（288）。

（3）アランはこう言っている。「もしたまたま道徳論を書かねばならないようなことがあれば、わたしは上機嫌を義務の第一位におくだろう」（228）。

第6章　ラッセルの幸福論(1)

五十嵐沙千子

ラッセルによれば不幸とは「治る」ものである。「私の目的は、普通の日常的な不幸に対して、一つの治療法を提案することにある。……私の信じるところでは、こうした不幸は、大部分、まちがった世界観、まちがった道徳、まちがった生活習慣によるもので、ために、人間であれ動物であれ、結局はその幸福のすべてがかかっている、実現可能な事柄に対するあの自然な熱意と欲望が打ちくだかれてしまうのである。こういうことは、個人の力でなんとかなる事柄である。そこで、私は、人並みの幸運さえあれば、個人の幸福がかち得られるような改革を示唆したいと思うのである」(14－15)。

不幸は、まちがった世界観、まちがった道徳、まちがった生活習慣によるものだとラッセルは言う。それが変わらないかぎり不幸な人はどこまでも不幸なのだ。そのことを彼は「人びとが食卓についたときのふるまい方の違い」(174)を例に説明する。

私は、大食漢と健康な食欲のある人との間には、つねに深いところで心理的な違いがあると思っている。一つの欲望が度を過ごして、他の欲望をすべて犠牲にしてしまうような人は、通例、根ぶかい悩みをかかえていて、亡霊からのがれようとしている人である。飲酒狂の場合、これは明白だ。人びとは、忘却するために飲むのである。……求めているのは、対象そのものを楽しむことではなく、忘却なのだ。(186)

大食漢は身体がはちきれるまで食べる。たとえ自分の健康を損なっても彼は食べるのをやめることができない。自分には何かが足りないのだ。その何かを満たし自分の欠落を忘却するために彼は浴びるように食べ、そして飲む。彼は「根ぶかい悩みをかかえていて、亡霊からのがれようとしている」のであり「求めているのは、対象そのものを楽しむことではなく、忘却」なのである。食べて楽しいわけではない。食事を詰め込んで欠落が埋まるわけでもない。だが形だけでも自分を「満たす」手段は食べ物しかない。彼は不幸だから食べるのだ。そして食べても埋まらない欠落を忘れようとして食べ続けるのである。

他にも不幸な食べ方はある。例えば「食事など退屈以外の何物でもない人びとがいる。……食事なんて、自分が住んでいる社会の流行の命じるままにただもう習慣的に行なっている行事にすぎない、……他のすべてのことと同様に、食事はわずらわしい。でも、大騒ぎしてもはじまらない。他のすべてのことも、やはりわずらわしいんだから、という」(174)人間である。「次に、義務感から食事をする病人がいる。なぜなら、体力を維持するためには少しは栄養をとらないといけない、と医者に言われたからである。それから、美食家がいる。彼らは、期待をもって食べはじめるが、申し分なくうまく料理されたものは何ひとつないのに気づく」(174-175)。

食べることを楽しんでいる人間は彼らの中には誰一人としていない。不幸な生き方をしている人間は不幸な食べ方をするのである。彼らは「食べ物」として世界から与えられたものを享受することができない。享受するつもりもない。それどころか「彼らには、腹がへったから食事をおいしく食べるとか、おもしろい見ものや驚くべき経験を種々提供するから人生をエンジョイするなどというのは、下品なことに思われる」(175)のである。彼らは「健康な食欲の持ち主を軽蔑し、自分のほうがすぐれた人間だと思っている」(同)。彼らは「楽しむため」「エンジョイするため」などといった「下品な」目的のためではなく、もっと別の目的のために生きているのだ。そして彼らは不幸なのである。

　では彼らは何のために生きているのか？

　彼らの中には、たとえば罪悪感を持つ人間がいる。

罪悪感を持つ人間とは、罪の意識に取り憑かれた人間である。彼が何か具体的な悪事を働いたわけではない。だが彼は「絶えずわれとわが身に非難を浴びせている」(17)。なぜなら「彼は、自分はかくあるべきだという理想像をいだいている。そして、その理想像は、あるがままの自分の姿と絶えず衝突している」(同)からである。彼はいつも自分自身を隅々まで見張り、あるべき自分に達していない不完全な自分を責めて不幸になっている。彼は常に自分に理想を強いる「良心的」な人間であり、したがって常に「理想に達していない罪」であるがままの自分を咎め続ける「罪びと」(同)なのである。だが、その「罪」というのは、たとえば、どんな人にも親切に振る舞わなければならないとか、好き嫌いがあってはいけないとか、残さず食べなければならないとか、汚いことばを使うのは下劣な人間だとか、自分の本音を率直に伝えてはならないとか、大抵その程度の、ラッセルに言わせれば

「まったく合理的なうらづけのないもので、普通の人の普通のふるまいにあてはめることはできない」(109)ような「ばかばかしい道徳律」(18)であることが多い。[2] しかしこうした「ばかばかしい道徳律」が彼の「無意識の中に根をおろして」[3] 彼を苛み続けているのだ。

こうした道徳律は、ラッセルによれば「ほとんどすべての場合、当人が六歳以前に、母親や乳母の手から受けた道徳教育」(108)に由来する。ここには幼稚園や小学校の教師も含まれるだろう。[4] こうした大人たちが教え込む「道徳律」にいつでも小さな子供は従うのだが、それはもちろん従わないと愛してもらえないからである。あるがままでは受け入れてもらえない。それを子供は骨身に染みて学んでいる。そして、従う＝愛される／従わない＝拒否されるというこの明白な二元論を幼児期に身体化してしまった彼は、大人になっても自分の「あるがまま」を否定し続け、「あるべき」理想像に押しつぶされながら、「従う」という命令に服従し続けるのである。だからラッセルは言う。「不合理をつぶさに点検し、こんなものは尊敬しないし、支配されもしないぞ、と決心するのだ。不合理が、愚かな考えや感情をあなたの意識に押しつけようとするときには、いつもこれらを根こそぎにし、よくよく調べ、拒否するといい。半ば理性によって、半ば小児的な愚かさによって振りまわされるような、優柔不断な人間にとどまってはいけない。あなたの幼年時代を支配した人たちの思い出に対する不敬を恐れてはならない」(114)、と。

罪悪感以外にも人を不幸にする原因はある。ねたみである。ねたみというのは「他人と比較してものを考える習慣」(95)のことである。「たとえば、私が不自由しないだけの月給をもらっているとしよう。私は満足すべきだが、どう見ても私よりも優秀だとは思えないような人が私の二倍の月給をもらっていることを耳にする。私がねたみ深い人間であれば、自分の持っているものから得られる満足は、たちまち色あせてしまう」(96－97)。今の月給は彼が人生を楽しむに十分なものである。だが彼は不幸である。不当にも自分の月給が他人より低いからである。自分が持っているものが他人より「劣っている」こと、すなわち自分が「劣っている」立場に置かれたことが彼には許せない。(5) そして彼は自分を「劣った位置」に置いて苦しみを与えた他者を引き摺り下ろし、そうすることで溜飲を下げようとするのである。「ねたみ深い人は、他人に災いを与えたいと思い、罰を受けずにそうできるときには必ずそうするだけでなく……できることなら、他人の利益を奪おうとする」(93)のだ。もちろんそれで彼が幸福になれるわけではない。いつでも「自分より上の人間」はいるからである。彼のねたみは止むことがない。こうしてねたみ深い人間は一生ねたみ心に苛まれながら、せっかく自分が持っているものを楽しむこともなく、満足と楽しみから遠く離れ、人より上か下かの数直線の上を行ったり来たりし続けるのである。まさに「他人と比較してものを考える習慣は、致命的な習慣である」(95)。

「ナルシスト」と「誇大妄想狂」もねたみの一種である。ナルシストとは「自分自身を賛美し、人からも賛美されたいと願う習慣を本質とする」(19)人間である。ねたみ深い人間の目的が自分より上にいる他人を引き摺り下ろすことにあったとすれば、ナルシストの目的は自分自身が他人より上の位置に行くこと、世間の人たちから評価され称賛されることにある。彼は他人から称賛されるようになりたいのだ。だから彼は、称賛されるために「称賛されるようなこと」をする。「たとえば、あるナルシストは、大画家に払われている尊敬に感銘して、美術学生になるかもしれない。しかし、彼にとって絵は目的に対する手段にすぎないので、テクニックなどはてんでおもしろくならないし、どんな主題でも自分と関係づけて見ずにはいられない」(同)。したがってナルシストは必然的に不幸になる。なぜなら「およそ仕事上の本格的な成功は、その仕事で扱う素材に本物の関心があるかどうかにかかっている」(20)がゆえに「世間への関心はと言えば、世間に称賛されたいということのみであるような人間は、所期の目的を達成する見込みはない」(同)からである。[6] しかもさらに不幸なことに、彼がこうして自分の人生を費やした「絵を描くこと」それ自体は、**本来彼がしたかった**ことではなかったのだ。「誇大妄想狂」も同じである。世界のすべてを自分のものにしようとし、すべての人の上に立とうとする誇大妄想狂は「魅力的であるよりも権力を持つことを望み、愛されるよりも恐れられることを求める点で、ナルシストと異なる」(20-21)が、ナルシストと同じく、自分の力を拡張し他人の称賛を集めるという目的のために、自分の人生を浪費してしまうのである。[7]

こうした例は「挫折した画家」や「独裁者」という極端なものだけではない。まさにこの人間の典型としてラッセルが挙げるのはわれわれの身近にいる「善き人」である。実際、「ほかの人のためになると信じている行ないをすることから得られる喜び」(128)を好んで口にして、「他人のために」「誰かのために」「社会のために」善行をする「慈善家」は世間に多い。「善行を行う立派な人」になることは、「有名な画家」になることに比べれば比較にならないほど簡単だからである。さらに彼は「誰かのために」という「善意」を押し付けてその相手を支配することもできる。「召使いのために」「召使いの身持ちを監督する女主人」、「生徒のために」自分の生徒に勉強やきまりを強制する教師、また「子供のために」子供の人生の決定を握ろうとする親たち[8]は、自分の助力が必要に違いないと彼らが勝手に決めたその相手に対して「上」に立ち、あたかも恩恵を下すかのように権力を振るい、しかもそのことで「善き人」という評価を得ようとするのである。「人の上」に立ちたいナルシストたちにとって「善行」はかなり魅力的な選択肢なのだ。

ラッセルは言う。「私たちが善行をする動機は、自分で思っているほど純粋であることはめったにない。権力欲は油断ならぬものだ。いろいろな姿に変装し、しばしば、ほかの人のためになると信じている行ないをすることから得られる喜びの源になっている」(同)。しかし、それで称賛を得たとしても彼らはやはり幸福ではない。彼らは絶えず称賛され続けなければならないからである。そうでなければ彼らの不安は消えない。そうやって彼らは「称賛されること」を探して自分の一生を終えるのである。

こうしてみると、罪悪感を持つ者も、またねたみや権力欲に駆られる者も、同じ情念に突き動かされて生きていることがわかる。それは自分が幸福ではないという感情である。彼らは自分がまだ幸福ではないと前提し、それゆえに幸福になろうと欲している。彼らはいつでも幸福の外部にいる。そして幸福の王国に入る鍵を血眼で探しているのだ。その鍵こそ他者たちからの承認なのである。

ラッセルは次のように言う。

> 極端な形では、被害妄想は狂気の一種とされている。世の中には、ほかの人が自分を殺そうとしているだの、刑務所へ入れようとしているだの、そのほか重大な危害を加えようとしているだの

と空想する人たちがいる。空想上の迫害者から身を守ろうと思って、彼らはしばしば暴行を働き、ために、彼らの自由を拘束することが必要になる。これは、他の多くの狂気の形と同じように、**正常とみなされている人たちの間にも決して珍しくない傾向の誇張された事例にすぎない**。(122)

殺されたり刑務所へ入れられるという恐怖、すなわち世界から追われ排除されるという妄想は確かに狂気である。だがこの妄想は、これまで取り上げてきたような「正常とみなされている人たちの間にも決して珍しくない傾向の誇張された事例にすぎない」。なぜなら「ほとんどの人は、自分の生き方や世界観が自分と社会的関係を持っている人びと、とりわけ共に生活している人びとから大筋において是認されるのでないかぎり、幸福に**なれない**」(138)からである。われわれはいつでも他者を恐れている。他者から許されない限り、他者たちで構成されたこの世間で生きていくことはできない。われわれが義務を守り道徳に従うのも他人から否定されることを恐れるからである。人の上に立ち権力を持とうとするのも、あるいは他人のために尽くし善行をしようとするのもそれが他人から感謝され世間から称賛されることだからである。自分が幸福になる可能性、いやむしろこの世間で生き延びていく可能性は、他人にどう思われるかに掛かっている。生殺与奪の権は他人が握っているのだ。その他者に排除されるのではないかという恐ろしい妄想の中でわれわれは他者の顔色を見て生きているのである。

　だがそうした他者依存的な生き方が、われわれを自分自身の真の幸福から疎外していることもまた事実である。自分自身は何を善とし何を悪とするのか、自分が本当にしたかったことは何なのか、自分の真の喜びはどこにあるのかをわれわれは探したこともない。「自分のしたいようにするなど、そんなことは世間に受け入れられるはずがない」からである。

しかし幸福な人間はいるのだ。

ラッセルは言う。「健康な食欲をもって食べはじめる人たちがいる。食べ物を喜び、十分に食べれば、そこでおしまいにする。人生の饗宴の前にすわる人たちも、人生の提供するよきものに対して同じような態度をとる。幸福な人は、いま言った、いろんな食べ方をする最後の人に相当する」（175）。幸福な人間とは、食べ物をひと口ごとに「喜び」、自分が食べたいだけ「十分に」食べ、「そこでおしまいにする」人間である。彼は責められないために食べるのでもなければ褒められるために食べるのでもない[9]。彼は**自分が喜ぶように**食べる。彼は**自分が喜ぶように**生きているのだ。彼は自分の幸福のために生きようとするのだ。幸福な人間とは自分の幸福を生きる人間である。彼は自分を尊ぶのである。

こうしてラッセルは言う。「自尊心がなければ、真の幸福はまず不可能である」（240）。

自尊心のある人間とは、他人を顧慮しない人間である。たとえば彼は道徳に従うことをしない。彼が道徳的な行為をするとすればそれはその行為が道徳的だからではなく、その行為自体を欲したからである。「子供がおぼれるのを見て、助けたいという直接の衝動にかられて子供を救ったとしても、あなたの行為はやはり道徳的と言えるだろう。これに反して、「無力なものを助けるのは美徳の一部である。ところで、私は道徳的な人間になりたい。それゆえ、私はこの子を助けなければならない」

と自分に言い聞かせるとすれば、あなたは、助ける前よりも助けたあとのほうがはるかに悪い人間になるだろう」(272)。

自分が食べたいから食べたものがたまたま他人から褒められても彼には無意味なのと同様、道徳的だという称賛も道徳的ではないという責めも彼には無意味である。(10) 目の前にいる他人を怖れ他人に承認されるために、あるいは罪悪感という形で彼が占領されている見えない他人たちに愛されるために彼は自分の行動をとるのではない。彼は他人や世間に従うのではなく彼自身の深い衝動に従うのである。彼は自分に従うのであり自分を尊ぶのだ。では彼は利己主義者なのか? そうではない。

不幸な人間はいつも他人を顧慮している。他人を顧慮しないことは彼には不可能である。だが彼が他者を顧慮するのは自分のためである。不幸な人間は自／他を切り離し、自分がこの世界で生き延びるために自分を疎外して他者に迎合する。そして自分にそうさせた他者たちに、すなわち自分の生殺与奪の権利を握る他者たちに敵対しているのだ。彼は自分のために他者を操作しようとする利己主義者であり、そのために自己の幸福を疎外する不幸な人間なのである。

ではなぜ、幸福な人間は他者を顧慮しないことができるのか?

それは彼がすでに世界の中にいるからである。

彼は他人から排除されるのではないかという他人への不信と怖れの中で生きているのではない。彼はただ自分を尊び、この世界の中で自分が真にしたいことをしようとしているのだ。彼は安心してこの世界を自分の居場所とし、自分の人生を享受しているのである。

もちろん彼の望みが全て叶うわけではない。「私の個人的な活動が何であろうと、私は死によって、あるいは何かの病気によって、敗北させられるかもしれない。……ひょっとすると、絶対に成功に至らない愚かな進路に乗り出してしまったのかもしれない。純粋に個人的な希望は、無数の形で挫折するものであって、避けがたいものかもしれない」(260－261)。

だがそれは彼の幸福には何の関係もないことである。なぜなら彼は既に幸福だからである。彼の成功と彼の幸福は、たまたまうまくいった行為の成果とその結果として得られる他人たちからの称賛にあるのではなく、自分が真にしたいことをしているその行為そのものの中に、そして自分がその行為をすることができるこの世界への信頼の中にあるからである。「自分も大発見をしたいと願っている科学者も、それに失敗するかもしれないし、頭をなぐられて研究を放棄しなければならないかもしれない。しかし、もしも、科学の進歩に個人的に貢献することだけではなく、科学の進歩を心底願っているのであれば、ひたすら利己主義的な動機から研究している人と同じような絶望を感じることはないだろう」(261)。たとえ彼が彼の短い一生の中で脚光を浴びるような成果を出せなかったとしても、彼の学問が世間的に見れば失敗に終わったとしても、「その目的においては、あなたは孤立した個人ではなく、人類を文明生活へと導いた人びとからなる偉大な軍勢の一員なのだ」(249)。しかも、彼が科学を愛し、自らが愛する科学の研究で自分の人生の毎日を幸福にしたという事実は、何ら微動だにしないのである。

こうして幸福な人間は幸福に生き、不幸な人間は不幸に生きる。

不幸な人間は絶えず他人の方を向いている。世界とは他人の場所、そして他人とは彼を世界から排除する権利者である。

それなら権利者の側に立てれば彼は幸福なのか？

そうではない。他人に受け入れられ権利者の側に立てたとしても同じことである。彼の世界がこの二元論でできている以上、権利者＝排除者と被排除者は交代する明暗でしかない。

それなら、他人への恐れを捨てれば幸福になれるのか？

そうではない。なぜなら「他人に対する恐れを捨てる」ことは、まず「自分を排除する恐ろしい他人」を措定した上でその「恐ろしい他人に対する恐れを捨てる」ことだからである。この循環する自縄自縛のなかで「他人に対する恐れ」を消去することはできない。なぜなら「恐ろしい他人」を作っているのは彼自身だからである。「自分を排除する他人」はそもそも実在しないのだ。彼は周りの人間たちを「恐ろしい他人」だと見ている。そしてその「他人」に縛られているのである。彼は、自ら作った敵で構成されたその世界でいつも緊張し、自分の居場所を拡張しようとしているのだ。だとすれば彼が真に見ているのは「恐ろしい他人」ではない。「他人に排除される自分」なのである。


例えば私が美しい公園の隣に住んでいるとする。不幸な人間はその公園を毎日散歩すると誰かに変だと思われるのではないかと不安に思って公園に出かけないかもしれない。あるいは散歩などで時間を浪費するべきではないと自分を責めて出かけないかもしれない。あるいは公園を散歩するなら人が羨むような立派な運動着を着なければならないと思って無理をして運動着を買って公園に行き、もっと最新の運動着を着ている人を見てがっかりして散歩をやめてしまうかもしれない。

あるいは私は隣にある美しい公園を楽しみ、部屋着のままでふらりと公園に行き、気持ちの良い風に吹かれ、夏の初めの青葉の匂いを嗅ぎ、たとえ変な人に出会い思わぬ出来事に遭遇したとしても、それら自分の出会う様々な人・様々な出来事をまるで「地質学者が岩石に対し、考古学者が廃墟に対していだく興味」(171)を持つように興趣深く観察し、私に与えられたその日の公園を享受して生きるかもしれない。

不幸な人の目には他人が映っている。だが幸福な人間の目には美しい一日が映っている。幸福な人の人生は、彼に与えられた世界の風景で満ちているのだ。彼は自分の目の前にある世界を享受し、世界の中で自分の思う通りに生きている。そしてそのことになんの躊躇も持たないのである。

美しい公園に出かけてそれを享受する毎日を送っていたとしても人生は過ぎるだろう。だが自分の恐ればかりを見て美しい公園に行けないでいるうちにも人生は過ぎてしまう。人生で与えられた有限な時間を何によって満たすのかは完全に私に委ねられていて、しかも取り戻すことのできない唯一の今日である。

ラッセルは言う。

> 自己とその他の世界との対立は、私たちが外部の人びとや物に**本物の関心**を寄せるようになると、たちまち、ことごとく消散するのである。そういう関心を通して、人は、自分が生命の流れの一部であって、衝突する以外にはほかの実体と関係を持ちえない、ビリヤードの球のような固い孤

立した実体ではない、ということを実感するようになる。すべての不幸は、ある種の分裂あるいは統合の欠如に起因するのである。……幸福な人とは、こうした統一のどちらにも失敗していない人のことである。自分の人格が内部で分裂してもいないし、世間と対立してもいない人のことである。そのような人は、自分は宇宙の市民だと感じ、宇宙が差し出すスペクタクルや、宇宙が与える喜びを存分にエンジョイする。また、自分のあとにくる子孫と自分は本当に別個な存在だとは感じないので、死を思って悩むこともない。このように、生命の流れと深く本能的に結合しているところに、最も大きな歓喜が見いだされるのである。(273)

幸福とはなにか

いつでも私には二つの道がある。

一つは不幸になる道、そしてもう一つは幸福になる道である。

私は他人を、すなわち私の敵を「作る」ことができる。その敵の世界で、どこに行ってもどんな時も絶えず敵と生きている人生を生きることもできる。

あるいは私は世界にあってすっかり安心し、あらゆる限定から解き放たれ、善悪をこえて自分の思うままに振る舞い、置かれたその場所を満喫し、眼前に与えられた世界を味わうこともできる。「安心感をいだいて人生に立ち向かう人は、不安感をいだいて立ち向かう人よりも、格段に幸福である」(195)。世界は私の幸福を実現する場所なのである。

ではなぜ私は安心できるのか？

他人は他人ではなく、まして敵ではなく私の友だからである。

誰でも幸福でいたいのだ。世界の中で安心して好きなものを食べ散歩を楽しみたいのだ。そしてそれをすることは許されているのである[11]。それなのに彼は不安の中に住んでいる。それはもし何かの偶然が変わればこの私自身がそうしていただろうことである。たとえば小さい頃に愛されていなかったとしたら、あるいは罪悪感の強い大人に育てられていたとしたら、私もまた恐ろしい他人を作り、敵の世界で不幸に生きていたのだ。だとすれば彼は他人ではない。彼は私なのだ。

目を開けて私は彼を見るのである。そして彼が私と同じひとりの人間であり、幸福になろうと願いながら不安の中に住む不幸な魂であることを見るのである。

安心感をいだいて生きるということは、何をしても許されると**期待する**ことではない。自分が既に許されているということ、もう私には何の許可も要らないのだということ、既に世界で生きているのだということを「知る」ことである。

もう私はこの世界で生きているのである。世界に産み落とされたにも関わらず、世界を生きていないのは不幸である。自分の生の時間を与えられているにも関わらず、自分の生を生きていないのは不幸である。自他を作り、存在しもしない恐ろしい他人を投影し、その他人に怯えて隠れるのは不幸である。

どうすれば幸福になれるのかという問いは無意味である。

私は幸福だからである。

私は無力である。そして私は生きているのだ。私は世界の中にいるのだ。一瞬一瞬、すべての時間、私は私自身の生の中に、私の幸福の中に置かれているのだ。たとえ暴力的に命を奪われたとしても、その死の瞬間まで私は生きているのである。死の瞬間まで私は、私を、そして世界を生きることができるのである。生きている私は死ぬまで私を生きることをやめないのだ。

私の生は全面的に私に与えられた私の生の時間なのである。

ラッセルは言う。

あなたがある晴れた日に、船に乗って美しい海岸づたいに帆走しているとしたら、あなたは、うっとりして海岸に見とれ、それに喜びを感じる。この喜びは、ひとえに外をながめることから得られる喜びであって、あなた自身の死に物狂いの必要とはまるで関係がない。反対に、あなたの乗っている船が難破して、海岸の方へ泳いでいくときには、あなたは海岸に対して新しい種類の愛をいだくにちがいない。つまり、海岸は、波に対する保証を表し、その美醜などどうでもいい問題になる。

よりすぐれた種類の愛情は、安全な船に乗っている人の感情に相当し、より劣った種類の愛情は、難破した泳ぎ手の感情に相当する。（200―201）

もし私が難破した泳ぎ手だとすれば、もはや海岸は海岸として私の目に映ることはない。海岸の「美醜などどうでもいい」。目に映っているのは私の死である。海岸は私にとって死から私の命を救う道具なのだ。私の目は目前に迫った死ですっかり占められ、その死の焦燥の中で私は私の生にしがみついている。

これに対し、海岸への「本物の関心」とは、海岸に対する関心である。私は海岸を見るのである。私は私の死を見るのではない。海岸を見るのである。私は私の死というまだ起きていないこと、まだ現実化していない私の恐ろしい妄想を見るのではない。私は今起きている現実を、波の向こうに美しく横たわる海岸を見、それを愛するのである。

美しい海岸に見とれ、喜びを感じることの中に私の幸福はある。だとすれば私の幸福は私の死の中にあるのだ。

私は、幸福であるために私の生を手放さなければならなかったのだ。

私は世界を愛する。生きるとは、この世界を喜び、そしてこの美しい世界にひととき与えられた私の生の瞬間を全面的に喜んで生きることである。

世界は美しく立っている。私は世界の中で生きているのだ。私は世界と共に生起しているのだ。私は私ではなく土砂降りの雨に降られる青葉であり春の甘い空気を喜ぶ虫であり台風に流されて命を失う魚である。私は青葉と共にその雨に降られ魚と同じその台風の中にいる。雨に降られて青葉が散ったり輝いたりするその同じ雨で私の気持ちは沈みあるいは休まりあるいは長靴を履いて水溜りを跳ね散らかして遊ぶのである。青葉であり波であり雨である彼らと共に私はこの私の場所において生起する。私は躊躇なく私に降り注ぐ世界を生きる私である。世界はこの私において、私の生きる瞬間瞬間においてこの私に、完全に与えられているのである。私はこの私の場所において生起する景色＝世界なのである。だとすれば**私が**生きているのではない。私は世界なのだ。そして私が世界なのだとしたら「私」はそもそも存在しなかったのである。ラッセルは言う。「人間は、自分の情熱と興味が内へではなく外へ向けられているかぎり、幸福をつかめるはずである」(267)、と。なぜなら内はないのだからである。

私は世界にいる。この世界から私が排除される可能性など初めからなかったのだ。私は存在していなかったからである。そして私が存在せず私が世界なのだとすれば「私が生き延びる」ことは初めから空虚である。他人の世界で生き延びるための防具は空虚である。その不要な防具を手に入れるために、私は生きることを捨てていたのだ。

私は私の不可能な生き延びを手放して、私である与えられた世界を愛するのである。

幸福であるということは私が生きることである。

幸福になることは私が初めて生きることの取り戻しである。

世界は彩りに満ちている。

世界を私は愛する。
世界を生きる私を私は愛する。
世界は私の世界である。

そして私は私に全面的に許されているこの世界を走ることを心から楽しむのである。

（1）バートランド・ラッセル（B. Russell, 1872-1970）は言うまでもなく二十世紀を代表する知性の一人である。本書（原題『幸福の獲得』）は一九三〇年の著作である。

（2）ラッセルは次のように言っている。「たとえば、いわゆる「悪いことば」を使う人は、合理的な見方からすれば、使わない人よりも少しも悪いとは言えない。にもかかわらず、ほとんどすべての人は、聖人を思い描こうとするとき、汚いことばを慎むことが絶対に必要だと考えるだろう。理性に照らして考えれば、これはまったくばかげている」（109）。

（3）彼の罪悪感は「無意識の中に根をおろしていて……意識にのぼってくることはない。意識の面では、ある種の行為は、内省してみても理由がわからないままに、「罪」というレッテルを貼られている」（108）のである。

（4）「伝統的に子供たちにほどこされている道徳教育によって、はたして世の中がその分だけよくなったかどうか、真剣に自問してみるがいい。伝統的な意味で有徳な人の性質の中に、どれほどまぎれもない迷信が入りこんでいるか、考えてみるがいい。……世界の正常な生活において正常な役割を果たすべき人たちは、いまこそ、この病的なナンセンスに対して反逆することを学んでよいころだ」(114－115)。

(5) だから「ねたみは、民主主義の基礎である」(91) とラッセルは言う。「エフェソスの市民は、「われわれの中に一番になるものがいてはならない」と言ったかどでことごとく絞首刑に処すべきだ、とヘラクレイトスは主張している。ギリシアの諸都市国家における民主主義的な運動は、ほとんどもっぱらこの情念によって燃え上がったものにちがいない。そして、近代の民主主義についても、同じことがあてはまる。なるほど、民主主義は最もすぐれた政治形態であるとする理想主義的な理論がある。私自身も、この理論は正しいと思っている。しかし、実際の政治のどの部門においても、理想主義的な理論は、大きな改革を引き起こすだけの力を持っていない。大きな改革が行なわれるとき、それを正当化する理論はつねに情念のカムフラージュになっている。そして、民主主義の理論に推進力を与えたのは、疑いもなく、ねたみの情念である。ローラン夫人は、しばしば、民衆に対する献身の念から行動した高貴な女性だとされているが、その『回想録』を読んでみるとよい。彼女をあれほど熱烈な民主主義者にしたのは、ある貴族の館を訪れた折に召使い部屋に案内された経験があったことがわかる」(91)。

(6) だが、ナルシストは、仕事に失敗したこと、世間に認めてもらえないこと、不幸であることそれ自体さえも称賛の道具にしようとする。つまり、自分が不幸であり人生に倦んでいることこそまさに自分が高貴である証拠だというわけである。「彼らは自分の不幸を誇りとしている。おのれの不幸を宇宙の本質のせいだとし、不幸こそが教養ある人のとるべき唯一の態度であると考えているのだ」(25)。これをラッセルは「バイロン風の不幸」と呼んでいる。

(7) ナルシストについて理解する上で、ラッセルの次の文章は非常に興味深い。「私自身は、男の子が自分はすてきなやつなんだ、と考えるように育てることには大きなメリットがある、と思っている。どんなクジャクにせよ、ほかのクジャクの尻尾をうらやみはしないと思われる。なぜなら、どのクジャクも、自分の尻尾が世界中で一番りっぱだと思いこんでいるからだ。その結果、クジャクは争いを好まない鳥になっている。考えてもみるがいい、もしもクジャクが、自分のことをよく思うのは悪いことだと教えられていたならば、クジャクの生活はどんなに不幸になるだろうか」(98)。クジャクは、一見するとナルシストの典型であるかのように見える。だがそうではない。ナルシストは自分自身が他人より上の位置に「行く」ことを欲している。だがクジャクは既に他人より上の位置に「いる」のだ。彼は「上」に「行く」必要がないために、満足し、自由であり、かつ幸福なのである。

(8) ラッセルはこう言う。「もしも、もう自分で食べられる幼児に食べさせてやるなら、あなたは子供の幸福よりも権力愛を優先していることになる。たといその子の手間を省いてやることで親切にしているだけだ、とあなたには思えるにしてもである。もしも、あまりにもなまなましく子供に危険を意識させるならば、あなたは、たぶん、子供を自分に頼らせておきたいという欲求にかられて行動しているのである。もしも、あなたは、子供にあらわな愛情を与えて反応を期待するならば、あなたは、たぶん、子供の感情を利用して子供を自分につなぎ留めておこうと努力しているのだ。親の所有衝動は、親たちがよほど用心しているか、それとも、心がよほど純粋でないかぎり、大小さまざまな無数の仕方で親たちに道を踏み迷わせる」(224)。
「子供ができるだけ早く、できるだけ多くの面で独立するようになるのはやはり望ましいことであり、しかもそれは親の中にある権力衝動にとっては愉快なことではない」(223)。

「この葛藤の中では、彼らの親としての幸福は失われる。あれほど何やかやと子供の世話をやいてきたのに、子供は、親たちが望んでいたのとはまるで違った人間になったのを知って、くやしい思いをする」(223-224)のである。

(9) また自分の食べ物が贅沢だと/あるいは貧しいと思われるのではないか、あるいは食べ方や食べる回数が常識や健康の規範を逸脱していると責められるのではないかと気にして自己規制することも、あるいは他人から称賛されようとして食事をひけらかすことも、他人の食事と比べて妬むことも、また自分の空虚や悲しさを忘れようとしてむやみに食べ物を詰め込むことも、どうせ良い食べ物など自分には縁がないと悲観することもしない。

(10)もしかすると彼はその評価を礼儀正しく聞くかもしれない。だがそれは、世間の人間というものは評価したがるかわいそうな生き物だということを知っているからに過ぎない。

(11)「理想的に有徳な人とは、良きものの享受を上回るような悪い結果を伴わないかぎり、つねにあらゆる良きものの享受を許すような人である」(110)。もちろん、本章の最初に引用した通り、このラッセルの幸福論は、戦争や大陸的な飢餓など自分ではどうすることもできないような大きな災難に対する処方ではないことは確認しておきたい。

第二部　哲学者たちは幸福をどう考えてきたのか

西洋の哲学者たち

第7章　カントの幸福論

「したいこと」と「すべきこと」の間で悩んでいる人に

千葉建

はじめに

「幸福とは何か」というのは古今東西の人々を悩ませてきた難問であり、万人に納得してもらえる答えを出すことはそう簡単ではない。そこでひとまず問いを裏返して、「何が幸福ではないか」について考えてみよう（それはちょうど「正義とは何か」に定義を与えるのが難しいときに、比較的わかりやすい「何が不正義か」から考えてみるのと同様である）。

さしあたり思いつくのは、「自分のしたいことができない状態」は幸福とはいえない、ということである。つまり、どんなに周りの環境に恵まれ、何不自由ない暮らしをしているように見えても、自分自身がしたいことを一切やらせてもらえず、周りの人が「こうすべきだ」と指示することしかやれないとすれば、それを幸福とは呼べないだろう。

だが、自分がしたいことをやれさえすれば幸福かといえば、そんな単純な話でもなさそうである。たとえば、自分がオンラインゲームが好きで、一日中やっても飽きないとしよう。それでも、ゲームを一生やり続ける人生が幸福かと尋ねられたら、躊躇なく幸福だと答えられる人はそう多くはないだろう。では、なぜそう答えることにためらいを覚えるのだろうか。それは、ゲームをやり続けることが、本当に幸福なのか、本当に自分のしたいことなのかに確信がもてず、一抹の不安を感じるからではなかろうか。さらにいえば、こうした不安の背景には、自分の人生の時間とエネルギーは、ゲームだけではなく、自分の別の能力を開花させることや、他人の役に立つことに使う「べき」ではないか、といった考えが潜んでいるのではないか。

もしこうした当座の分析が正しいとすれば、幸福のためには、たんに「自分のしたいことができる」という個人的な欲求の充足だけでは十分ではなく、そこに「すべきこと」や「あるべき自己像」がなんらかの仕方で織り込まれている必要がありそうである。実際、私たちの悩みの多くは、たんに「自分のしたいことができない」という欲求不満の経験からくるというよりも、むしろ「したいこと」と「すべきこと」の間、あるいは「したいしすべきこと」どうしの間の葛藤に由来しているようにも思われる。たとえば、近年話題になっている「ワークライフバランス」についていえば、私生活を充実させたいけど、仕事もきちんとすべきだと考えるからこそ、「バランス」に悩むのであり、また家庭生活でも、パートナー双方が家事や育児をすべきだと思い、またしたい気持ちがあっても、仕事もしたいし、家計のためにも働くべきだと考えるときに、パートナー間で負担の分担を工夫することが重要になってくるのだと思われる。

「したいこと」と「すべきこと」の間、あるいは「感性」と「理性」の間で葛藤する存在として人間を分析したのが、十八世紀ドイツの哲学者、イマヌエル・カントである。そこで本章では、カントの幸福論を手がかりにして、「したいこと」と「すべきこと」の間、あるいは「したいしすべきこと」どうしの間で悩む人に対して考えるヒントを提供できればと思う。ただし、カントの思想は非常に難解だと有名な（悪評高い？）こともあるので、物語のなかでカント思想のエッセンスを紹介するかたちをとりたい。[(1)] 物語を読んだ後で、みなさん一人ひとりが自分にとっての幸福のあり方を考えるきっかけになれば嬉しい。

良志（りょうじ）（三十二歳、妻と子あり）の場合

「良志って幸せだよね。仕事で認められて、子どもにも恵まれ、人生の絶頂って感じじゃない？」

良志は、会社でプロジェクトリーダーに任命されたときに同僚の放った言葉が妙に心に引っかかった。大学を卒業してもう十年。いま勤めているハウスメーカーは第一希望の職種ではなかったけれど、やってるうちにだんだん仕事が面白くなってきて、近ごろは責任のある仕事も任されるようになり、やりがいも感じている。でも、このところ残業がちで、家族との時間が十分に取れていないのに、それで本当に幸せなんだろうか？

＊

「今日は妻の誕生日なので、早く帰らせてもらいます」

そう言って良志は急いで会社を出た。妻の誕生日は自分の手料理で日ごろの感謝を伝えることにしているのだ。結婚して最初の誕生日に上司に有給休暇の許可を申し出たときはかなり驚かれたけど、いまではそういう人としてみんなが認めてくれている（と僕は思っている）。

今日のメニューは、真鯛のカルパッチョ、ブロッコリーのパスタ。そしてメインは妻の好きな鶏肉とごぼうのクリーム煮にしよう。これはむかし食べ歩きでたまたま入った店で食べた日替わりメニューを妻好みにアレンジしたものだ。

「おいしかったわ。いつもありがとう」と妻の徳課（のりか）は微笑んだ。徳課は大学時代の同級生だ。最初は顔見知り程度だったけど、徳課も食べ歩きが趣味で、僕が行ったお店でたまたま徳課が食べていたことが何度か重なり、そのうち一緒に食べ歩く仲になった。卒業後も付き合いが続いて、二人とも就職して落ち着いたころに、どちらからともなく結婚しようということになった。

「誕生日に料理を作ってくれる人と結婚できて幸せじゃない？」

良志は冗談交じりに言った。

「幸せかもね。いつも食器洗いもやってくれるし。でも、もっと家事や育児をしてくれたら、もっと幸せかもね。産休が明けたら、幸徳（ゆきのり）を保育園に預けて、私も仕事に復帰することになるしね」

徳課のかわいらしい意地悪げな声が胸に突き刺さる。僕だって家事や育児にもっとかかわりたい気持ちはあるけど、いまでも時間的にも体力的にも結構きついんだ。それなのに、もっとやるべきだって言うのか。それに、僕が家族に時間をかけている間に、独身の後輩が仕事で成果を出しているのを見ると、自分はこのままでいいのかと焦る気持ちにもなるのに。

良志は一つ深呼吸をして、こみ上げてきた感情を曖昧な笑顔で飲み込んだ。

「ところで、そういうあなたは幸せなの？」

「そりゃあ、幸せだよ。このあいだ同僚にも「幸せだよね」って言われたしね」

＊

「僕は本当に幸せなんだろうか？」

良志はキッチンで食べ終わった食器を洗いながら自問した。

「自分がしたいことをやれてるのが幸せだとすれば、大学時代に、好きな授業を受けて、節約したお金で一人食べ歩きしていたころが、一番幸せだったかもしれないな。徳課と食べ歩きに行くのも楽しかったけど、徳課に合わせて自分があまり好きじゃないお店に行くこともあったし。それに幸徳が生まれてからは、あんなに好きだった食べ歩きにもぜんぜん行けてないな」

「でも、徳課と付き合わなかったほうが幸せかとか、就職しなかったほうが幸せかとか、幸徳が生まれなかったほうが幸せかときかれれば、それもなんか違うって思うなぁ」

そもそも「幸せ」とか「幸福」って何なんだろう。わかっているつもりだったけど、考えれば考えるほどわからなくなってきた。

そういえば、「〇〇とは何か」と物事の本質を問うのは「哲学」や「倫理学」の仕事だと、大学の授業で習ったような……。

だんだん大学時代の記憶がよみがえってきた。たしか「倫理学」の授業で「カントの幸福論」が取り上げられたことがあったな。正直、授業の内容はあまり覚えていないけど、ふと担当の神共(かみと)教授がこんな説明をしていたのが記憶の底から浮かんできた。

「カントはしばしば幸福を批判した人として紹介されることがあるが、それは正確ではない。カントは、自分の幸福つまり自己愛を道徳の原理にすえる「幸福主義」を批判したのであって、道徳に反しない範囲に制限された自己愛を「理性的自己愛」として認めてさえいる。さらに人間の道徳的理念である「徳」と「幸福」が一致する状態を「最高善」と考えているのだ」

いま思い返してみても、やっぱりいまいち意味がわからないけど、先生が続けてこう言っていたことだけは、なぜか鮮明に覚えている。

「みなさんはきっと私の説明を十分には理解してくれないだろう。ただ、少なくともこれだけは覚えておいてほしい。カントにとっても幸福は人生にかかわる真剣で切実な問題だったということを。カントは晩年に、なぜ結婚しなかったのかと問われて、結婚したかったときには結婚する余裕がなく、結婚する余裕ができたときにはもう高齢で結婚する相手がいなかった、と語ったと伝えられる。カントは四十代半ばを過ぎてから、ようやく大学の正規の教授職を得たのだ。本当にカントがそう語ったのか、ことの真偽は定かではないが、きっとカントも結婚したい気持ちと結婚生活を送るうえでの義務との間で悩んだにちがいない。キェルケゴールもそうだった。ある思想家の偉大さは、こうした葛藤について思考し尽くし、それを生き抜いたところに見いだせるのだ」

普段はたんたんと思想家の解説をする独身の白髪まじりの先生が、いつになく力強く、心なしか少し震えた声で語っていたのが印象的だった。

幸福は無規定な概念である

食器洗いを終えた良志は、自分の部屋に行って、神共教授の授業の配布資料を探した。就職して引っ越すさいに、大学時代のものはほとんど処分したけれど、この授業の資料だけはなぜか捨てる踏ん切りがつかなくて、ファイルに入れてとっておいたのだった。

「第五回　カントの幸福論」と題された配布資料を開くと、『道徳の形而上学の基礎づけ』（一七八五年）」と書かれた箇所の冒頭に、カントの次の言葉が引用されていた。

幸福という概念は無規定な概念であるから、人間はだれもが幸福になりたいと願っているといっても、自分が本来何を願い欲しているのかを、明確に首尾一貫して語ることは決してできない(IV 418)。

「これはまさにいまの自分のことだ」と良志は思った。自分は本当に幸せなのかと自問自答していったら、そもそも幸福とは何かがわからなくなっていたからだ。

これまで幸福については、ただ漠然と、過去から将来にわたってずっと自分のしたいことがやれてる状態だと考えていたような気がする。でも、一人で食べ歩きをすることが幸せだった過去の自分には、家族で食卓を囲むことが幸せな現在の自分の姿を想像することができなかったように、現在の幸福のイメージが将来も同じかどうかは誰にもわからないんじゃないかな。自分が本当に欲していることって何だろう？

続けて次の言葉が載っていた。

　要するに、人間には、何が自分を本当に幸福にしてくれるのかを、何らかの原則に従ってまったく確実に決定するだけの能力がないのである（IV 418）。

　そもそも幸福とは何かが明確に定まっていないなら、幸福になるために何をすべきかを確実に言うこともできないな。仮に幸福とは何かがわかったとしても、幸福を確実に達成できる手段が何かは、全知全能ではない人間には計り知れない、ということかな。たしかに、幸福になりたいなら、いわゆるいい大学に入るべきであり、いい大学に入りたいなら、勉強すべきだ、と考えている人もいるけど、いい大学を卒業して、いい会社に入っても、全然幸せそうじゃない人もいる。現代はとくに「不確実性の時代」と言われるけど、そもそも人間は幸福になるために何をすべきかがわからないのかもしれないな。

　そこでカントは、幸福になるために「すべき」ことを命じる規則は、世間内で一般的に受け入れられているだけの「忠告」にすぎず、いつでもどこでも誰にでも通用すべき「道徳」の普遍的な「法則」にはなりえないと考えたわけだ。つまり、私たちが口にする「すべき」には実は二種類あって、幸福など何らかの目的を達成するための手段を命じる「すべき」(「仮言命法」)と、目的を度外視して、行為それ自体が正しいから命じる「すべき」(「定言命法」)があり、後者だけが道徳の原則たりうる、というのがカントの考えだと授業で習ったな。

でも、どうしてカントはそこまで幸福と道徳を分けて考えようとしたんだろう。なぜ道徳は幸福になるための手段だと考えていけないんだろう?

「幸福」ではなく「幸福に値すること」

授業の資料には、カントの次の言葉も書き記されていた。

言うまでもないが、理性的で公平な観察者は、純粋で〔道徳的に〕善い意志の特徴を一切身にまとわないような者がずっとうまくいっている様子を目にしただけでも、それに好感をもつことはけっしてできないし、そうだとすれば、善い意志は、幸福であるに値することにとってすら、その不可欠の条件をなすように思われる(IV 393)。

これは心から共感できる考えだ。裏で悪いことをして金儲けしてそうな人が、豪華で一見幸せそうな生活をしているのをネット上で見ると、ちょっと羨ましいとは思うけど、なんか嫌な気持ちになるな。逆に、誰も騙したりせず、愚直に真正直に生きている人が、不幸な状況に陥っているのを見たら、なんとかして幸福になってほしいと思う。悪人が得をし、正直者が馬鹿を見るのは理不尽だと考えるとき、たしかに「幸福に値するかどうか」という、幸福とは別の道徳的な基準から判断していることになりそうだ。

この引用箇所の欄外には、神共先生が説明するときに語った言葉が手書きで記されていた。「カント倫理学は本来、他人をジャッジし非難するためのものではなく、自分を吟味し正すためのものである」

これまで僕は幸福になりたいとは思ってきたけど、「幸福に値するかどうか」という視点から自分の人生を考えたことはなかったな。いまの自分は幸福に値する人生を歩めているのだろうか……。結局カントが言いたいのは、直接「幸福」をめざすのではなく、まず「幸福に値すること」をめざすべきだ、ということかな？

実際、資料の『実践理性批判』（一七八八年）と書かれた部分に、次の言葉が見つかった。

> 道徳は本来、われわれがどうやって自分を幸福にするべきかを教えるものではなく、われわれがどうやって幸福に値するようになるべきかを教えるものである。道徳に宗教が加わる場合にのみ、われわれが幸福に値しないことがないように心がけた程度に応じていつか幸福を分かち与えられる、という希望もまた生じるのである（V 130）。

これがむかし授業で先生が言っていた、「幸福に値する」状態である「徳」と「幸福」とが一致する

「最高善」ということか。「人事を尽くして天命を待つ」といった感じかな。でも、宗教を持ち出さないと幸福について語れないというのは、ちょっと厳しすぎる見方じゃないかな。現実的な幸福について、もっとポジティブに語ることもできるんじゃないかな？

それに、カントがここで言っていることは抽象的すぎて、やっぱりわかりにくいな。もっと具体的に説明している箇所はなかったかな？

すると『道徳の形而上学』第二部「徳論の形而上学的原理」（一七九七年）と題されたところに、カントが具体的に説明している箇所が見つかった。

> 人間は、自然的に強制されることが少なく、道徳的に（義務のたんなる表象によって）強制されることが多いほど、それだけいっそう自由である。たとえば、ある人が、自分がやると決めた娯楽は、たとえそれで損害をどれほど身に招くかを示されても放棄しないほど十分固い決意と強い心をもっているのに、それでは公務をおろそかにしてしまうとか、病気の父をほったらかしにしてしまうといった表象を抱いた後に、もちろんかなり嫌ではあったが、ためらうことなく自分の決心を撤回するとすれば、その人は、まさに義務の声に抗いえなかったということで、みずからの自由を最高度に証明しているのである。（VI 382）

この箇所は自分に引き付けて考えられそうだ。自分にとってそうした娯楽といえるのは食べ歩きだ。大学時代は日々の食費を切り詰めて、週末に外食に行っていたからね。でもいまは、仕事や家庭の時間を優先して、食べ歩きに行けていないけど、それが「自由」だというのは何か変な感じがする。たしかに、カントによれば、感性的な「傾向性」に従うのは不自由で、理性的に「義務」に従うのが自由ということになるのは、頭では理解できるけど。でも、自分も別にだれかに強制されてそうしているわけでもないから、たんに不自由だというのも違う気がするな。それに、この箇所だけでは、仕事の義務と家庭の義務が対立したときに、どう解決すればいいかがわからないや。カントはどう考えたんだろう？

授業の資料を見渡しても、その解決の糸口が見つからなかった。そのときふと、神共先生がこう語っていた記憶が甦った。

「この箇所は学生の皆さんにはまだリアリティをもって理解することが難しいかもしれませんね。親がまだ健在である人が多いでしょうし。でも、もし何か疑問をもった人がいたら、いつでも研究室にききにきてください」

十年ぶりに先生に会いに行ってみようかな？　でも、そんなことをしたら先生にご迷惑かな？

人生の選択

次の日、良志は会社の廊下で上司に呼び止められた。

「いま海外の支社に転勤してくれる人を探しているんだけど、どう？　君にその気があれば、推薦しておくよ」

「え、ありがとうございます。でも、少し考える時間をいただいてもよろしいでしょうか」

「もちろんだよ。家族のこともあるし、即答はできないよね。返事は週明けでいいよ」

「どうもありがとうございます！」

＊

良志は家に帰ると、徳課に海外への転勤の話をした。

「それで、あなたは行きたいと思っているんでしょ？　付き合ったころから海外で働いてみたいって言ってたしね」

「そうだね。でも、正直なところ迷っているんだ。徳課はどう思う？」

「私は産休明けは職場に復帰したいと考えているから、海外に行くなら単身赴任ね。海外に行くのを応援したい気持ちもあるけど、できれば残って一緒に子育てをしてもらえたら嬉しいかな」

「やっぱり君ならそう答えるよね。僕も幸徳が小さくてかわいい時期はいましかないし、もっと一緒に過ごしたいと思っている。でも、海外転勤の話はもしかしたら今回しかないかもと考えると、自分がいま本当にどうしたいのか、どうすべきなのかが、自分でもわからないんだ」

「そうは言っても、週明けまでに回答しないとダメなんでしょ？」

「そうなんだよね……」

僕は思い切って神共先生にメールしてみた。すると先生からすぐ返事がきて、日曜日の午後にオンラインでよければといって、その招待リンクが案内されていた。

＊

神共教授との対話

指定されたオンラインミーティングに参加すると、むかしと変わらず洋書でいっぱいの研究室の本棚を背にして、神共教授がこちらを向いていた。白髪が増えて、少し柔和になった感じもするけど、僕の知っている先生のままだ。

「先生、お久しぶりです。今日はお時間をとっていただき、どうもありがとうございます」

「あぁ、君だったのか。元気にしているか？」

僕の顔は思い出してくれたけど、やっぱり名前はぜんぜん覚えていなかったみたいだ。むかしから先生は、哲学者や研究者の名前はいろいろ知っているのに、学生の名前はまったく覚えていなくて、学生に発言させるときにも「そこの青い服を着た人」みたいに当てていたな。でも、僕はそんな先生が好きだった。

「おかげさまで元気にしています。卒業後に就職した会社でいまも働いていて、結婚して、最近子どももできました」

「それは幸せそうでよかったな。実際に幸せかどうかはわからんがな。で、質問というのは？」

「先生の「カントの幸福論」という授業に関していくつか質問がありまして。まず配布してくれた資料の『道徳の形而上学』の「徳論」の箇所で、自分がすると決めた娯楽を、仕事や家庭の義務を果たすために放棄することは自由だ、とカントは言っていたと思うのですが、なぜそれが自由といえるのでしょうか」

「答える前に、君に一つきいてもいいかな」

「はい、もちろんです」

「なぜ君はこの箇所の意味を知りたいと思ったんだね？」

「それは、個人的な話で申し訳ないんですが、自分が幸福なのかどうかがわからなくなって。それで先生の授業の資料を読み直してみたんですが、この箇所が自分に関係していそうなのに、その意味がよくわからなくて。そしたらちょうど会社で海外転勤の話をもちかけられて、仕事と家庭の間でどうすべきがわからなくなってしまいました。もしかしたらこの箇所が考えるヒントになるかも知れないと思って、先生に教えてもらいたいと思い連絡しました」

「だいたい事情は了解したよ。つまり、人生相談ということだな」

「貴重な時間を邪魔して申し訳ございません」

「よろしい。君の悩みにうまく答えられるかどうかはわからんがやってみよう。わからないことがあったら、いつでも質問してくれ」

「わかりました」

「ひとまず幸福と自由は切り分けて考えてくれ。ここで問題になっているのは自由だ。君の疑問は、なぜ「したいこと」をすることではなく、「すべきこと」をするのが自由なのかがわからない、という疑問だとパラフレイズしてよいかな？」

「はい。おっしゃるとおりです」

「これはよくある誤解の一つだ。カントの倫理学の出発点が「格率」と呼ばれるものであることは授業で学んだ。覚えているかな？」

「言葉だけは聞き覚えがありますが……」

「それは私の授業が悪かったということだろう。まぁよろしい。カントにとって格率とは、『道徳の形而上学』（VI 225）の表現によれば、「行為の主観的原理」であり、「自分がいかに行為したいかの原理」である。つまり、自分の「格率」にはつねに自分の欲求や目的がなんらかの仕方で組み込まれているというわけだ。そしてこの格率が、さらに「いかに行為すべきか」を理性が客観的に命じる義務の法則と一致するとすれば、そこに「道徳性」を認めることができる、というのがカントの考えだ。簡単に言えば、カント倫理学は本来、自分の「したいこと」が「すべきこと」でもあるかどうかを問題にするところに特徴がある。自分が少しも「したくないこと」を「すべきこと」だと外から押し付けるものではないんだ。ここまではよいかね？」

「少し難しいですが、なんとかついていけてると思います」

「たとえば君も、「仕事を頑張りたい」とか「家族の時間を大事にしたい」とか、そういう気持ちがあるから、その間で悩んでいるんじゃないかね？」

「そう言われてみればそうですね。でも、自分だけの娯楽や趣味と、仕事や家庭生活の義務を比べたときに、後者のほうが自由だと言われるのはなぜでしょうか。前者がたんに感性的な傾向性に従って決められる「他律」的なものであるのに対して、後者は理性によって命じられる「自律」的なものだから、という理解でよかったでしょうか？」

「そう言ってよいだろう。よく授業の内容を覚えていたね。ただ、ここではカントの「同時に義務である目的」（VI 382）という概念を用いて少し補足しておこう。いま説明したように、カントの議論は「したいこと」と「すべきこと」が一致するかどうかを吟味するものだ。しかし、自分が「したいこと」がつねに利己的なものであるとしたら、それが「すべきこと」に一致する見込みは薄いとは思わんかね？」

「たしかにおっしゃるとおりですね」

「だから逆に、「すべきこと」（義務）を「したいこと」（目的）にすることができれば、傾向性の誘惑に負けず、理性の法則に従う自由を実現できるようになる。カントはそうした目的を、少し硬い表現だが、「同時に義務である目的」と呼んでいる。英訳にならって「義務的目的」と言ったら、少しはわかりやすいだろうか」

「話としてはわかったような気もしますが、義務を目的にすることはそんな簡単なことではないと思うのですが、カントはどう考えているのでしょうか」

「君の言うとおり、カントもそれを容易なことではないと考えているよ。だからカントはそれを「徳の義務」と呼び、それには人並み以上の自制心と不動心が必要だというんだ。でも、ここで押さえておいてほしいのは、どの義務を自分の目的にするかを決めるのは、自分自身だということだ。いみじくもカントが言うように、他人は私が目的としないことを行うよう私を強制することはできても、私がそれを自分の目的にすることまで強制することはできないからだ。だから、「すべきこと」のなかから「したいこと」を自分で選ぶ、と言ったほうが伝わりやすいかな。「すべきこと」とされることをしたくもないのに嫌々やらされているのは、自由でも徳でもないからね」

「そうなんですね。では、「同時に義務である目的」とは具体的にどんなものを指しているのでしょうか」

「カントによれば、自分の完全性（能力）を高めることと、他人の幸福を促進することの二つだ。前者は仕事でのスキルアップ、後者は妻や子どものケアをすることと考えれば、君に当てはまるんじゃないかな」

「なるほど、そうですね。実はこれが一番ききたかったことですが、この二つの間で選択しなければならないとしたら、どちらを選べばいいんでしょうか？」

「それは君の人生だから、自分で考えなさい！　と突き放してもいいんだが、せっかく相談してくれたんだから、カントに即して考えてみよう。自分のスキルアップも他人のケアも、カントの術語では「不完全義務」に分類されるものだ。つまり、それらは行うべき「義務」ではあるけれども、その種類や程度については各人の裁量にゆだねられたものになるんだ。その点からいえば、両者が両立しえない排他的な選択肢になるのかどうかは疑う余地があるな。他人のケアをする経験が自分のスキルアップにつながる、ということもありうるのではないか？」

「たしかにそうですね。自分は妻が少しでも楽になるように食器洗いをしているのですが、冬に食器洗いしていたときに、床暖房がリビングダイニング部分にあるのに、キッチン部分にないのは、家事をする人のことを考えていないことに気づきました。そこで、自分が勤めているハウスメーカーでキッチンにも床暖房をつけることを提案し実現させました。それでお客様にとても喜んでもらうことができましたし、会社にも評価してもらえました」

「それはすばらしい！　君が妻のためにしたことが、仕事のスキルアップにつながったんだな。でも、もちろん、いつもそううまくいくとはかぎるまい。その場合にどうすればよいかは、結局、どちらの義務を果たすかを熟慮のうえで自分の責任で決めるしかないだろうな」

「やっぱりカントでもそういうことになるんですね」

「それはそうだろうな。ただ、カントの場合、どうすれば幸福になれるかではなく、どうすればこの状況下で義務を果たしたことになるのかを考える、という点が違うだろう。幸福になるかどうかなら、たとえば君が海外に転勤した場合、仕事もうまくいって、家庭も円満だったら、海外に行ってよかったことになるが、仕事もうまくいかず、君が海外にいる間に家族との関係が冷え切ってしまったら、海外に行くのは間違っていた、ということになるだろう」

「そんな縁起でもないこと言わないでくださいよ！」

「すまん、すまん。冗談だよ。だが、幸福や不幸というものは、それぐらいどちらに転がるか、少なくとも選択の時点ではわからないものだと思わないかね？」

「たしかにそういう面もあると思いますが、幸福についてそこまでネガティブに考えなくてもよい気もします。それに関連して、最後の質問になりますが、カントはひたすら義務にもとづいて道徳的に生きていって「徳」を実現してはじめて、神によって「幸福」が与えられるという希望が生じる、と語っていたと思いますが、こうした見方は厳しすぎないでしょうか？」

「これはカント解釈というより私自身の意見になるが、幸福についてのカントの見方が厳しいというよりも、幸福をめぐる現実の状況のほうが厳しい、と考えるべきではなかろうか。つまり、世界には歴然たる格差や悲惨な紛争があり、また現在世代の利益のために将来世代の資源や環境が搾取されているという状況がある。こうした現状を目の当たりにしたとき、万人が自分や自分たちの幸福だけを利己的に追求していった先に、本当の幸福があるとはとても思えないのだが、どうかね？」

「たしかにそうかもしれませんね」

「もちろん、カント自身も認めるように、各人がみずからの義務を自覚して、自分の能力を発展させ、他人の幸福を配慮し合うような人間関係、あるいは、カントが「目的の国」と呼ぶ、自分も他人もたんに手段としてではなく同時に目的として尊重し合えるような関係を仮に築くことができたとしても、それが直接われわれの幸福をもたらすわけではない。たとえば、天変地異や自然災害が起こったら、われわれは幸福ではいられないからな。しかし、そうした関係性を構築するよう努力していった先にしか、世界の人々の持続可能な幸福は望めないのではないか。さらに、カントが幸福の問題を最終的に神にゆだねることについても、神まで持ち出す必要があるかどうかは別として、それによってこの世では道徳的に善い人でも不幸になる可能性があると認めることにつながると考えたらいいんじゃないか。もしそういう可能性を認めなければ、ある人が不運に見舞われて不幸になった場合に、その人が不道徳だから罰が当たった、という不合理な考えに陥るおそれがある。だとすれば、カントの議論は、私たちが幸福の希望について理性的に語るためには従わざるをえない最低限の文法を提供するものだといえるのではあるまいか」

「先生、今日は長い時間どうもありがとうございました。でも最後にもう一つ質問してもいいですか？」

「どうぞ」

「先生はいま幸せですか？」

長い沈黙が続いた。僕はきいてはいけないことを口にしてしまったのではないかと思い、質問を取り消そうとしたが、先生の表情がそのことさえも禁じているように見えた。

どれくらい時間が経ったのだろうか、ようやく先生が語り始めた。

「私が幸せか、か。日曜日も学校にきて研究している独身の老人は幸せには見えない、ということかな？」

「いえいえ、そんなつもりはまったくありません！」

と強く否定したが、心のどこかではそう思っていたかもしれない。

「はっはっは、冗談だよ」

（哲学者の言うことは冗談か本気かわかりにくい）

「私も気づいたら今年度で定年退職でね」

「え、そうだったんですか。知りませんでした」

「教員生活を思い返してみると、まるでそれが夢のなかの出来事だったような気がするんだ」

「それはどういうことですか？」

「きっと私の説明を十分には理解してくれないだろうが」

先生は一口コーヒーを飲んで話を続けた。

「私がやるべきだと考え、またやりたいと思ってやってきたこと、つまり、私の研究や教育活動もまた、そこに価値を認める人々が織りなす物語のなかでのみ意味をもつ、ということだ。誤解してほしくないんだが、それがなにか共同幻想のようなものだと言いたいわけではない。ある人々の生を幻想の一言でかたづけ、その価値をおとしめることは、それによって同時に他人だけでなく自分の生に宿る尊厳も傷つけることになるからね。むしろ私が言いたいのは、こういうことだ。私の人生の一つの筋書きが終わりにさしかかったとき、ようやく気づいたのは、世界には私が生きてきたのとは別の物語を生きている人々が存在し、その物語のそれぞれは十分生きるに値するものだ、ということだ。君にはあたりまえのことかもしれんが」

「いいえ、そんなことはありません。もう少し話を聞かせていただけないでしょうか」

先生はもう一口コーヒーを飲み、ひと息ついてから話し始めた。

「実は最近、犬を飼い始めてね」

「先生が犬を飼うなんて意外ですね」

（あっ、「意外」って言っちゃった）

「私は犬好きには見えない、という意味かね？」

「いえ、そんなつもりでは……」

「はっはっは、冗談だよ」

（やっぱり哲学者の言うことは冗談か本気かわかりにくい！）

「健康のためにと思って、夕方に散歩を始めたんだ。ところが、散歩の途中、公園のベンチで一休みしていたら、遠くから「あの人よく公園で見かけるけど、不審者じゃない？」という話し声が聞こえてきてね。まさか自分が不審者と呼ばれるとは思ってもみなかったよ。そこで、犬をつれて散歩すれば、犬の散歩をしているだけだと思ってくれるんじゃないかと考えて、犬を飼うことにしたんだ」

「そうだったんですね」

（先生らしい理由だ……）

「でも、犬と散歩して、公園で他の犬の飼い主たちとも話すようになると、それぞれの人がいろんな悩みや喜びをもって人生を送っていることにあらためて気づかされてね。すると、その一つひとつの生が尊いものに思えてきたんだ」

「それはすばらしいですね。僕もいつかそう思えるようになりたいです」

「きっと君も子どもができて、一つの生の尊さを実感しているんじゃないかな？」

「そう言われてみればそうですね」

「わたしには子どもはいないが、犬を飼って世話をしてみると、動物の生にもそれ固有のかけがえのなさがあるのではないかと思うようになった。犬を飼うまでは動物の生に全然関心がなかったんだが。「動物にとっての幸福」がどんなものかは難しい問題だが、少なくとも人間の都合で動物をむやみに苦しめるようなことはすべきではないと思うようになった。退職後は動物の権利や福祉の問題について考えてみるつもりだ」

そして最後に先生はこう言った。

「私がいま幸せかどうかはわからんが、私もまだ幸福になるという希望をあきらめてはいないよ」

＊

神共教授との対話を終えて、良志はしばらく考えた。そして決心が固まった。

「徳課、決めたよ……」

今回の決断がどうなろうと、僕はできるかぎり自分の能力を高め、家族や自分とかかわる人々を幸せにすることに努力するつもりだ。それによって自分や周りの人が実際に幸せになれるかどうかはわからないし、この先の人生でもいろんな困難が待ち構えていることだろう。でも、どんなときでも、少なくとも自分が幸福に値しないことがないように心がけていくことができたなら、自分のうちに安らぎと慰めを見いだすことができるような気がする。

（1）カントの著作からの引用は、慣例に従い、アカデミー版に基づき、巻数をローマ数字、頁数をアラビア数字で表記する。アカデミー版の巻数・頁数は、『カント全集』（岩波書店）など既存の邦訳に付されていることが多いので、興味をもった方はそちらで確認することができる。ただし、引用箇所は、いくつかの翻訳を参照しつつ、すべて私訳したものであり、若干表現が異なることに注意されたい。

第8章　デカルトの幸福論

悲劇的な境涯を嘆く王女エリザベトの憂鬱を癒すために

津崎良典

「幸せになりたいと望まない人は、どこにもいません。それなのに多くの人は、その手段を知らないままです」(1)
――デカルトからエリザベトへ、一六四五年九月一日

現在の、あるいは現在に至るまでの、自分の境遇に十分な安らぎを覚え、心に満ち足りたものを感ずること。そして、それ以上を望もうとする気が湧いてこず、いまの状態がこれからも続いてほしいと願うこと――十七世紀フランスを代表する哲学者デカルト（一五九六～一六五〇）が四十六歳のときに文通を始めた王女エリザベト（一六一八～一六八〇）の心は、そのような思いから程遠いものがあった。当時、二十四歳の彼女は、来し方行く末を嘆き、「気分が塞ぎがち」（AT,IV,233）であった。なぜか。

彼女は、かつて神聖ローマ帝国と呼ばれていた、いまのドイツはハイデルベルクで、プファルツ選帝侯フリードリヒ五世の長女として生まれた。三十年戦争(2)の勃発と同年である。父は開戦の翌年、ボ

へミアのプロテスタント勢力に請われて、ボヘミア王に即位し、参戦する。しかし、その翌年の秋には拠点のプラハが陥落し、カトリック陣営に敗北。王位を剥奪され、オランダのハーグに亡命することになった。ただし、幼少だった彼女は、父方の祖母とともにハイデルベルクに残り、一六二七年にハーグに合流。亡命先では、プロテスタントの篤い信仰と激しい学究のうちに生き、また、「一家が元通りになる」(AT,IV,209) ことを希求しつつ、しかし彼女の思いとは真逆に展開する冷酷な現実――そのなかには兄弟のカトリック改宗も含まれる――に翻弄され、苦しんでいたのだ。(3)

幸福という主題が、そのエリザベトとのあいだで初めて具体的に論究されるのは、一六四五年に交わされた一連の往復書簡においてである。まずは、五月十八日付で彼女に書かれた手紙を見てみよう。デカルトは、彼女を長いこと苦しめている「空咳を伴った微熱」の原因は端的に言って「悲しみ」にあり、彼女の一家を蝕(むしば)む「運命〔fortune〕の執拗さ」が絶え間なく激しい「苦悩」を彼女にもたらしていると指摘する (AT,IV,201)。そして、彼女の快癒を願って、「つねに理性を情念の主人とする」ように諭す。なぜなら「理性」さえあれば、「悲嘆」ですら私たちが「この世に生を受けてから享受している完璧な幸福〔félicité〕に貢献する」(AT,IV,202) と言えるから。

それにしても、いったい何をどうすればよいのか。そこでデカルトは、七月二十一日付の手紙のなかで、「このうえない幸福を獲得するために哲学が私たちに教えている方法について論ずる」ことを約束する。つまり、一方で「古代人がそのことについて何を書いてきたかを調べる」。他方で「彼らの格率に何か付け加え、彼ら以上のことを述べる」(AT,IV,252)。こうして、西洋哲学史においてストア派と呼ばれる思潮を代表する哲学者セネカ(前四?〜六五)がラテン語で書いた『幸福な生について』が取り上げられることになる。

——

デカルトが紙上で講読を始めるのは、八月四日のことである。セネカはこの書物を「幸福な生を送りたいというのは人間誰しもが抱く願望だが、幸福な生をもたらしてくれるものが何かを見極めることとなると、皆、暗中模索というのが実情だ(4)」と起筆しているが、デカルトによれば、この一文をフランス語に翻訳しようとすると問題が生ずる。なるほど、「幸福な生を送る〔vivere beate〕」という文は、「幸運のもとに生きる〔vivre heureusement〕」とフランス語に(、そしてそこから日本語に)訳せるが、フランス語では「幸運〔heur〕」と「至福〔béatitude〕」ないし幸福は異なる、と言うのだ(AT,IV,264)。

実際、前者は私たちの「外にあるもの」だけに依存する。だとすれば、「自分で手に入れたのではは全然ない何か善きものに行き当たった人は、賢明というより幸運である」(AT,IV,264)。それに対し、後者の本質は、「精神の完全な満足〔contentement〕と内的な充足〔satisfaction〕」のうちにある。そして、重要なこととして、「これは普通、運命が強い味方となってくれている人たちは感じない」(AT,IV,264)と指摘される。

ここで、「運命」という言葉の意味を、十七世紀の代表的なフランス語辞典(5)で調べてみると、「偶然に生ずるもの、偶発的で予想外のもの」とある。そのような、自分の努力ではいかんともしがたいしかたで生ずるものによって、たまたま利益がもたらされればその人は幸運で、被害を被れば不運だ、というわけである。

しかるに、セネカの幸福論を読み解くデカルトその人にとって、幸福は「幸運」ではない。それは、仕合わせ、巡り合わせ、成り行きなどではない。そうではなく、感情の一種だ。だとすれば、« vivere beate » というラテン語の一文は、「至福を感じて生きる」と訳さなければならない。言い換えるなら、「完全に満足し、充足した精神を持つ」こと、というか、心がそのような情態にあるのを感ずることである（AT,IV,264）。そこで、この情態について理解をもう少し深めよう。

デカルトは、古代ギリシアの哲学者エピクテトスの考え[6]を暗黙のうちに参照しつつ、「人生を幸福にするもの」、すなわち人に「至高の満足を与えうるもの」には二種類ある、と指摘する。

一方に挙げられるのは、「美徳」や「知恵」のように「私たちに依存する」ものだ。そこには、思考する、意志する、判断するなど、さまざまな思いのかたちが含まれる。しっかり考えよう、最後までやり抜こう、判断ミスを犯さないようにしよう、等々、いずれも自分次第でどうこうすることのできるものだ。

他方で、「名誉や資産、健康」のように「私たちに依存しないもの」が挙げられる（AT,IV,264）。すでに引用したデカルトの言葉をあらためて参照するなら、私たちの「外にあるもの」だ。ようするに「運命」のおかげで手に入るものである。宝くじに当選するとか、五体満足に産まれるとか、そういったことである。

デカルトはかように、自分の生まれつきの能力で采配できるものと、そうならないものを分ける。

そのうえで、両者はいずれも人を幸福にする、と考える。品行方正で頭脳明晰、それに富裕で、名声を博し、しかも健康に恵まれていれば、そのような人はたしかにいっそうの「満足」を覚えるだろうから（AT,IV,264）。

しかし、この「満足」そのものを「理性の監督下に置かれたかぎりでの欲望の充実や実現」という観点から眺めるなら、つまり、羨望や嫉妬のような欲望の暴走とは無関係に眺めるなら、「どんなに貧しく、運命や自然から見放された人」でも、自分の裁量であれこれできるものに専念することで、「それほどたくさんの善きものを持たずとも」、過不足なく「満足」と「充足」を覚える（AT,IV,264-265）。つまり、誰でも人はその人なりに幸福になれる。

しかもこの情態に伴って、人の内面には「喜悦〔plaisir〕」ないし「悦楽〔volupté〕」という感情が湧き起こってくる。幸せだと、わくわくしたり、ほくほくしたりするのだ。それは――九月一日付の手紙によれば――、食事をとって満腹になったり、睡眠をとって疲労がとれたりしたときに人が一時的に肉体に感ずる「快〔plaisir〕」とは異なる。「喜悦」や「悦楽」のほうは、「確固」としていて、「不滅」ですらある（AT,IV,285-286）。あるいは、八月四日付の手紙によれば、「適切」である（AT,IV,267）。

事実、デカルトは八月十八日付の手紙において、あらゆる行為の目的を快楽に求めたとされる古代ギリシアの哲学者エピクロスの考えを取り上げている。この言葉は、感官に生ずる「快」（AT,IV,275）のこととして間違って理解されてきた(7)。しかしエピクロスは、贅沢、放蕩、そして肉体的な歓楽を称揚していたわけではない。その『メノイケウス宛の手紙』によれば、快楽は「道楽者の快でもなければ、性的な享楽のうちに存する快でもない」。そうではなく、「肉体において苦しみのないことと魂において乱されない（平静である）こととにほかならない」[8]。

エピクロスの考えをよく理解していたデカルトは、「彼が、至福は何に存するか、その動機は何か、私たちの行為が向かう目的は何かということを考察して、それは一般に悦楽すなわち精神の満足にあると述べたのは間違っていません」とエリザベトに書き送っている。

なるほど「私たちに善行を強いうる」のは、「自分の義務」はいったい何か、それを「認識すること」だけである。しかし、「善行から喜悦が何も湧いてこないなら、私たちは至福をけっして享受しないでしょう」（AT,IV,276）。「喜悦」という感情は、有徳な行為の帰結であると同時に目的でもある（cf. AT,IV,284）。人は、自分の立場に応じて為すべきところを為せば嬉しくなるし、そうなりたいから義務を果たす。幸福はそこに横たわっている。

「喜悦」をめぐるデカルトのこのような考えは、「永続的な心の平静と自由」[9]、すなわち、感情の起伏の生じない、いわば凪のような心の状態（アパテイア）を理想とするストア派の代表格セネカの考え[10]を狙い撃ちするものである。

二

デカルトは同じく八月十八日付の手紙において、『幸福な生について』第三章における以下の記述にも疑義を呈している（AT,IV,273）。セネカによれば「英知とは、自然に悖らないこと、自然の理に従い、自然を範として自己を形成すること」であり、「したがって、幸福な生とはみずからの自然（の本性）に合致した生のこと」である。[11] デカルトは、この「自然」なるものを問題視する。

セネカが賛同を示す「ストア派の人々のあいだで意見が一致している点」すなわち「自然」に関する「教義」の全体像を摑むには、彼らが万物の始原と見なす「火」なるものを理解することから始めるのがよい。「火」は、能動的な部分と受動的な部分からなる。前者は、「創造的火」として「神」、万物の「真正な秩序」の原理として「理性」、さらには万物を「生む力」として「自然」などと呼ばれる。とりわけ「創造的火」は、「素材」としての、「火」の受動的な部分に働きかけることで、「元素」を作り出し、これが凝集したり混合したりして万物が形成される。さらに「創造的火」は、「息吹き」となって諸事物に「浸透する」。諸事物が一定の条件下で、生命、形状、性質を保つのは、ようするに「秩序」づけられるのは、この「息吹き」が「緊張した」状態に置かれることによってである。[12]

そうすると、「自然（の本性）に合致した生」というのは、つまるところ「神」が打ち立てた世界の秩序に従って生きることと同義になる。この秩序のもとで、理性を働かせ、正しい判断を下す——セネカは、そのような生き方を幸福と見なす。しかし、デカルトに言わせれば、それは他律的な生き方である。なるほど彼もまた——この後すぐに詳述するように——、理性の善用に基づく最善の判断と、それに先導された行為が人を幸福にすることを認める。しかし、人が頼るべきはあくまで自分の理性であって、神などの他者ではない。そのかぎりで、どこまでも自律的な生き方が目指される。

事実、デカルトは八月四日付の手紙のなかで、人はたとえ生まれが悪かろうとも、運が拙かろうとも、自分が一六三七年に刊行した『方法序説』(13)で公表済みの、道徳に関する「三つの事柄」すなわち格率を遵守すれば、「他のものに俟つことなく」満足感や充足感を覚えると言う(AT,IV,265)。いささか楽観的な印象を与えないでもない筆致で列挙される、その「三つの事柄」とは、いかなるものか。

まず、人は「生のあらゆる場面において、何をすべきか、何をしてはいけないかを知るために、自分の精神をつねにできるかぎり働かせるように努める」べきだ(AT,IV,265)。いついかなるときも理性的に振る舞うことが求められる。

ついで、「情念や欲求に逸らされることなく、理性が各人に勧めるすべてのことを実行する確固たる決意を変わらず持ち続ける」ことが求められる(AT,IV,265)。そして、この決意の固さが「徳」とされる。と同時に、理性を惑わすものとして、激しい喜怒哀楽などの「情念」の存在が指摘される。これを統制することで、理性がその本分を発揮できるようになる。

最後に人は、あたうかぎり理性に従っているあいだは、つまり、情念に振り回されていないあいだは、「自分がいまだ手にしていない善きものはいずれも自分の能力の外にあると見なし、この方法によってそれをいずれもまったく望まない習慣を身につける」べきだ(AT,IV,265-266)。なぜなら私たちの「満足」を妨げるのは、手に入りもしないものを欲しがるとか、自分の能力では無理なのに、あしたかったとか、そうすればよかった、などと思う「欲望、後悔ないし悔恨」(AT,IV,266)を措いてほかにないからだ。

なるほど、デカルトが説くように「理性の教えるところ」に従っても、ことが上首尾に終わるとはかぎらない。それでも人は、かの「決意」すなわち「徳」を欠かさず、「最善と判断したこと」を自分の能力を尽くして実行に移すなら、自分の「良心」がそのことを証言してくれ、結果、虚しい欲望や苦い後悔、あるいは辛い悔根に苛まれずにすむ（AT,IV,266）。それどころか、いま歩んでいるその「生」にあって、自分の内面に満足感と充足感を覚える。すなわち、いま幸福になる[14]。より正確に言うなら、そのような情態が自分の内面に発現する[15]。

三

デカルトが高らかに宣言するように、「理性の善用にこそ、人間の最大の幸福は存する」（AT,IV,267）なら、その妨げとなるものを積極的に取り除くことがいっそう目指される。「そのための研究は、最も有益な仕事にして、最も快適で優美な仕事である」（AT,IV,267）と述べられるゆえんである。この「仕事」は最終的に、一六四九年刊行の『情念論』[16]のうちに結実するが――とりわけ「高邁の精神」をめぐる考察が重要だ――、ここではそこまで射程に収めずに、一六四五年のエリザベトとの往復書簡に焦点を絞ろう。

彼女は、八月十六日付の手紙でデカルトにこう訴える――「何らかの病気は推論する能力を完全に取り去ってしまい、その結果、理性に基づいた充足を享受する能力を奪ってしまうものです」。また、「別の病気は気力を減退させ、そのせいで良識が作り上げ［、デカルトが『方法序説』での考察をもとに再構成して八月四日付の手紙で披露し］た格率に従うことができなくなり、最も穏健な人も情念に押し流されやすくなり、早急な決断を必要とする運命の偶発事を解決しづらくなります」

（AT,IV,269）。

つまり、至福を手に入れるためには、とりわけ健康という、デカルトの言葉を使えば「私たちに依存しないもの」、エリザベトの言葉を使うなら「完全に意志に依存しているとはかぎらないもの」（AT,IV,269）の寄与は、彼が見積もる以上に大きいということだ。とりわけ、エリザベトその人は体調不良を彼に訴えているだけに、彼女の言葉はいっそうの重みをもつ。

デカルトは九月一日付の手紙のなかで彼女の指摘に傾聴する態度を見せるも、「私たちの理性を混乱させせさえしなければ、どんなものであれ、私たちを幸せ〔heureux〕にする手段を完全になくすことはできないのです」（AT,IV,283）と主張し続ける。「私たちに依存しないもの」が原因となって、彼女の場合は「運命」に翻弄されて体調を崩し、不幸を感ずることがあっても、理性に恃みさえすれば、自分の深奥に「満足」がおのずと湧き起こってくるはずだ、と言い張るのだ。

デカルトの言い分は、すでに六月二十二日付の手紙で次のように反論していたエリザベトに、どのように響くだろうか――「私は自分が中途半端に理性的であるのを不都合に思っています。〔……〕あなた〔デカルト〕のように〔十分に〕理性的なら、あなたがご自分で〔幼少期の病気を〕そうしたように、自分で自分のことを治癒できるでしょうに」（AT,IV,234）。

四

そこで、エリザベトの願いに応えて「生のあらゆる行為において最善を判断するために知性を強化する手段」（AT,IV,280）は何か、という主題に取り組む九月十五日付の手紙を見てみよう。そしてそのなかで、人が日常生活において「正しく判断する心構えでいつもいるために必要な」「真理」を列挙するデカルトその人の理路を、少し長くなるが、追ってみよう（AT,IV,291）。

一度たりとて同じことの繰り返さない毎日の生活は、なるほどエリザベトが嘆く「運命の偶発事」と呼ぶほかない出来事に見舞われることがある。乗り切るには、判断ミスを犯さないことが大事だ。そのとき軸として機能するのが、かの「真理」であり、そのなかでも「最初の、そして主要な」ものは、「一個の神が存在すること、そしてこの神にすべてのものが依存し、その完全さは無限であり、その能力は巨大であり、その決定はけっして誤りがないこと」である（AT,IV,291）。ここで言及されている「神」は、キリスト教におけるそれ、すなわち、唯一神にして全能、そして世界の創造者、という三つの特徴を具えた存在者だ。

ここではとりわけ神の全能性に着目しよう。彼はエリザベトにこう述べている。

「このことによって私たちは、自分たちに起こるすべてのものは、あえて神から私たちに差し出されたものとして、良いように受け取ることを教えられるのです」（AT,IV,291）。

人は生きていれば、成功も失敗も経験する。それでも自分の身に生じたことは、「神」によって「差し出されたもの」と見なせ――デカルトはそう説く。しかも人は、自分の能力では二進も三進も行かないことのために「深い苦しみ」に包まれたとしても、それもまた「神の意志だと考える」ことで、そこから「喜悦を引き出す」ことすらできる（AT,IV,292）。上手く物事が進まない場合でも、自分にとって何かポジティブな意味があるかもしれない、そこから次の一手のための教訓が得られるかもしれない。

だとすればなおさら、エリザベトに六月某日の手紙のなかで説いているように、自分にとって「好都合に思われる角度」（AT,IV,237）から、「運命」だとか「神の意志」による決定そのものと、それに起因する出来事を捉えるのがよい。そのような観点から来し方行く末を見つめよ、というデカルトの助言をここではしっかり受け止めたい。もちろん幸福になるためである。

第二に知るべきは、「魂の本性」についてだ。それは「身体なしに存続し、身体よりもはるかに高貴であり、現世には見出されない無限に多くの満足を〔来世において〕味わうことができる」（AT,IV,292）。もちろんここで前提となっているのは、デカルトの人間観としてよく知られた心身二元論だ。と同時に、キリスト教の重要な考えである、魂の不死性説も前提とされている。つまり、肉体は滅んでも、神の賜物によって魂は滅ばない、という考えだ。

それにしてもなぜこのような考え方をデカルトは勧めるのか。それは一方で、「死を恐れないようになる」ため。他方で、「現世の諸事から愛着をきっぱりと切り離すことで、運命の力のうちにあるものをすべて執着なしに眺められる」ようになるため（AT,IV,292）。こうして人は、いまここにいる自分にはどうしようもできないことは諦め、その代わり、自分がやれることにいっそう意識を向けられるようになる。

三つ目の「真理」は、「神の作品を正当に判断すること、そして、宇宙の拡がりについて遠大な観念を持つこと」である（AT,IV,292）。ここにもキリスト教の考えは色濃く影を落としている。先ほどその神の特徴として挙げた世界の創造者という考えだ。

しかしここでのポイントはむしろ、「宇宙の拡がり」をどう理解するか、である。そもそも「拡がり」とは何か。これは、当時はまだ少数派だった、宇宙は無限であるという考えを下敷きにしている。十七世紀のヨーロッパは、天動説から地動説へと人々の考えが大きく変化したが、なかでも最先端の知見が、宇宙はどこまでも無限に拡がっているというものであった。

次に重要なのが「遠大な」云々だ。この形容詞は、宇宙について考察することがいわゆる天文学に収まらず、私たちの生き方にも関わってくる、ということを言いたいがためのものである。しかし、私たちの生き方、つまり道徳に関わるというのはどういうことか。続くデカルトの発言を読めば一発で理解できるだろう。

「天空のすべては地球に役立つためだけに創られ、また地球は人間のためだけに創られていると思い込むなら、私たちは、この地球が自分たちの本拠地であり、現世が私たちの最良の生であると考えがちになります。そして、本当に自分たちのうちにある完全さを認識する代わりに、他の被造物のうえに立ちたいがために、それらのうちにはない不完全さを帰属させ、また、愚かにも傲慢に陥って神の顧問になり、神とともに世界を導く任務に就きたいと望んで、そのために無数の虚しい不安や苦悩が生まれるのです」（AT,IV,292）。

つまり彼は、無限に拡がる宇宙を埋め尽くす無数の生物や事物、すなわち「神の作品」よりも自分のほうが優れた存在であると見なす私たち人間の愚かな思い込みを、そしてその思い込みに根ざした私たちの哀れな生き方を、ようするに人間中心主義を諫めているのだ。そのような考え方は端的に言って、誰も何も幸福にしないからである。

四つ目の「真理」は、次のとおりだ。

「私たちの一人ひとりは、他人から切り離された一つの人格であり、したがってその利益はなんらかのしかたで世界の残りの人々の利益からは区別されますが、それでもやはり、私たちは独りでは生き延びられないだろうということを、また実際に、私たちは宇宙の一部であり、もっと言えば、この地球の一部であり、この国の、この社会の、この家族の一部であり、人はこの家族と住居、結束、出生において繋がっているということを考えねばなりません」(AT,IV,293)。

ここでのポイントは、一見すると相反する個人主義と共同体主義が両立していることだ。まず、一人ひとりが個人として尊重されている。その一方で、個人がさまざまなタイプの共同体のなかで生きていること、生きざるをえないことも見逃されていない。人は、生を享けると、「家族」のもとで――それは擬似的なものでも構わない――育てられる。その後、「家族」から独り立ちして、「社会」「国家」「地球」へとその活動の場を同心円状に広げていく。そのときに守るべきことは何か。

「人は、個人としての利益よりも、自分がその一部をなす全体の利益をいつも優先させるべきです」(AT,IV,293)。

「いつも」という副詞が使われているので、これは格率として見なしても構わない。それにしても、自分より社会を「いつも」優先せよとは、ちょっと厳しい。しかし、その反対も受け容れがたい。「いつも」自分のことを優先させる人とは、できれば付き合いたくない。そのような人と一緒にいても幸福にはなれない。

「すべてを自分に引きつけて考えようとするとき、少しばかりの便益が得られると思えば、他人をひどく傷つけても平然としていられる。しかしそれでは、真の友情も、誠実さも、また一般的にいかなる徳も手に入りません」(AT,IV,293)。

デカルトの言うとおりだ。だから、基本的には自分よりも社会のほうを優先させるべきなのだ。私利私益を貪る態度とは対極にある、公共善の追求が目指される。

事実、彼曰く、「自分を公衆の一部と考えれば、人は誰にでも親切にすることに喜悦を感じ、その必要があるなら、命を賭けてでも人に役立とうすることをためらわないでしょう」(AT,IV,293)。しかし慎重な彼は、社会のことを「いつも」優先せよ、という自分のメッセージに、次のような留保を付け加えている。

「ただ、それもあくまで節度と慎重さとをもってのことです」(AT,IV,293)。

自分よりも社会のほうを「いつも」優先すべきだが、どの程度かはケースバイケースである。「両親や国家のために僅かな利益を手に入れようとしたばかりに、自分の身を大きな悪にさらすというのは間違っているのです」(AT,IV,293) とエリザベトに説かれるゆえんだ。そんなことをしてしまっては不幸になるだけだ。

五

デカルトによれば、これまで列挙してきた「真理」は、「一般に私たちの行為のすべてに関係する」。つまり、一回限りの人生という大海原を順風に、しかも幸福に進んでいくための大原則のようなものだ。その一方で、彼が次に列挙する「真理」は、「個々の行為に特殊的に関わる」もの、つまり、朝、目覚めて日が暮れるまでの毎日の航海で繰り返し確認しなければならないチェックリストのようなものである (AT,IV,294)。

まず、感情に振り回されずに行動することの重要性があらためて説かれる。「私たちの情念はすべて、私たちが追い求めずにはいられない善きものを、ありのままの姿よりはるかに大きなものとして私たちに示すこと、肉体の快は精神の喜悦ほどはけっして長続きせず、それを手に入れてみれば、期待していたときに映ったほどは大きくもないこと」を知らなければならない（AT,IV,294-295）。そこでデカルトは言う――「何らかの情念に動かされていると感じたときは、それがいったん鎮まるまで判断を保留すべきであり、この世の善きものの偽りの外見に簡単に騙されないようにすべきです」（AT,IV,295）。さもなければ、幸福な日々の実現には程遠い。

デカルトは次のこともまた、毎日の生活で大切にしたい「真理」だと説く。

「私たちが住んでいる土地の風習についてもそのすべてを個々に調べて、どの程度までそれらに従えばよいかを知るべきです。そして私たちは、あらゆることについて確実な論証を持つことができないにせよ、それでも実生活で起こるすべての事柄については態度を決め、最も真実らしく思われる意見を採らなければなりません」（AT,IV,295）。

デカルトはここで私たちに、優柔不断を避けよ、と促している。彼にとってこれこそ、行動に際して避けるべき最大の悪、不幸の源だからだ。そこで、どうすればよいかを決めあぐねているときは、自分が信頼する人の行動や意見を参照してみる。だからといって、他律的に生きても構わない、ということでは全然ない。

六

デカルトは、「生のあらゆる行為において」最善の判断をつねに下すのを助けてくれる、これら一連の「真理」を単に「記憶」するだけでなく、それらをことあるごとに活かすのを「習慣」にすることが重要だと説く（AT,IV,296）。最後にこの「習慣」の意味するところについて考えてみよう。

習慣というのは、いつもそうするのがその人の決まりになっているものだ。重要なのは、「いつも」である。本章第四節でも触れたが、それは、例外なし、ということを意味する。だとすれば、平常時はいざ知らず、予想もしない出来事が偶然に、しかも突然に起きたときこそ、つまり「運命」に翻弄されるのを実感したときこそ、自分の決め事をいつものように適用すればよい、ということになる。

しかしそのためには、転ばぬ先の杖、である。つまり、何を自分の決め事にするのかをあらかじめ考えておく。自分の身を自分で守るための備えを前もって用意しておく。

このような備えのことを、古代ギリシアの哲学者は、自分たちの言葉で「パラスケウエー（paraskeuē）」と呼んだ。まさしく「準備」という意味だ。このギリシア語はのちに、古代ローマの哲学者たち、とりわけセネカによって「インストリュクティオー（instructiō）」というラテン語に訳された[17]。「装備」や「防御」という意味がある。つまり、人生における事故（アクシデント）にほかならない偶発事（アクシデント）——病気や怪我、失業や倒産、別離、挫折など——に際して、自分の感情生活が被害を被らないように心のなかで起動する安全装置のようなものだ。

ところで、この「インストリュクティオー」は、英語の「インストラクション（instruction）」の語源であることにお気づきだろうか。たとえば、スキー教室で滑走のアドバイスをくれる人を「インストラクター」と呼ぶが、彼ら彼女らは「インストラクション」をしている。「装備」や「防御」を授けるというより、スキーが上手くなりたい人の「教育」「育成」「養成」をしている。本来の用法から意味が少しずつ豊かになっていったわけだ。

だとすれば、「インストリュクティオー」という言葉には、次のような理想が込められていることになる――私たちは、デカルトが列挙する「真理」を「防御」としてあらかじめ用意して、かつこれを装着したうえで「生のあらゆる行為」に臨もう。そして、この装備をけっして手放さないと自分に言い聞かせる「育成」を通じて、みずからの境涯のいかんにかかわらず最期まで生き抜こう。実際、私たちにはそうすることができるし、そうしなければならない(18)。

デカルトは、八月十八日付のエリザベトへの手紙を次のように締めくくっている――「至福の本質は、精神の満足を措いてほかにありません」。そして、「その満足が十分なものであるためには、徳に従うことが求められます」。つまり、「私たちが最善と判断することを実行する、確固たる決意を変わらず持ち続ける」こと。と同時に、というか、それ以前に、「最も善きものについてきちんとした判断を下すべく、知性を全力で用いることが求められます」（AT,IV,277）。

彼は、「全力で」と諭している。そのためにこそ、かの「インストリュクティオー」は求められるのだ。それが彼なりの、どうすれば幸福な生を享受できるか、という問いへの答え、というか、この問いに答えていくための出発点だったと言えよう。

（1）デカルトの著作（エリザベトからの返信を含む）からの引用／への参照は、DESCARTES, R., *Œuvres de Descartes*, éd. par ADAM, Ch. et TANNERY, P., Paris : J. Vrin - C.N.R.S., 11 vols., 1964-1974 に拠り、AT の略記号のあとに巻数（ローマ数字）と頁数（アラビア数字）を表示する。著者による強調は傍点で、原語を含む補足は亀甲括弧で表記する。引用に際して代表的な既訳を参照しつつもすべて私訳した。

（2）ドイツを舞台に行われた戦争。ハプスブルク家とブルボン家の国際的敵対、プロテスタント諸侯とカトリック諸侯の反目を背景に、神聖ローマ皇帝のカトリック化政策を起因としてボヘミアに勃発。プロテスタント国であったデンマークとスウェーデン、さらにカトリック国であったフランスも参戦、ウェストファリア条約によって一六四八年に終結。

（3）エリザベトの生涯については、宮本絢子『ヴェルサイユの異端公妃――リーゼロッテ・フォン・デァ・プファルツの生涯』（鳥影社、一九九九年、六八〜七一頁）を参照。

（4）セネカ『セネカ哲学全集』第一巻、大西英文訳、岩波書店、二〇〇五年、三一一頁。

（5）FURETIÈRE, A., *Dictionnaire universel*, t. II, La Haye et Rotterdam, 1690.

（6）エピクテトス『人生談義』下巻、國方栄二訳、岩波文庫、二〇二一年、三六〇頁。

（7）さらに一六四五年九月一日付エリザベト宛書簡では、「快楽は一般に非難されている」が、それは「この言葉が、見かけによって私たちをしばしば欺く快のことを意味してきた」からだ（AT.IV.285-286）、と述べられている。

（8）エピクロス『エピクロス――教説と手紙』所収、出隆・岩崎允胤訳、岩波文庫、一九五九年、七一頁。

（9）セネカ、前掲訳書、三一六頁。

（10）事実、彼は『幸福な生について』第六章から第十五章にかけて、とりわけ、最高善を「快楽（voluptas）」に求めるエピクロス派の思想を批判している。

（11）セネカ、前掲訳書、三一六頁。

（12）以上の整理については、セネカ『セネカ哲学全集』第一巻（岩波書店、二〇〇五年）における訳者・大西英文氏による訳註（三一七頁）を全面的に参照した。

（13）デカルト『方法序説』、谷川多佳子訳、岩波文庫、一九九七年、三四〜三九頁。

（14）デカルトは、一六四七年十一月二十日付スウェーデン女王クリスティナ宛書簡で言及される「神の力によってもたらされる至福〔béatitude surnaturelle〕」（AT,V,82）や、デカルトの主著『省察』第三末尾で参照される「来世の浄福〔felicitas〕」（AT,VII,52）からは区別される「幸福」や「至福」について論じているわけだ。

（15）実川敏夫氏は、その論文「幸福への意志――デカルトの哲学」（東京都立大学人文学部『人文学報』、第四四四号、二〇一一年）において、「発現」と「実現」を区別しつつ、次のように述べている。「幸福である人とは、未だ幸福では〈ない〉という仕方で既に幸福で〈ある〉」。あるいは、「自分がそれでは〈ない〉ところのもので〈ある〉、そのような人」を指す。「この場合の〈ない〉は、私は未だ宝石を手にしてい〈ない〉と言われる場合の〈ない〉とは違います。それは〈ある〉に転じる〔それは、幸福（幸福のイデア）は、もし〈ない〉ことを止めるならば、もはや〈ある〉ことはできないのです。実氏によれば「実現」に相当〕べき〈ない〉ではありません。つまり埋めるべき欠如ではありません。幸福は、〈ない〉からこそ〈ある〉という仕方で〈ある〉〔それは「発現」に相当〕ものなのです。単に〈ない〉のでも、単に〈ある〉ので〔も〕なくて、〈ない〉と〈ある〉との矛盾的同一なのです。そして、そのようなものとして独特のリアリティを有するのです」（一九〜二〇頁）。

（16）デカルト『情念論』、谷川多佳子訳、岩波文庫、二〇〇八年。

（17）セネカ『セネカ哲学全集』第五巻、高橋宏幸訳、岩波書店、二〇〇五年、九四頁、一二三九頁。同第六巻、大芝芳弘訳、岩波書店、二〇〇六年、二九〇頁、三一二頁。フーコー『主体の解釈学』、廣瀬浩司・原和之訳、筑摩書房、二〇〇四年、一〇九頁。

（18）処世術としての「インストリュクティオー」に関する考察と記述は、拙著『デカルト　魂の訓練』（扶桑社、二〇二〇年）第十章に全面的に依拠している。

第9章　キリスト教の幸福論

頑張りすぎて疲れ果てている人のために

保呂篤彦

「幸福」なのは「貧しい人」。「今飢えている人」、「今泣いている人」、「みんなから憎まれ、追い出され、ののしられ、汚名を着せられている人」。

「不幸」なのは「富んでいる人」。「今満腹している人」、「今笑っている人」、「みんなにほめられる人」。

一　キリスト教と幸福

キリスト教の諸伝統は、私たちが「幸福」と呼ぶものに特に強い関心を向けてきたとは思われない。ギリシア哲学において「幸福」こそを人間の生の目的とする「幸福主義」の考え方が登場した際、キリスト教哲学はこれに反論を試みた。キリスト教では当初から「幸福」は目指すべき対象ではなかったのである。しかしいずれにせよ、ここに「幸福」をめぐるキリスト教思想の端緒が開かれたようである。ただし、そこで主に論じられたのは「至福直観」、つまり、神によって救われた人間がその死後、天国において恵まれる究極の体験、神を直接ありのままに見るという体験であった。それでは、この世を生きるキリスト教徒にとっての「幸福」は語る意味のあるものではなかったのだろうか。

新約聖書には「真福八端」などと呼ばれてきた「幸福」の問題がある。

これは、福音書のイエスが説教で語っているもので、「マタイによる福音書」では「幸い」とされる人間のケースが八つ（それ故に「八端」と言われる。マタイ五・三〜一二）、「ルカによる福音書」では同じく「幸い」とされる人間の四つのケースと、それと対をなす「不幸」な人間の四つのケースが挙げられている（ルカ六・二〇〜二六）。ここでは、「ルカによる福音書」の記述を見ておくと、「幸い」とされるのは「貧しい人々」[1]、「今飢えている人々」、「今泣いている人々」、「人々に憎まれ、追い出され、ののしられ、汚名を着せられている人々」で、反対に「不幸」とされるのは、「富んでいる人々」、「今満腹している人々」、「今笑っている人々」、「すべての人にほめられる人々」である。[2] いずれにせよ、通常の「幸福」と「不幸」がここでは完全に逆転しているように思われる。「真福」とは「真の幸福」を意味するだろうが、この世で「不幸」な人が天国で「真福」を受け、この世で「幸福」な人は天国で「真福」に恵まれないとでもいうのだろうか。もし、そうならそれは何故だろうか。そうでないなら、これは何を意味しているのだろうか。

旧約聖書にも当然、人間がこの世で経験する「幸福」に関する記述がある。

「幸福」というこの語は「コヘレトの言葉」に特に多く登場するが、ここでは同じ智恵文学の書とされる「ヨブ記」を取り上げる。まずヨブの物語のあらすじを簡単に記そう。

ヨブは心が清く神に従順な義人であり、家畜などの財産、妻子や友人などの人間関係、そして健康にも恵まれて、「幸福」に暮らしていた。しかし、ヨブが神に従順なのは、神が彼にこれらの「幸福」を与えているからだろうと邪推するサタンを退けるために、神はサタンにヨブからこの「幸福」を奪うことを許し、ヨブは命以外のすべてを失って「不幸」になる（ヨブ二・一〇）。それでも、ヨブは神を呪うことなく「清いまま」であり続ける。しかし、友人たちから、彼が「不幸」になったのは彼自身の不義のせいであることを認めるように責め立てられ、自らが不義を犯す者でないことを知るヨブは、終に神に論争を挑み、自分が正当に扱われていないと訴えて「不幸」の理由を問い糾す。しかし、《天地創造のときにお前はどこにいたのか》と神に問われ、彼は自分が神の前では無にすぎず、神の考えや計画を理解する能力を欠くことを認めて「悔い改め」る（ヨブ四二・六）。するとヨブは神から前にもまして素晴らしい家族と以前の二倍の「幸福」を与えられ、四代先の子孫までその目で見たのち老いて死んだという（ヨブ四二・一六）。

ここには「悔い改め」の前後の彼の人生が語られている。「幸福」の概念も、一見したところ、一般に私たちが考えているものと変わらないように見える。しかし、実は、信仰を得た人、「悔い改め」て救済に与る人の「幸福」、つまり、キリスト教的な幸福がここに語られているのではないだろうか。

二　人間存在の変革としての救済

ところで、キリスト教が教える「救い」とは何だろうか。特定の教会に所属することで得られる何かだろうか。信仰を得る、救われる、とはどのようなことだろうか。難しい問題で、私にはこれをここで十分に論じる能力はない。ただ、現代のキリスト教神学者の多くは、真にキリスト教徒になること、信仰を持つこと、救済に与ることなどが、どこかの教会に所属するといったことではなく、何かその人の人間としてのあり方、つまり考え方や生き方の根本的な変化のことだと主張しているように思われる。

例えば、ジョン・ヒックというイギリスの神学者は、従来のキリスト教では、人類の始祖であるアダムとエバの原罪が遺伝を通して全人類に行き渡っており、キリスト教の教会のメンバーになってキリストに救ってもらう以外にそこから逃れるすべはないと考えられてきたと述べて、これを「救いの司法概念(3)」と呼ぶ。しかし、彼は、今や私たちは救いをそのような(教会のメンバーになるという)身分異動としてではなく、「人間存在の変革」として考えるべきだと言って、これを「救いの人間存在変革概念(4)」(救いとは人間のあり方の変革のことだという考え)と呼ぶ。

それでは、この「変革」とは如何なるものだろうか。ヒックは、それを「自分中心から実在〈神〉中心への人間のあり方の変革(5)」、「自分自身と、所有物、富、地位、権力などに対する自分の欲求を中心とする生き方を離れて、神を中心としつつ神的愛の実行者として生き抜く生へと移行する(6)」ことと説明している。しかし、彼はこれがなぜ「救済」なのかを詳細に説明してはいないように思われる。「救済」とは人間を悪い状態から良い状態へと変化させることのはずだが、「自分中心」のあり方のどこに問題があるのだろうか。

三　「配慮の生」からの解放と「真の自己」の発見

さて、このような自分中心的なあり方からの「救済」という教えが、新約聖書の主たる教えなのだと考える神学者が他にもいる。現代日本の新約聖書学者・宗教哲学者である八木誠一は、イエスの教えの核心をこのようなものとして、より詳細に説明している。

八木は、イエスの教えのうち、まず、「個人」としての人間存在のあり方に関するものについて、「人生」という小見出しを付けてこれを論じているが、(7)要するにそれは「配慮の生」を止めよということである。

私たちは、自分の生のためにさまざまな「配慮」をしている。日々の暮らしの諸局面もそうであるが、大きくは自分の人生を一つのプログラムとして設計し、その最終目的を実現すべく、全体を統制しつつ生活を送っていると言うことができる。例えば、ピアノの才能があって将来プロのピアニストとして身を立てようと考える人であれば、まず適切な先生のレッスンを受けて、音楽大学への進学の準備をするだろうし、いずれ海外の大学に入学したり海外の著名な先生の指導を受けたりする必要もあろうから、外国語の準備も要るだろう。そうなるとさらに奨学金の可能性なども含め、そのための資金の算段も付ける必要がある。

こうしたことが「配慮」であるが、自覚の程度はさまざまでも、これは誰しもやっていることで特に問題があるようには思えない。ところが、こうした「配慮」が徹底され、人生全体を統制するようになると、すべてがそのプログラムの最終「目的」を実現するための「手段」としての意味しか持たなくなる危険が生じる。特に問題なのは、今現に生きて目標に向かって努力している自分自身が、「目的」とされた「理想の自分自身への途上にある過程、一段階」[8]としての意味、つまり「目的」実現のための「手段」としての意味しか持たなくなることだろう。そうなってしまえば、人は今この瞬間を真に人間らしく自由に生き生きと生きることができなくなる。単なる「手段」としての生は、「目的」との関係に縛られて自由を失い、その実現を妨げるものと出会って不安と苛立ちに苦しめられる。そして、この「目的」が実現できなかったときには、「手段」としての生はその意味を失い、無駄で無意味な生になる他ない。将来を悲観しての自殺の中には、人間の生に対するこの種の理解に起因するものが少なくなかろう。もし新たに目標を立て直すとしても、放棄された「目的」のために費やされた生は無駄なものとして後悔の対象になる他ない。また、もし当初の目標を実現できたとしても、それまでの不安や苛立ちが消滅して幸福になれるかというとそうではない[9]。それは、このような生が人間本来のあり方（八木は「根源的規定」とも呼んでいる[10]）を無視しているからである。だから、八木は「目的のものを手に入れた瞬間にむなしさがやってくる」と言う。

このような考え方・生き方は実に苦しく、人間を疲弊させるものである[11]。その理由を八木は、それが倒錯しているからだと指摘する。この生き方では、私たちは自分の立てた目標が実現できなければ自分の生に意味はなく、目的を実現した自分こそが価値のある自分だと思い込んで必死に「配慮」する。しかし、実は、目標を実現するから自分に価値があるのではなく、自分の才能や努力や業績とは無関係に、まず深い意味での自分自身がすでにそこにあり、これによって「配慮の生」もまた初めて可能になるのだ。そして、実際、自分が必死に追い求めてきた目標を手放し、何としても実現しようとしてきた目標の自分自身を捨てるときに、私たちはこのことに気づくのだと言う。そのとき、これまでこれこそが自分だと思ってきた自分（「意識的自我」と八木は呼ぶ）が消え失せて、自分で立てたのではない自分、「真の自己」「より深い自己」がすでに立てられていることに気づく。「意識的自我」は本来この「より深い自己」との関係のうちにあって、それに基づいて働くもので、これとの関係が絶たれると適切に機能しない。「生きているのは、もはやわたしではありません。キリストがわたしの内に生きておられるのです」（ガラテヤの信徒への手紙二・二〇）というパウロの言葉も、「より深い自己」のもとにある「意識的自我」という人間本来の基本的なあり方を彼が体得し、それがまさにイエスの生き方そのものであることを自覚しての発言だと八木は理解している。[13]

八木も引証しているとおり、実際に福音書には、この「配慮の生」への執着を止めるように諭すイエスの言葉が数多く記されている。

「命のことで何を食べようか、体のことで何を着ようか思い悩むな。烏のことを考えてみなさい。種も蒔かず、刈り入れもせず、納屋も倉も持たない。だが神は烏を養ってくださる。あなたがたのうちだれが、思い悩んだからといって寿命をわずかでも延ばすことができようか。野原の花がどのように育つか考えてみなさい。働きもせず紡ぎもしない。しかし、言っておく。栄華を極めたソロモンでさえ、この花の一つほどにも着飾ってはいなかった。あなたがたも、何を食べようか、何を飲もうかと考えてはならない。また、思い悩むな」（ルカ一二・二二～二九。マタイ六・二五～三二も参照）。

このように福音書は「配慮」を「思い悩み」（口語訳聖書（一九五四年改訳）では「思い煩い」。以下、本文ではこちらの訳語を用いる）と捉えて、まさにそこからの脱却を教えている。

もちろん、ここで言われているのは、怠けていても神が養ってくださるから大丈夫だということではなく、自分が「配慮」を止めても自分は自分として既に立っているということである。それは「配慮」と「思い煩い」の末に手に入れたと思っているものも、その「配慮」の能力もろとも、私ではなく神が用意してくださったものだということでもある。

また、実は「配慮の生」に執着して自分で自分を立てようとするのを止めるとき、自分が立てたのではない「真の自己」「より深い自己」が生きて働き出すという事情も、福音書は多くの箇所で語っている。

「自分の命を生かそうと努める者は、それを失い、それを失う者は、かえって保つのである」（ルカ一七・三三。ルカ九・二四、マタイ一〇・三九、マタイ一六・二五、マルコ八・三五も参照）。

さらに、「ヨハネによる福音書」には次のようにある。「自分の命を愛する者は、それを失うが、この世で自分の命を憎む人は、それを保って永遠の命に至る」（ヨハネ一二・二五）。

「永遠の命」を無限に続く命と理解する必要はない。むしろ、それは、八木の述べる「真の自己」や「より深い自己」の生のことであり、「配慮の生」の目的・手段関係から解放されて、それ自体を「目的」として一瞬一瞬生きられる生のことであると理解すべきだろう。同じことを印象的に温かく描くエピソードが「ルカによる福音書」にある。少々長いが、ここに引用しておきたい。

「一行が歩いて行くうち、イエスはある村にお入りになった。すると、マルタという女が、イエスを家に迎え入れた。彼女にはマリアという姉妹がいた。マリアは主の足もとに座って、その話に聞き入っていた。マルタは、いろいろのもてなしのためせわしく立ち働いていたが、そばに近寄って言った。「主よ、わたしの姉妹はわたしだけにもてなしをさせていますが、何ともお思いになりませんか。手伝ってくれるようにおっしゃってください。」主はお答えになった。「マルタ、マルタ、あなたは多くのことに思い悩み、心を乱している。しかし、必要なことはただ一つだけである。マリアは良い方を選んだ。それを取り上げてはならない」」（ルカ一〇・三八）。

「ただ一つ」の「必要なこと」、マリアの選んだ「良い方」とは、「真の自己」と「永遠の命」を生きること、目的手段関係に囚われず自由に生きることに他あるまい。一方、マルタは「思い煩い」で心乱され、「真の自己」を生きることができなくなっている。しかし、イエスはマルタにも優しく接し、「もてなし」など必要ないから止めてしまいなさいとは言っていない。このことにも注意しておきたい。

四　「隣人」の発見と「愛」

さて、八木の言う「配慮の生」が徹底されるときに「手段」化されるのは自分自身だけではない。自分とかかわりを持つすべて、とりわけ自分の周囲の人々もまたその「手段」になってしまう危険がある。[14] 他者を自分の「目的」実現のための「手段」として扱う場合、その他者本来のあり方も、他者と自分とのかかわりの本来性も見失われることは明らかだろう。その場合、相手の才能や能力・美貌など何らかの手段として利用価値のあるものだけが視野に入り、当の相手その人に向き合い、その人と真にかかわりあうことはできない。互いに相手をただ「手段」として利用しあうのみの社会、専ら「配慮の生」を生きる人々からのみ成る社会が、争いの絶えない荒んだものたらざるを得ないことは、八木も指摘している。[15]

それでは、他者との真のかかわり方とは如何なるものだろうか。八木はこれを説明するために福音書のイエスによる「よきサマリア人のたとえ話」（ルカ一〇・二五～三七）[16]を取り上げて論じ、「隣人の発見」[17]という表現でこれをまとめている。これは要するに次のような話である。

まず、ある律法学者がイエスの前に現れて《何をしたら「永遠の命」を得られるか》と問うと、[18]イエスは《律法には何と書いてあるか》と返す。律法学者が《全身全霊で神を愛するとともに、あなた自身のようにあなたの隣人を愛しなさい》と書かれている旨を答えると、イエスは《その答えは正しい、その通りにしなさい》と返すが、それに対して律法学者は《「隣人」とは誰のことか》とさらに問いを重ねる。これに対してイエスは次のたとえ話をする。あるユダヤ人が旅の途中で強盗に襲われて身包み剥がれた上に半殺しの目に遭って路に倒れている。通りがかった祭司とレビ人は同じユダヤ人なのに彼に気づきながらも彼を助けることなく通り過ぎる。ところが、ユダヤ人と敵対関係にあったサマリア人のひとりが彼を見つけ、可哀想に思って近寄り、傷の手当てをしてやった上に、宿屋に連れて行って宿泊料を支払い、さらなる介抱を宿の主人に依頼する。このたとえ話を終えたイエスは最後に律法学者に《彼の隣人になったのは誰か》と問う。すると律法学者は《その人に親切にした人です》と答え、イエスは《行って同じようにしなさい》と彼を諭すのである。

八木はここで、律法学者が目の前で苦しんでいる人よりも「隣人」の定義をまず問題にしている点に注意を払うべきだと言う。イエスは律法学者のこの態度を問題にしたからこそ、定義を与えるのではなく、《行って同じようにしなさい》と答えた。つまり、イエスにとって重要だったのは、定義や属性以前に、今現に私がここで出会っているその人であった。その人がどんな人であるかは重要ではない。寧ろ自分がすでにその人とのかかわりの中にいるという事実こそが大切なのだ。相手が自分の上司なのか、商品を購入するために対面している店員なのか、自分と敵対するグループに属する人なのかといったことは関係ない。それ以前に、私がひとりの人とのかかわりの中にあり、そこにおいてこそ自分も人として生きているのだという事実こそが肝心なのである。私たちは、日常生活では勉強や家事や仕事だけで精一杯で、あるいはさまざまな知識や理想やイデオロギーのせいで、この事実に対して目が塞がれがちである。また「配慮の生」が徹底されていれば、他者はそもそも手段として有用かどうかという観点でしか見られない。しかし、このような事柄がすべて払い退けられると、「根源的な現実」、私と同じ人間が私の眼前にいる、そして私はこの人とかかわっているという現実に目が開かれる。八木は、「この認識の中には無限の尊厳と喜びがある。全く馬鹿々々しいほどあたりまえのことなのだが、問題はこの事実をどれだけ痛切に、しみじみと、体得しているかということなのだ[19]」と言う。

　八木もその名を挙げているが、ユダヤ教の哲学者マルティン・ブーバーがその著書『我と汝』で述べているとおり、私とあなたがまずあってその後に関係が結ばれるのではなく、関係こそが先行し、その関係において私とあなたという人間が初めて成立する[20]。八木は、この「隣人」とのかかわりを「愛」と呼び、それは合理的な打算やその他すべてのことを超えて、ひとりの人とのかかわりを生きることだと言う。

福音書ではこのことが「迷える羊のたとえ話」で語られている。「あなたがたの中に、百匹の羊を持っている人がいて、その一匹を見失ったとすれば、九十九匹を野原に残して、見失った一匹を見つけ出すまで捜し回らないだろうか」（ルカ一五・四。マタイ一八・一二〜一三）。

いや、賢明な羊飼いであれば、寧ろ見失った一匹を諦めて、残りの九十九匹の世話をするだろう。一匹を見つけるために九十九匹を危険に晒すのは合理的な選択ではない。しかし、イエスの説く人と人との根源的なかかわりはこうした合理性を超える。愛は定義や属性を超えてあらゆる人が対象になる普遍性や開放性を持つとともに、今まさにかかわり合っている特定の人に集中するものでもある。私たち人間は、合理性を超えたこのような他者関係の「根源的規定」のうちに神の声を聞き、「無限の尊厳と喜び」のうちに他者との交わりの生活を送るようにそもそも創られている。だから他者とのかかわりに生きる人、「隣人」を愛する人こそが実は上述の「永遠の命」を得ているのだ。こうした「永遠の命」を生きることこそがキリスト教的な幸福なのではなかろうか。

ところで、近代ドイツの哲学者イマヌエル・カントは、本来の道徳は無条件の命令（「定言命法」）として私たちに迫ってくると論じて、峻厳な倫理学説を打ち立てたことで知られている。しかし、彼のこの学説もまたこのキリスト教的幸福からそれほど遠くないところを指していると思う。彼はこの「定言命法」を苦労してさまざまに定式化しているが、その中の一つは次の通りである。「自分の人格のうちにも他者の人格のうちにもある人間性を、自分がいつでも同時に目的として必要とし、決してただ手段としてだけ必要としないように行為しなさい[21]」。

自分も他者も単なる「手段」としてではなく、同時に「目的」として遇する。それは詰まるところ、「配慮の生」から脱し、同じく「目的」である他者とのかかわりの中で「真の自己」を生きるということであり、「隣人」への「愛」に生きることでもあろう。しかし、「いつでも同時に」とはどういうことだろうか。これについては次節で言及しよう。

五　二重性

以上見たように、イエスは、そしてキリスト教は、「配慮の生」と「思い煩い」を脱して、「真の自己」を働き出させ「永遠の命」を生きるよう教えている。しかし、八木も認めていたように、私たち人間は「配慮」を完全に止めることはできず、それ故「思い煩い」からまったく解放されてしまうこともない。私たちは「思い煩い」つつ生きる他ないとすれば、果たして「幸福」たりうるのだろうか。

この点について、小田垣雅也の神学から大切なことを学ぶことができると思う。彼は、若い頃に結核を患って死を覚悟するほどの経験をし、だからこそ真剣に信仰を求めたと言う。しかし彼は、神の子イエスの復活がどうしても信じられず、大いに苦悶した。ところが、キルケゴールの言う「宗教性A」（一般的な宗教性）から「宗教性B」（特殊的な宗教性、真のキリスト教）への飛躍が、「上への飛躍」ではなく、倫理的段階や美的（審美的・感性的）段階をも含むすべての「下への飛躍」なのだという赤岩栄牧師の説教を聞いた数日後に、「十字架上で死んだイエスが復活してキリストになったということが信じられない自分の現実が、その不信仰のままで承認されたということ、それが神の子イエスが十字架の上で死んだことの意味なのだ[22]」と瞬時に諒解する体験をしたと言う。「不信仰」さえをも含む「下への飛躍」である「宗教性B」たるキリスト教的信仰は、信じられないという有限な人間の自然な不信仰と対立し、これを排することで成り立つのではなく、この不信仰をあるがままに認め、これを含んで成立するのである。

小田垣のこの体験もまた八木の説明した「配慮の生」からの解放に他ならないことは容易に見て取れよう。信じようとして信じられない「思い煩い」から彼も解放された。人知を超えた事柄を無理にでも信じようとする不自然さから解放され、彼は人間としての自然なあり方を取り戻した。だから、彼はこれが自分自身の「『自然』とか『人間』の回復[23]」であったと言う。

しかし、この体験は、その解放と回復のあり方をさらに立ち入って解明するものであるとも言えよう。つまり、彼を救った「信仰」は「不信仰を含んだ信仰」（別の箇所では「不信仰即信仰[24]」とも言われる）、「不信仰」と「信仰」とが相即する事態であって、決して「不信仰」が消え去ったのではないのである。信じられないという人間の自然なあり方と対立し、これを排除することで成り立つ「信仰」は人間の自然な「不信仰」に常に脅かされ、人間にとって不自然なあり方に留まる。だから彼の人間的自然を回復させた「信仰」には「不信仰」と「信仰」の「二重性」がある。信じられないという人間の自然がそのままで許され認められている、まさに「不信仰即信仰」の「信仰」だと言うのである。これはもちろん「愛」と同じく合理性、形式論理学の矛盾律を超える事態である。

さらに彼は、これが人間のより一般的な事情でもあることを、強迫観念（強迫性障害）の治療法である「森田療法」を引き合いに出して説明する[25]。強迫観念とは、例えば、何度繰り返し手を洗ってもなお汚れが落ち切っていない気がして手を洗うことをどうしても止めることができないといった症例を持つもので、それが無意味であることを自分自身が知っているにも拘わらず、抵抗しがたい力で迫ってきて、自力ではそこから抜け出すことができない状態である。この囚われは無意味で無根拠なのだから、本来はないのが当然であり、患者はこれを取り除く努力をせざるを得ない。しかし、努力をすればするほど、この努力自体がかえって囚われの意識を強化し、さらにこの強化された囚われの意識が今度はそれを取り除こうとする努力をさらに強いる。

小田垣によれば、これに対する治療として重要なのは、森田療法で最初に施される「臥褥療法」であり、そこで患者は何もすることを与えられずただ個室に寝かされるという。こうなると、気を紛らわせることができない患者は強迫観念に激しく苛まれることになるが、その苦しみがその極に達すると、それは自然に消失する。ただし、強迫観念と苦しみが本当になくなるのではなく、それらの存在が忘失される。つまり、煩悶は煩悶のまま、そこから逃れようとしてそこへと向けられていた努力とともに忘れ去られる。森田はこれを「煩悶即解脱」（苦しみと解放の二重性、苦しみはあるけれども、同時にそこから解放されているあり方）と呼ぶが、小田垣はこれを患者による「煩悶と解脱の二重性の承認」[26]だと述べて、人間的自然の回復という自分自身の体験に準えている。

以上の小田垣の議論から、何を学ぶことができるだろうか。

小田垣も八木と同じく、信仰と救いを、囚われた自我からの、あるいは「配慮の生」と「思い煩い」からの解放と見ていると言ってよかろう。しかし、それに加えて小田垣は、私たち有限な人間においては、その囚われと苦しみからの解放が、それらの完全な克服と排除によって可能になるわけではないことを示唆している。私たちの生の喜びは、苦しみの存在をありのままに認め、喜びと同じくそれもまた神が与えたものであることを受容することによって到来する、そのような性格を持つと言えないだろうか。カントが、自他の人間性を単に手段としてではなく「いつでも同時に」目的として扱うようにと記したのも同じ事情によるのではないか。

人間は「配慮の生」を完全に止めることも、「思い煩い」から完全に解放されることもないが、それを認め受容しつつそれと二重的に生の深い喜びを得ることができるのだ。

六　おわりに

最後に、冒頭で挙げた二つの問いを振り返っておきたい。

まず、新約聖書の「ルカによる福音書」の四つの「真福」の問題だが、次のように考えることができよう。

「富んでいる人々」等々のあり方とは、人生の諸問題への対処において誰にも（神にも）頼る必要がなく、自力で問題を解決できる（と思い做す）人間のあり方を指し示している。このあり方では、多くの場合、自信と自負の故に（神に自らを委ねようという「配慮」も含めて）「配慮の生」から自由になることは困難だろう。だから、一見「幸福」そうに見えても、実は「配慮」に囚われて「真の自己」を生きられない危険性が高い。

反対に、「貧しい人々」等々のあり方とは、もはや自分を頼りにすることなどできないが故に、「配慮」する自我を手放すことが容易なあり方、あるいはより適切に言えば、その手放そうという配慮からすら自ずと解放されるような人間のあり方であって、そうしたあり方にある人は「真の自己」を生き、他者のあるがままを見て「隣人」とのかかわりの中で自由な生を送れる可能性が高いと言えよう。

旧約聖書の「エレミヤ書」の次の記述もこの事情を述べているに違いない。「呪われよ、人間に信頼し、肉なる者を頼みとし、その心が主を離れ去っている人々は。祝福されよ、主に信頼する人は。主がその人のよりどころとなられる」（エレミヤ一七・五〜七）。

次に、旧約聖書の「悔い改め」たヨブの問題であるが、彼は、健康はもとより、さらに素晴らしい家族と以前の二倍の財産を与えられた。しかし、彼が試練に耐えて清くあり続けた褒美に、神が二倍の量の「幸福」を与えたと解釈すべきではあるまい。彼は「悔い改め」て「真の自己」と「隣人」を見出したことで、より自由で深い喜びに満ちた生を得たと解釈すべきだろう。

聖書のその後の記述に、彼も「老いて死んだ」とある。彼にも老いの苦しみがあったのだ。一四〇年と聖書が記す彼の余生に、さまざまな苦労や悩みがなかったはずがない。神は喜びと「幸福」だけでなく苦しみと「不幸」も与えたはずであるが、相変わらずヨブには神の考えや計画を知るすべはなかった。それでも彼はより素晴らしい家族とともに二倍も「幸福」な余生を送った。だから聖書が意図しているのは「幸福」な生の質の変化であって、それが量の変化として表現されていると考えるべきだろう。ヨブの余生の「幸福」は単に苦しみや悲しみのない「幸福」ではなかった。それは、「隣人」との根源的なかかわりのうちにある「真の自己」を生きる「無限の尊厳と喜び」を、労苦や悩みとの「二重性」において受容するものであり、試練以前に享受した「幸福」とは異なる性質のものだった。

キリスト教的な幸福とは結局、このような生の肯定に他ならないとは言えないだろうか。

（1）聖書は次のものを使用する。共同訳聖書実行委員会『聖書　新共同訳——旧約聖書続編つき』（日本聖書協会、一九九三年）。読みやすくするため、直接引用の形を取りつつも、特に断ることなく、適宜、省略したり、言葉を補ったりしている。

（2）「幸い」な人の四つのケースも、「不幸」な人の四つのケースも、結局、それぞれ同じ事態に置かれた人々を表現していると思われる。

（3）J・ヒック著、間瀬啓允訳『宗教多元主義——宗教理解のパラダイム変換』（法藏館、一九九〇年）六五頁。

（4）J・ヒック『宗教多元主義』六七頁。

（5）J・ヒック『宗教多元主義』六二頁。

（6）John Hick, *An Interpretation of Religion: Human Responses to the Transcendent*, New Haven and London: Yale University Press, 1989[1], 2004[2], p.45.

（7）八木誠一『イエス』（清水書院、一九六八年）一一三〜一三〇頁。

（8）八木誠一『イエス』一一四頁。

（9）八木誠一『イエス』一一五頁。

（10）八木誠一『イエス』一一六頁。

（11）「疲れた者、重荷を負う者は、だれでも私のもとに来なさい。休ませてあげよう」（マタイ一一・二八）

とイエスは言う。新約聖書は（あるいはまたイエス自身も）彼の活動が「配慮の生」にあくせくして不安と苛立ちで疲れ果てた人々を休ませ、彼らに安らぎを与えるものであることを自覚していたと言えよう。

(12) 八木誠一『イエス』一一六頁。

(13) 八木誠一『パウロ』（清水書院、一九八〇年）二八〜二九頁。

(14) 八木は、本章で取り上げた著書『イエス』において、人間本来のあり方を三つの側面から考察し、主に福音書の叙述からそのそれぞれに関してイエスの思想を分析している。その一つが上述の「人生」という小見出しの下で論じられる「真の自己」の問題（一一三〜一三〇頁）、二つ目が本章本節で言及している対人関係の問題で、これは「愛」という小見出しの下で論及されている（九〇〜一一三頁）。本章では触れないが、さらに三つ目として八木は「律法」という小見出しの下で人間と社会との真のかかわり方についても論及している（一三〇〜一五六頁）。

(15) 八木誠一『イエス』一一五頁。

(16) この話の冒頭のイエスと律法学者の問答に関してのみ、次の並行記事がある。マタイ二二・三五〜四〇、マルコ一二・二八〜三一。

(17) 八木誠一『イエス』一一二頁。

(18) マタイとマルコでは、この箇所が律法の中でどの掟が最も重要かという問いになっており、八木は元々の伝承はこちらで、ルカがこれを変更したと考えている。

(19) 八木誠一『イエス』九三頁。強調は引用者。

(20) 八木誠一『イエス』九四頁。

(21) イマヌエル・カント著、平田俊博訳「人倫の形而上学の基礎づけ」（『カント全集7』岩波書店、二〇〇〇年、一〜一一六頁所収）六五頁。強調は引用者。

(22) 小田垣雅也「キリスト教と仏教――対話はどこで可能か」(南山大学南山宗教文化研究所編『キリスト教は仏教から何を学べるか』(法藏館、一九九九年) 五六~八一頁所収) 五七頁。

(23) 小田垣雅也「キリスト教と仏教――対話はどこで可能か」五七頁。五八頁も参照。

(24) 小田垣雅也「信仰と不信仰」(同『ネオ・ロマンティシズムとキリスト教』(創文社、一九九八年) 一五一~一六九頁所収) 一五六頁。

(25) 小田垣雅也「キリスト教と仏教――対話はどこで可能か」六七~七四頁。

(26) 小田垣雅也「キリスト教と仏教――対話はどこで可能か」六九頁。

第10章　ギリシア哲学の幸福論

山口義久

幸福とは何かという問題の立て方

我々は誰でも幸福になりたいと思っている。しかし、どのような状況になったら幸福なのであろうか。それが分からなければ、どのようにしたら幸福になれるかを知ることはできないし、幸福になったとしても、自分が幸福であるかどうかを判断することもできないのではないか。まずは、「幸福とは何であるか」を知ることが、幸福になるための先決問題だと思われる。

このような問題の考え方、つまり、幸福について「それは何であるか」という仕方で考えるのは、哲学的な問題の立て方である。この「何であるか」という形の問いは、たとえば本のタイトルなどで、よく目にするものであるが、我々があらたまってこの問いについて考えることはあまり多くないように思われる。しかし、幸福になりたい人が「幸福とは何か」を知らないことは、アイスクリームを食べたい人がアイスクリームとは何かを知らないのと同じことではないだろうか。漠然と幸福になりたいと思ってはいるけれども、「幸福とは何か」を考えたことのない人が、哲学者の幸福論に耳をかたむけることは、自分の目標をある程度はっきりと知ることに役立つだろう。

ところが、哲学者の間では「幸福とは何か」の答えが一定であるかというと、そんなことはない。「幸福とは何か」の答えとして正しいものを次のうちから選べといって、数人の哲学者の考えを選択肢にした試験問題を作るとしたらどうであろうか。どれか一つを正解として、あとの残りを不正解にすることはできない。よく、哲学の問題には答えがないと言われることがあるが、それは大体このような意味である。

しかし、だからといって、哲学的な問題は考える必要がない問題だと結論づけるのは間違いである。それらの選択肢のうち、どれが自分の幸福として追い求める価値のあるものなのかは、我々にとって十分に意味のある問題であり、答えが出ない問題ではない。アイスクリームにもいろんな種類があるが、自分の食べたいアイスクリームはどれかを決めるためには、アイスクリームの種類の違いも知らなければならないのである。幸福の場合は、もっと大事な問題であるのは言うまでもない。一回分のおやつを左右するだけのことではなく、我々の一生を左右しかねない問題なのだからである。

思い通りのことと望むこと

難しいことを考えなければ、我々が求める幸福は、あらゆることが自分の思った通りになるような状況ではないだろうか。古代ギリシアにも、思い通りのことができる人は幸福だという考えを持っていた人はいたのである。プラトンの作品（『ゴルギアス』四六六B以下）を読むと、ペルシャ大王や独裁者の生き方は、何でも思い通りのことができるから羨ましいと思う若者と、それに疑問を投げかけるソクラテスの対話が描かれている。そのなかでソクラテスは、思い通りのことができるだけでは幸福ではなく、自分が望むこと（あるいは欲していること）をしているかどうかが大事な点だと言う。しかし、思い通りのことと、望むこととは同じように聞こえる。どこが違うのだろうか。

分かりやすい例として病気の治療があげられる。我々が苦い薬を飲んだり、痛い処置を受けるのは、そのこと自体を望んでいるのではなく、それによって病気を治すことのほうを望んでいるのである。薬や手術などは、病気を治すための手段にすぎない。そのことを理解せずに、思い通りにして治療という手段を避けるなら、結局のところ望む結果をえられないことになる。

もっと一般的に言うと、我々が望んでいるのは、目的となるような善いことであり、その目的のためにしなければならない手段や、用いなければならない道具などは、必ずしもそれ自体は善いものではなく、目的との関係を理解できなければ望ましくないものであることも少なくない。子供のように、薬や注射をいやがるのは、そのような関係を考えることができない未熟さの現われのように思われる。

思い通りのことができるということは、自由と言い換えることもできる。我々は自由をよいものと考え、自由に生きることこそが幸福だと考えることがある。何をしても許されるような自由というのは、我々が行動を邪魔されたり制限されたりしないことであるが、今見たソクラテスの区別を考えに入れると、それだけで幸福だとは簡単に言えなくなるであろう。我々が自由になることによって、どのような幸福を目指すのか、つまり、何を望むのかということこそが、考えなければならない問題なのである。

快楽を目的とする生き方

我々が善いものを望み、それを目的として目指すと言っても、その善さとしては様々なものが考えられるが、その一つの分かりやすい例として、「快さ」という善さがある。快く生きることが幸福であるという考えは、一般に快楽主義と呼ばれるものだが、古代ギリシアから存在していた見方で、その代表者としてエピクロスの名前があげられるのが普通である。快楽であれば何でもいいという、素朴な快楽主義も古代から存在しているが、エピクロスの場合は、そのような主張とは違って、冷静な思考を重視している点で、哲学的という形容が当てはまるものである。とくに注目を引くのは、彼が目的と考える快楽と、享楽的な（つまり、徹底的に快楽を追求するという仕方での）快楽とを区別することである。

彼は、身体的な欲求は、放っておくとどんどん増大していって歯止めがきかなくなるものだと考えた。そのような見方にもとづいて、彼が身体的な快楽として追求することを認めるのは、「飢えない、渇かない、凍えない」という、否定的な表現で言われる、三つの苦痛の除去である。どんちゃん騒ぎをしたり、美味しいものを食べたりするというかたちで、肯定の方向に欲求や快楽を認めてしまうと、際限なくさらに多くの快楽を求めることになり、かえってどこまで行っても満足に到達しないことになるが、それら三つの基本的な苦痛を除去することだけを目指すのであれば、実現可能なのである。

また、ほかの快楽主義者たちが身体的な快楽だけを重視したのに対して、精神的な快楽を重視するのも彼の快楽主義の特徴である。しかも、この精神的快楽も、「心がかき乱されないこと」（アタラクシアー）という、否定的な言い方で表現されている。快楽をとことん追求しようとする素朴な快楽主義者から見れば、ほとんど快楽主義とは言えない見方であるが、エピクロスの思考の結果からすると、享楽的な快楽を求めて心がかき乱されるよりは、このような境地のほうが、実現可能であるとともに、望ましいものでもあるのである。

欲求の区別

そのような快楽の境地は、どのようにして得られるのだろうか。それは冷静な思考によって、欲求の限度をわきまえることによってだと言われる。つまり、彼は追求すべき欲求と、求めるべきでない欲求とをきっぱり区別するのである。まず、欲求を、自然的な（生まれつきの）ものと、自然的でないものとに区別する。そのうち、自然的でない欲求はしりぞけなければならない。たとえば名誉を得ようとする欲求は、生まれつきの（自然的な）欲求ではなく、彼によれば、誤った考えから生じるのだからである。それなら、自然的欲求はすべて追求してもよいのかと思うと、自然の欲求のうちにも、必要不可欠の欲求と不可欠でない欲求が区別されている。

必要不可欠な欲求は、飢えない、渇かない、凍えないという、生存するうえで基本的な欲求であるので、追求されなければならないのは当然のことだと理解できるが、自然的な欲求であるのに不可欠でない欲求というのはどのような欲求なのか。そのうちには有益な欲求と有害な欲求が含まれている。

たとえば、美味しいものを食べたいという欲求は、自然的な欲求であり、エピクロスもそれ自体は否定していない。しかし、美味しくなくても飢えをしのぐことはできるので、不可欠とは言えない。

問題は、その欲求が度を過ぎると、心がかき乱されるのが避けられないことである。何をどのようにして食べれば最も美味しく食べられるかに心を煩わせることは、グルメ志向の人にとっては楽しみかもしれないが、エピクロスにとっては、目的とする快楽の妨げにしかならない。つまり、自然的な欲求であっても、不可欠でない欲求の過度な追求は、有害だということになるのである。

結局のところ、不可欠な欲求と有益な欲求は追求し、不自然な欲求と有害な欲求はきびしく排除することが、エピクロスの目的とする快楽を実現するための必要条件とされる。一般に快楽主義と禁欲主義は正反対の考え方だと思われているが、彼の快楽主義は、欲望を制限することによって目的を達成するという意味で、文字通り禁欲主義的な快楽主義と呼べるものである。

平静な心境における満足

そのような仕方で得られる快楽が幸福だということを、我々はどのようなイメージで考えたらいいのだろうか。エピクロスは「自足の最大の収穫は自由だ」と言う。この言葉を手がかりにして考えてみよう。

自足とは、自分のところにあるもので満足することであり、彼が「足るを知ること」と言っているのと内容のうえで違いはない。わずかのもので満足できない人は、どこまで行っても満足することはないというのが彼の指摘することであるが、そのような事情をよく理解して、欲求の限度を知った人は、この自足の境地に至ることができることになる。

そのことによって「自由」という収穫が得られるというのはどういうことなのか。自由の基本的な意味は、奴隷の身分のような束縛や制約がないことであったことを考えると、自足の境地に至れば、何でも誰からも束縛されることなしにできるようになるということだと思われるかもしれない。足るを知ることによって、無理な欲求をいだくことがなくなれば、残りの最小限の欲求が外的な制約と衝突することも少なくなるのは確かである。

しかし、エピクロスが言うのは、そのような外的な自由であろうか。そもそも外からの束縛や制限がすべてなくなるような状況はありえない。それでは、自足によってどんな束縛から解放されるのであろうか。そう考えていくと、ここで彼が言う自由は、ある意味で内面的な自由、すなわち欲望から解放されること、欲望からの自由ではないかと思い当たることになる。それが「収穫」と形容されているのは、彼の快楽主義の立場から見ても善いことだからである。

快楽とは、欲求を充足したときの満足だとしか考えられないなら、欲望から解放されることでどうして満足が得られるかは理解できないだろう。しかし、多くの哲学者の指摘を待つまでもなく、満足そのものを目指していない場合に満足が得られることを、我々は経験している。たとえば、困っている人に手助けをして、助かった様子を見て満足するとき、我々は満足を得ようという欲求を満たしたわけではない。快楽とか満足と言っても、一通りではなく、ある意味でレベルの違いのようなものを考えなければならないのである。エピクロスが自分の目的とする快楽と享楽的な快楽とを区別したのは、そのようなレベルの違いの意識が背景にあるのだと考えることができる。

そのように考えると、彼がたんなる欲求の充足としての快楽ではなく、かき乱されない平静な心境（アタラクシアー）を目的としたのはどうしてなのかが、少し理解しやすくなるかもしれない。この境地は、心をかき乱す煩わしさからの解放であり、その煩わしさには（恐怖や苦悩などと並んで）欲望も含まれている。それらがないことによって、内面的な満足が得られている状態が、彼の求めた幸福だったのであろう。

よく生きること

このような快楽主義も、快楽こそが求めるべき「善」であるという仕方で、善あるいは「よさ」を目指す幸福論の一つであるが、古代ギリシアの哲学的幸福論の主流は、これとは違ったかたちで「善」を考えるものであったと言える。さきに見たソクラテスの考えがその典型であって、彼が「よく生きる」ことを大事にすべきだと説いたことが、古代の様々な哲学者の幸福論に影響をあたえ、「幸福＝よく生きること」と考えられるようにもなる。

ソクラテスが、子供時代からの友人であるクリトンに、「ただ生きる」のではなく「よく生きる」ことが大事だと語って、同意を得る場面が描かれるところ（プラトン『クリトン』四八Ｂ）で、その「よく」ということは「美しく」とか「正しく」ということと同じだと言われる。この「同じだ」というのは、「よく」という言葉の意味が「美しく」や「正しく」と同じだということではない。ソクラテスが語る「よさ」が、「美しい」や「正しい」と言われるようなことを内容としていると理解することができる。

もう少し違った視点から見ると、「よい」とは言えるが「正しい」とは言えなかったり、「正しい」とは言えるが「よい」とは言えなかったりすることがないような「よさ」が、彼の語る「よさ」である。また、「美しさ」との関係でも、同じことが言えるだろう。つまり、「よい」とは言えるが「美しい」とは言えなかったり、「美しい」とは言えるが「よい」とは言えなかったりすることがないような「よさ」だということである。

さきに見た快楽主義の場合には、「よい」＝「快い」と考えられているわけだが、「よい」と言えるのに「快い」とは言えない場合や、「快い」と言えるのに「よい」とは言えない場合が、いくらでも考えられる。たとえば美味しいものを食べるのは「快い」ことだが、場所や場合によっては「悪い」ことになるのであって、人のものをとって食べることなどは、そのことの、最も極端だが分かりやすい例になる。また、「良薬は口に苦し」という格言があるが、これは文字通りの薬に限らず、一般に「よい」ものが必ずしも「快い」ものではないということを表現するものである。

今の場合の快楽を、利益に置き換えても同じことが言える。利益になることが悪いことである例や、よいことであるのに利益には反する場合の例をあげていけば、きりがないであろう。一例をあげれば、人をだましてお金をもうけるのは悪いことであるし、学費を払って勉強するのは良いことであるが、家計が心細くなることでもある。

また、利益や快楽と対立することがある「よさ」の代わりに、「美しさ」や「正しさ」で考えると、同じことがもっとはっきり分かる場合がある。たとえば、利益になるのに不正であるために訴えられたり罰せられたりすることがあるし、私財を投じて人助けをすることは美しい行為であるのに、利益には反しているようなこともある。

美しく生きること

美しいという言葉で、我々は、たとえば目に見える美しさなどを思い浮かべるが、古代ギリシアでは、それだけではなく、今見た例のような、行動や人格の美しさを指すことも多かったことを考えに入れておく方が、ソクラテスの言うことに対する誤解が避けられることになるだろう。「よく」生きることは「美しく」生きることでもあるからと言って、必ずしも着飾ったり、優雅に歩いたりする必要はないのである。

また、美しい（カロン）とは反対の、醜いという意味のギリシア語は「アイスクロン」であったが、これは文字どおりには「恥ずべき」と訳せる言葉である。このことも、ソクラテスの言う「美しく」という言葉を理解する助けになるであろう。「恥ずべき」と「醜い」の両方に通じる日本語は、たとえば「みっともない」であろうが、それとは反対の「立派な」という意味が、ギリシア語の「美しい」には含まれているのである。

そのことは、古代ギリシア人の、名誉を重んじ恥をきらう価値観を反映している。古代の原子論を提唱したことで知られているデモクリトスは、そのような価値観をもとに、通常は「人の目に対して恥じる」のを、視点を向けかえて、「自分自身に対して恥じる」べきだという考えを書き残した。このことは、社会通念になっている「恥ずかしいことをするな」という教えを、自分の行動原則を自分で決める、いわば「自律的」と言われる考え方に転換したこととして注目することができる。

そのような背景も踏まえたうえで、美しく生きることは、恥ずかしくないように、立派に生きることとして理解することができる。

正しく生きること

それでは、正しく生きることについては、どのように理解したらいいのだろうか。そのために、「人は自分から悪を求めることはない」という、ソクラテスの主張について考えてみよう。それは、「よく生きる」ことが人間にとって重要であるという彼の思想を支えている見方である。それに従えば、人間が何らかの善を求めることは、人間の本来のあり方だということになるのである。

しかし、我々が善をさしおいて悪を選択することは往々にしてあるのではないか。プラトンの描くソクラテスは、そのことについて、場合分けを用いて説明している。

人が悪を求めることがあるとすると、

(a) それを善だと思って(悪だと知らずに)そうするか、
(b) それが悪だと知りながらそうするか

のどちらかである。

前者（a）は無知によるとして説明できるが、後者（b）の場合、

（b1）それが有益だと思って（有害だと知らずに）求めるか、

（b2）それが有害だと知って求めるか

のどちらかになる。

前者（b1）は、悪が有益だと思って、有害だと知らないのだから、無知によるものだと言えるが、後者（b2）は、悪が有害であることを知りながら求めているので、自分を不幸にすることを求めることになり、不合理だということになる。

その結果、不合理な場合（b2）を除くと、人は無知のせいで悪を求めてしまうのであって、善悪を知っていれば悪を求めることはないことになる（プラトン『メノン』七七B～七八A）。

ここで言われる悪の例として、たとえばタバコを吸うことのような、それを選ぶ人にとって害になるものを考えれば、この議論は納得できるように思われるが、その悪として、ソクラテスが最も重大な悪だと考える「不正」を当てはめて考えれば、その説得力は薄れることになるだろう。悪を不正と読み替えると、（b1）は、不正を有益だと思って求めることになるからである。不正であることを知りながらも、それを求める人は存在するし、その人はおそらく、それが自分にとって有益なものだと

思っているので、そのことを思い違いだとは認めないであろう。

しかし、ソクラテスにとっては、不正はそれを求める人自身にとって悪いものであり、その人は「悪い」生き方をしているのであって、けっして「よく」生きているわけではない。彼が「よく」生きることは「正しく」生きることを意味すると考えたのは、そのような事情も踏まえてのことであったのである。

魂のよさとしての徳

このように、ソクラテスが考える「よく生きる」ことは、一方では「美しく」、「正しく」と重なる生き方であり、他方では快楽主義的な生き方とも、利益を追求して生きることとも対比できるものである。それは、どのような生き方であるのか。

彼の考えは、自分の魂ができるだけよくなるように配慮して生きるべきだという、すすめ（勧告）のかたちでも表現されている（プラトン『ソクラテスの弁明』二九D〜三〇B）。古代ギリシアの哲学者が「魂」（プシューケー）と言うときは、生命全般にわたる意味になることが多いが、ソクラテスの場合は「心」あるいは「精神」という言葉で理解できる。つまり、自分の心あるいは精神をできるだけよくなるように配慮せよというすすめなのである。そして、この「魂のよさ」は、人間の「徳」だということにもなる。つまり、ソクラテスの「よく生きる」ことは、できるだけ徳をもって生きることと言い換えることもできる。

「徳」と訳されるギリシア語は「アレテー」であり、本来さまざまな「よさ」を表わす言葉であった。たとえば、馬のアレテーは速く走ること、ナイフのアレテーはよく切れることと言うことができるような言葉であるが、彼の時代には、とくに人間としてのよさを意味することが多くなっていた。ソクラテスは、魂のよさとしての徳をもつようにすべきだと人に勧める理由として、金銭や身体的なよさ、あるいは名誉や地位などが魂をよくするのではなく、逆にそれらがよいものとなるのは魂のよさによるのだと語る。つまり、徳はあらゆるよさの源泉だということである。

人間はお金を持ったら善い人になるかと考えてみると、そうではない例がたくさん思い浮かぶであろう。お金そのものが善いものだと考えられるかもしれないが、その善さは、せいぜい手段としての善さにしかならない。手段として善いと言えるのは、善い目的を実現するための手段となる場合だけである。ということは、自分が望むことを、つまり本当に善いことを知っている人にとってしか、金銭は善いものになることもないのである。お金を浪費したり悪用したりすることは簡単だが、本当に役立てることは容易ではない。

身体の善さ、つまり健康は、金銭以上に大事なものだと考えられるが、心や精神との関係では、金銭の場合と同じことが言える。健康になることによって精神がよくなるわけではなく、精神が善いことによって、健康が善いものになるのである。また、身体の丈夫な悪者のほうが、弱い悪者よりもたちが悪い。ちなみに、「健全な精神は健全な身体に宿る」というラテン語の格言が引き合いに出されることがあるが、じつは、本来の(正しい)格言は、「健全な精神が健全な身体に宿ってほしいものだ」という意味である。

道徳と対立する幸福

しかし、徳はむしろ道徳的な目標であって、徳を目指すことと幸福を目指すことは、まったく異なることだと考える人もいるだろう。道徳的なきまりには、従わなければいけないから従っているだけで、従わなくてよかったら、もっと幸せになれると考える人は、現代にもいるし、当然のことながら古代にもいたのである。ひょっとしたら、我々の不幸の多くは、幸福と道徳という、その二つを一致させることができないことに由来しているのかもしれない。

一般に通用している道徳と対立するような仕方で幸福を考える見方は、プラトンの作品にも再三現われるが、最も分かりやすい極論を述べているのは、『ゴルギアス』(四八一B以下)に登場するカリクレスであろう。ギリシア人にとって、醜いことは恥ずべきことであり避けるべきだという考えは根強いものであったが、彼はそこに一つの区別をつけ加えることでソクラテスと議論しようとする。

その区別とは、自然本来のあり方(ピュシス)と、人間の慣習上の事柄(ノモス)という分け方である。これら二つの対比は、自然哲学の探求の中で、「自然世界のありのままの姿」と、「我々に見えている世界」とを、まったく違うものとして区別する発想に由来する。これを人間世界に応用すると、この世界に通用している法律や慣習は、「人間の間の約束事」のようなもので、「自然本来の定め」とはまったく別のものだという主張である。この主張は、一般に通用している道徳や法律を否定しようとする意図で用いられることも少なくなかった。

カリクレスも、そのようなもくろみでこの対比を持ち出す。つまり、慣習や法律の上では、不正を行うほうが醜いが、自然本来のあり方では、不正を加えられることのほうが醜いのだと言う。彼の考えでは、不正を受けるという恥ずかしめを受けても、自分の身を守ることのできない人は弱者であり、その人にふさわしい仕打ちを受けていることになる。このような見方によって彼は、いわゆる弱肉強食の世界を肯定し、強者が弱者を支配して弱者より多くの分け前をとるのは正しいことだと主張する。

さきに見たソクラテスの主張では、不正を犯すことは、報復や処罰の対象となるから悪いというよりは、不正を犯すこと自体が、その当人にとって悪いのである。そのような意味では、これら両者の主張は、正反対のものである。

このカリクレスのような主張をする人たちは、自分が弱者になった場合を想像することができないのかもしれない。しかし、それが想像できたなら、彼らが実際に弱者に対して気配りをするであろうか。むしろ、そういう配慮が見られないのは、彼らの主張がまったく利己主義的な立場に立っているからだと思われる。自分を強者の位置において、自分の利益や快楽を得ることしか考えていないのである。

ただし、古代ギリシアでは、利己主義という言い方はなかったので、この言葉を使った議論はされていない。ただ、我々の理解のためには、ソクラテスの「よく生きる」と対立する考えが、利己主義にもとづくものだと言うことはできる。今の我々の問題との関係では、利己主義が幸福に結びつくのかどうかを考えることが必要になるのである。

「よく生きる」ことの哲学的背景

ソクラテスが「よく生きる」ことが大事だという考えをもつようになったのは、たんなる思いつきではない。その背景には、彼の「知を求める（つまり哲学的な）」探求がある。彼が哲学者だと言えるのは、人々に徳をもつように勧めたからというよりはむしろ、人間にとって「善い」とはどういうことなのかを徹底的に探求したからである。そのために彼がよく用いたのが「〜とは何であるか」という問いであった。

ソクラテスは、徳やそれに関連する問題について、この問いを投げかけただけでなく、それに対する答えを検討するために、さらに別の問いを出す。たとえば、「勇気とは何か」に対して「逃げないで戦うこと」と答える人がいると、「逃げながら戦う場合はどうか」と質問して、そのような戦法で戦うことで勇敢さが評価されている人々の例をあげたりする。

我々が「何であるか」という問いに答えようとする場合には、自分の関心や注意の向いているものとの関連で考えようとするので、どうしても限られた視点からの答えになってしまう。ソクラテスはそれに別の視点からの問いを重ねることで、対話相手に複数の視点から見ることをうながしているのである。彼の問答を通じた哲学的探求は、そのような多面的な視点からの理解を目指すことを一つの特徴としているのである。

そして彼は、そのような問答による探求を通じて、人間の幸福は、自分の利益や快楽を（言わば利己的に）追求することによってではなく、自分の魂（心あるいは精神）を優れたものにすることによって（つまり徳を身につけることによって）しか得られないことを確信するに至ったのだと思われる。つまり、利己主義の立場から幸福を追求することは、幸福の要素となる様々な価値と両立しないということが見えてきたのであろう。

人間の社会性

我々は、利己主義と対立するのは利他主義（他者のためになることを目指す立場）だと考えるかもしれない。だが、利他主義というものは、利己主義に対して、いわばその対極に考えられるだけのものであって、我々の生活のなかで、現実に利己主義と対立するのは、人間の社会性である。利己主義を徹底しようとすれば、何らかのかたちで周りの人たちと衝突することは避けられない。他の人たちと協調しようとすると、利己主義は抑制しないわけにはいかなくなるのである。

アリストテレスが「人間は社会的な生きものである」と言ったように、我々は一人で生きることはできず、人と人の間で、つまり人間からなる社会の中で生きている。この状況で幸福に生きるためには、何らかのかたちで社会との折り合いをつけていく必要がある。カリクレスのような利己主義で通そうとするなら、力こそ正義だという彼の主張に従って、自分が他者を支配する権力を持つしかないだろう。

その境遇を幸福だと考えるのは、最初に見たような、独裁者や専制君主を幸せだと考える、ある意味では幼稚な考えにほかならない。しかし、我々が求める幸福が自分の幸福でしかないことを考えると、自分の幸福を偏重するというかたちでの利己主義になるのは避けられないのではないか。「人の喜びを我が喜びとする」というのは美しい言葉であるが、人の喜びはその人の喜びであって自分の喜びではないし、何を喜ぶ場合でも、我が喜びというのは自分の喜びでしかない。他者を喜ばせることが自分の喜びのためである場合には、その行為は自己満足と呼ばれて非難されることもある。そのような意味では、他者の幸福と自分の幸福はあくまでも別のものであり、幸福を求めるときに求めているのは自分の幸福でしかないのである。

自己を愛するということ

この問題を考えるために、アリストテレスが自己愛について語っていること(『ニコマコス倫理学』第九巻八章)を手がかりにしてみよう。人を愛するということは、相手の善(幸福と言い換えても通じるであろう)を願うことであり、自分に対するように相手に接すること、いわば相手を「もう一人の自分」として見ることだという考えを彼は示している。そうだとすると、もう一人の自分である相手以前に、自分こそが本来の愛の対象ということになるのではないか。つまり、愛の根源は自己愛にあって、通常の愛は、自己愛を他者にも及ぼすことによって成立するのだと考えられるかもしれない。

ところが、現実には、自己愛は非難にさらされるのが普通である。この非難される自己愛は、現代の言葉で言う利己主義に近いものとして理解できる。その自己愛は、具体的には、金銭や名誉、快楽などを自分に多くとろうとすることだからである。さきに見たカリクレスの、強いものが多く取るのが正しいことだという主張も、このような自己愛を正当化しようとしたものであった。

しかし、ある種の自己愛は、非難されるどころか、アリストテレスによって推奨されている。それは、他の誰よりも自分自身が、正しいことや、その他の徳に合致したことや、美しい行為を熱心に求めることである。このような場合は、実際には「自己愛」と呼ばれることはないが、彼はこれこそが、優れた意味での自己愛だと考えるのである。それは、最も美しく最も善いことを自分のものとしようとすることだからである。これは、我々が言う利己主義ともまったく異なるものである。

このような意味で自己を愛する人が非難されないのはなぜかということも容易に理解できる。金銭、名誉、快楽などを他者よりも多くとることは、他の人の取り分が少なくなったり、場合によっては全然なくなったりするので、そういったものに価値を認める人は文句を言うだろうが、徳を人より多く身につけたからといって、他の人の取り分が少なくなるわけでもないのである。

それだけでなく、むしろそれ以前に、徳を持っている人は周囲から評価されるので非難されることはないという事情がある。徳というのは、それを持っている人の性質であるが、どんな徳も、人間の社会生活において価値を持っているから徳と呼ばれるのである。たとえば、知恵が徳であるという場合、悪知恵は徳とは呼ばれることはなく、「善い」知恵しか徳と見なされない。それは、徳と訳される「アレテー」が「よさ」という意味を持つことを考えれば当然のことである。そして、善い人だと評価されることは、その社会の秩序に適合していると認められていなければありえないのである。

もちろん、周りから善い人だと評価されれば、それで幸福だという単純な話にはならない。しかし、自分の幸福を追求するときに、他者の幸福が視野から消えて容易に利己主義に傾きがちであるという事情を考えれば、幸福を社会生活のなかで求めるという視点は欠かすことのできないものである。たとえば快楽主義も、そもそも快楽がその当人のものでしかない以上、自分の快楽を考えるだけでは完結した幸福論にはならないであろう。たとえば、我々が目指す快楽を得るためには、そのことが可能になるような社会の仕組みや人間関係が成り立っていなければならない。我々が人間社会で生きることは、我々の快楽に対しても様々なかたちで制約を与えているのである。

近代の功利主義は、幸福とは快楽であるということを前提にして、全体の幸福を増進することを正しいと規定し、それを目的とした、教育や立法を含む社会制度を打ち立てるべきだと主張したが、それは、快楽主義の立場に立ちながら、それを人間の社会性と調和させようとする試みであったと言える。しかし、その試みは、快楽の個人性と全体の幸福の社会性という二重性をどのように解決すべきかという問題にぶつかる。つまり、自分の幸福を求めることと、全体の幸福を目的とすることは、多くの場合に衝突し、簡単に両立させることはできないのである。

満足の様々なレベル

その問題に取り組んだJ・S・ミルは、「満足した豚であるより、不満足な人間であるほうがいい。満足した愚者であるより、不満足なソクラテスであるほうがいい」という言葉を残している。ミルは快楽主義を基礎においた功利主義の原則は捨てていないのだが、この言葉だけを読むと、快楽主義よりも上位に、ソクラテスの名前に象徴されるような別の価値観が置かれているように見える。快楽主義の根本である、満足・不満足の区別よりも、豚・人間、あるいは愚者・ソクラテスという区別のほうを重視するかたちになっているからである。

これを我々の問題として受けとめるなら、満足としての幸福を求めるとしても、どのレベルでの満足を求めるかによって大きな違いが生じるということである。我々は、豚レベルの快楽で満足できるのか。そうではなく、人間としての満足が問題なのだと言ったとしても、そこには様々なレベルの満足がある。ソクラテスのような場合には、牢獄で毒薬を飲んで刑死するときでさえも、愚者の満足よりも高い境地が認められるかもしれない。そのような問題も考えてみなければならないのである。

東洋の哲学者たち

第11章 『葉隠』における幸福

椅子取り競争が嫌になった人に

板東洋介

一 メリトクラシーと椅子取り競争

人の苦しみのかたちは実にさまざまだ。幸せのかたちのほうは、どんなに多く見積もっても数パターンに収束するような気がするのだが。ここにはふしぎなアンバランスがある。

けれども、この本を手に取るような人――つまり何がしかのしんどさを抱えたときに、固めの本を手にとってみようなどと思い立つ少数派の人、特にそのうちで比較的若い人のしんどさは、結構な割合で、すぐ前に待ち構えている○活と称する関門に由来するのではなかろうか。それはもちろん就職活動を原型かつ典型として、その前にも幼（！）・小・中・高・大の受験があり、その後も婚活・妊活・終活（！）と、ほとんど無限に続く。

歴史的証言として述べておくが、一九八四年生まれの私が若かったころには、就活以外の○活なんてなかった。もっと正確にいうと、人生の節目ごとのさまざまな選択や選抜が、就職活動をモデルとして類型化されてはいなかった。それがここ十年ほどで、さまざまな人生の大事が急速に就活風に編成しなおされてゆき、若い人たちの不安と憔悴としんどさの種になっているようなのだ。

大手企業がすでにモジュール化し、隅々まで商業化しているとおり、その根本的なロジックは次のようなものだ。すなわち、何らかの特権を帯びた椅子の数が限定されていて、それが欲しい人は椅子の数以上にいる。そうなると、その椅子に座りたい人はまず自分の現在の能力を分析し、何が足りていないかを考え、計画的に時間を配分して能力を高め、競争相手に抜きん出ようとする。競争相手はうかうかしているほうがよく、逆に自分はその分の時間をせこく──もとい勤勉に、努力につぎこむほうがよい。

その縮図はたとえば、大都市圏の電車の席取り競争だろう。へし合う乗客にひん曲げられて暗黒舞踏みたいなポーズで耐えなくてすむ数十分、耳のすぐ側でイヤホンのひび割れた音漏れ（だいたい音楽の趣味まで悪いのはなぜだろう）を聴いていなくていい数十分。ごく限られたその特権を手に入れるために、わざと一本遅らせて待機列の先頭に立ったり、階段や改札から遠いホームの端っこを狙ったり。そしてドアが開いた瞬間、降りてゆく人たちの流れから車両内の混み具合、それに厄介そうな乗客の気配まで瞬時に把握して、周囲から輝くように浮き上がった空席に突進する。

奇妙なのは、タッチの差で座れなかった競争相手に与える一瞥は、入試や就活に失敗した友人を見る目と同じであることだ。ほんのわずかな差、あるいは単なる偶然にすぎないとわかってはいる。けれどもこちらは椅子を手に入れ、向こうは失敗した。その動かしようのない線引きが、相手への仄暗い無関心と、後味のわるい安堵とを自分の中に培（つちか）ってゆく。──たぶんこれは任意の比喩ではない。都心への通勤電車に殺到するのはその○活で相対的に〝勝って〟きた人たちだろうから、ある特定の層は毎日朝から晩まで、そして一生ゆりかごから墓場まで、こんな競争的な実存感覚の中で生き続けているはずだ。何も別に上からの目線であれこれ分析しているわけではなく、すくなくとも私自身、そういうところがある。

しかもいっそうたちが悪いのは、殺気だった競争が一回で終わらず、一生――それどころか何世代も続いてゆくことである。費用のかかる学習塾に通い、名門大学、大手の有名企業と進んで高収入な地位を得られたら、それでめでたしめでたしというわけにはいかない。その収入で、子どもを同じ学習塾に通わせてやることができる――いや、子どもの将来のために通わせてやらねばならない。しかし、だとしたら、この永遠の繰り返しにいったい何の意味があるのだろうか？　結局自分だけでなく、自分の家族や子孫までずっと、不安と焦燥に駆られて競争を繰り返すだけではないか？

こうなると単に直前の競争への不安にせき立てられるだけでなく、それをくぐり抜けた後の時間もそれ自体を楽しむものではなくなり、次の競争に向けて計画的に自己分析と自己研鑽を積むべき時間へとすりかわってゆく。好きなことのできる休日のために平日働いていたのが、いつのまにか休日が平日のための体力と睡眠のチャージの時間にすりかわっているのと同じだ。

いかがだろうか。この○活なる浮わついた軽薄な言葉そのものは、十年もすれば賞味期限が切れて何のことだかわからなくなるだろうし、切にそうなってほしい。ただ、この言葉をつくりだした社会の構造そのものは十年後も、それどころか社会の大リセットが到来するまでずっと、温存され続けるに違いないと思われるのだ。

こうした社会のあり方を、イギリスの社会学者マイケル・ヤングが「メリトクラシー」と名指したのは実に的確だ（*The Rise of the Meritocracy*, 1958）。この語は日本では一般に「能力主義」と訳されるが、ヤング自身は社会的な地位が家柄できまる貴族制（アリストクラシー）に代わって近代以降に台頭した地位の配分のしかたをこの語で名指しているのだから、「功績制」または「功績の支配」と訳すほうが適当だ。それは「国民のうちの五パーセントの高貴な階級」による残り九十五パーセントの支配である。ただし、その「高貴な階級」は昔のようなサセックス伯とか冷泉家とかではなく、「五パーセントとはどういうことかを理解している」人たちから成っている。イギリスの人らしい、全方面を小馬鹿にした皮肉である。またヤングがこの本の中で「才能」（talent）という言葉も多用しながら、術語としては「功績」（merit）のほうを採用したのも示唆深い。たしかにわれわれは人生の節目節目に「自分がいかに社会に対してメリットのある存在か」をアピールさせられ、絶叫させられているのだから。その砂を噛むようなしんどさは、メリットのアピールなどする余地もなくあらゆる富や地位の配分が家柄とコネで決まっている社会よりはまだましだという明白な事実とは、たがいに独立である。

もうひとり、より狭義の「哲学」に近いところでこの問題に取り組んだ人として、ドイツの哲学者マルティン・ハイデガーを挙げることができる。ハイデガーは有名な論考「技術への問い」（»Die Frage nach der Technik«, 1953）の中で、近代を特徴づける科学技術の特徴を、あらゆるものを「用立て」ることに見ている。「用立て」と訳したドイツ語の原語ベシュテレン（Bestellen）は「整え」「手入れ」「あつらえ」「取り置き」などとも多様に訳すことができる日常的な語彙であって、それだけにぴったりくる邦訳が難しい。彼の見るところでは、近代社会では自然の事物は石炭であれ穀物であれ、みな人間社会の運営のために「整え」られ「用立て」られきっている。よく考えてみれば、石炭も穀物も、人間社会の運営に必要なエネルギーを提供するために存在しているわけではない。しかしたとえば人びとは、かつて詩人・ヘルダーリンが「狂乱する半神」「河川のなかの河川」（*Der Rhein*）と歌い上げたライン川を、今や水力発電と観光のために「用立て」られた資材（Bestand）とだけ見るようになり、そこに何も違和感を覚えなくなっている。

人間も同じだ。いやむしろハイデガーによれば、近代産業は自然以上に人間をこそ「用立て」る。その端的な表れが「人的資源」（Menschenmaterial; human resource）なる言葉だという。たしかに現代日本でも、「人材」とか「使える」人とか人の「スペック」とかといった、よくよく考えれば人をなめきった言葉を、われわれは何の気なしに使うようになってしまっている（私はさすがに後二つは使わないが）。しかし当たり前のことだが、われわれ一人一人は社会にメリットを与えるために存在しているわけではないし、また個々の人をその人が社会に与えるメリットに還元してよいわけもない。ただ、よっぽど豊かな家庭に生まれた人でないかぎりは、現代のわれわれには纏足のように自分自身を身尺にあわない窮屈な数値に押しこめて、世間のために「用立て」る以外の選択肢はないわけだ。

二　『葉隠』という劇薬

編者から与えられた課題は、古今東西の何がしかの「幸福」をめぐる哲学の中に、こうしたきわめて現代的な苦しみへの「処方箋」を見出すことである。本章ではあえて遠心的に、数百年も昔の日本の倫理思想を手がかりとしてみたい。江戸時代の武士道書の代表格とされる『葉隠』である。――といったとたんに、読者の多くが眉をしかめるのがありありと目に見える。武士道といえば、汗臭く、血なま臭く、しかも現代のメディア空間ではほぼ議論の余地のない悪である暴力性やホモソーシャル性やミソジニーに満ち満ちたものだからだ。しかも、視点を本章のテーマに限ってみても、それは普通に見れば（何代にもわたって）生命までも主君に捧げつくすことを美徳とする前近代的な職業道徳であって、やりたくもない競争や労働へのコミットメントを強化しこそすれ、そこから抜け出す方途など教えてくれそうにもない。

　実は武士道自体もそんなにつまらない思想ではないのだが、本章では武士道一般ではなく、あくまで『葉隠』の思想だけを手がかりにしたい。この傾きに傾ききった本は武士道を「代表」などしておらず、むしろ平均的な武士道からはあまりに隔たっていて、「武士道」というカテゴリに包摂してよいものかどうか、研究者たちですら往々に迷うところだからである。そして『葉隠』が私たちのテーマにとって何がしかの手がかりになりうる理由はただひとつ、この本の主人公である近世佐賀の武士・山本常朝が、武士に向いていない人だったからである。

　山本常朝は江戸時代の万治二（一六五九）年に生まれ、享保四（一七一九）年に没した。関ヶ原の合戦は慶長五（一六〇〇）年、島原の乱は寛永十四～五（一六三七～八）年だから、およそ二百六十年続いた「徳川の平和」のただなかに生まれて死んだ人で、このことも研究者たちがこの本を武士の思想の典型と見なすことをためらう一因となっている。今の佐賀県を治めた大名・鍋島家に代々仕えた家柄の出で、生涯の主君であった二代目の鍋島光茂が没したあと、四十二歳で出家した。二十歳ほど年下の後輩武士・田代陣基（つらもと）が隠棲後の常朝の言行を書きとめたものが、この『葉隠』である。

『葉隠』の中で自分はもともと武士には向いていなかったと延々語り続けるのは、常朝その人である。曰く、自分は「親七十才の子にて、影ぼしのごと」（一―一二八）き体質であって、医者からも「廿（にじゅっさい）才を越すまじく」（二―三七）と診断された。虚弱な生まれつきだったのである。いうまでもないが、武士はアスリートではない。安全な競技場でいっせいに技を競うわけではなく、「武士は変の役人なり」（大道寺友山『武道初心集』）という有名な言葉があるように、戦争や火事や喧嘩といった、生命のかかった非常事態に即応することがその第一の要件である。そうなると、純粋にフィジカルな能力がすべてというわけではなく、死の覚悟とか人生観とか守るものの有無とか、そこにメンタルな係数がいくつもかかってくるのは、見やすいことだろう。けれども、アスリートほど決定的ではないにせよ、身体が頑健でないことが相当なディスアドバンテージであるのは、おおうべくもない。常朝は若者らしい楽しみを禁欲したり、鉄下駄を履いて歩き回ったりして、なんとかこの生来の不利を克服したことを回想している。

そして逆に彼が恵まれたのは、文化的な才能、もっといえば文才であった。常朝は「武士道と云（いふ）は、死ぬ事と見付けたり」（一―二）「無二無三に死狂ひ」（一―五五）などのあまりに勇ましい言葉で知られるけれども、実際のキャリアの上では御書物役や書物方奉行を歴任し、その現役時代の最大の功績も、京都の公家から古今伝授（和歌の秘伝）を受けて主君に届けたことであった。どちらかといえば武よりも文の人だったのである。実際、常朝の歌や文芸への深い教養はこの本の随所にうかがうことができるし、武士らしい簡素な荒々しさと和歌の襞（ひだ）の深い抒情性、それに禅の飄逸味の絡まった『葉隠』の文体は近世散文の中でも出色で、私の個人的な好みでは井原西鶴と対等、上田秋成でもちょっと見劣りがするくらいである。

この繊弱で歌を愛した人が、父祖代々の家業として継がねばならなかった武士の世界は、苛烈な競争社会であった。とはいえ、冒頭で述べたような現代の競争とはかなり性質が違う。常朝が武士としての心がけの第一に挙げるのは「武士道に於いておくれ取り申すまじき事」(夜陰の閑談)である。戦場での先陣や一番槍――つまり誰が最初にもっとも危険な敵地への突入をあえてしたかということが競い合われたように、とにかく武士たちは同輩に先を越されること、その後に「おくれ」て続くことを恥とした。先述のように、常朝が生きた十七世紀には合戦が生じる可能性は無視できるぐらい小さかったけれども、喧嘩や火事、それに切腹といった、けっして隣の者に「おくれ」てはならない非常時は、彼の周りにいくらでもあった。

たとえば日本列島に暮らす人にとって最大の非常時、地震の場合を思い浮かべてもらえればよい。非常時とは、ことの本性上、それがいつ生じるか予測しきれないものである。だから、いざ見慣れた本棚やソファが揺すれはじめると、泡を食って固まってしまう人がほとんどだ。しかし避難経路への扉を開け放ち、ガスの元栓を確認し、てきぱきと動ける人もいる。この違いは結局、見慣れた日常が次の瞬間にも非日常に裏返りうることを平生から覚悟していたかどうかに――そして大抵の場合、災害で大切なものを喪ったことがあるかどうかに、由来するだろう。こういう場面で、武士たちは絶対に「おくれ」たくなかったのである。「只今(ただいま)が其時(そのとき)、其時が只今也。二つに合点している故、其時の間に合はぬなり。」(一―四八)「其時」は非常時である。「其時」、状況判断から行動までのタイムラグを最小化しようとつとめるのでも、まだ遅い。「武道に於て分別出来れば、早おくるゝなり。」（一—一一三）その場で「分別」するのではなく、前々から一種の決めうちをしておくのでなくては、「間に合は」ない。このあたりから、地震の例とのパラレリズムが維持できなくなってくる。地震からの避難者はよっぽど絶望的な状況でないかぎり生き延びられる行動を選ぶはずだが、武士のほうは「早く死ぬ方に片付くばかり」（一—一二）だからだ。武士にとっての非常時は基本的に目の前の相手と武器を擬しあって生命の取り合いをする場面であって、そこで最大のラグを生じるのは、自分の生命を保全しようとする本能にちがいないから。この本能さえ克服できれば、「鉾手延び」、「つゝ切れたる」（一—一一二）実によい働きができ、結局は眼前の敵にも打ち勝てるはずだと常朝は考える。技術も戦略もなく、死に体で飛びかかってくる素人の怖さは、武道を嗜んだ人はみな知っているはずだ。

そうなると、いつ来るともしれない「其時」にいの一番に飛び出さんと、腕に覚えのあるマッチョな男たち（と、けっこうな数のマッチョな女たちと）が互いに牽制しあいながら厳戒待機を続けている世界が、選ぶ余地もなく常朝に準備された現場だったということになる。古代のスパルタ以来、自分が死を恐れないこと、生命を塵のように軽んじていることを、チキンレースのように互いに誇示しあうことが古今東西の戦士道徳の根幹をなしているし、しかもそれは戦士という職業の合理性にもかなっているわけである。

ここで先に述べた、武士たちの最大公約数からはかけ離れた常朝の個性が露呈してくる。われこそはと凄み合う強者たちに「おくれ」をとるまじと張り合っていかねばならないはずの自分自身に、常朝はふしぎなほどに自信がないのだ。幕末に多大な影響力をもった昌平黌の儒者・佐藤一斎が「士はまさに己に在る者を恃むべし」（『言志録』）と述べたように、この道に参入する人は自分の実力への、また自分自身への強烈な自負に満ち満ちているのが普通である。戦国乱世に自分の実力だけで一国一城の主にまで成り上がった北条早雲、豊臣秀吉、田中吉政といった梟雄たちはなおさらだっただろう。そこから翻って『葉隠』をながめると、その異様なまでの自信のなさが目についてくる。常朝が「其時」には考えずに死ねと熱狂的に繰り返すのは、考えると、卑怯で生き汚い自分が顔を出すからである。

二つ二つの場にて、図に当るやうにすることは及ばざる事なり。我・人、生る方がすきなり。多分すきの方に理が付くべし。（一—二）

「二つ二つの場」とは生きるか死ぬかの場、非常時のことである。普通の人はそんな場で自分の利害や生命への執着、その他諸々の私的な情念をいったんカッコに入れて、公平に合理的に考えさえすれば、その状況を戦略的にも道徳的にもうまくやりこなす（「図に当る」）方策が見えるはずだと考える。けれども常朝は、冷静で客観的な状況認識だったはずのものが、いつのまにか根拠のない希望的観測や「理」（われわれの言葉でいえば「普遍性」）に偽装されたエゴイズムへとすりかわっていることを強く警戒する。それはむき出しの私欲よりも、無私に扮しているだけに、いっそうたちが悪いかもしれないのである。常朝の言い分がたんなる偏狭な武断主義者の反知性・反普遍言説にしかきこえない人はたぶん、「二つ二つの場」に立たされたときに自分の心理と論理とがどんなに生ぐさい動きをするか、つくづく眺めた経験がないのだ。ともあれ、『葉隠』のあまりに有名な死への性急な突入の主張は、あまりに知られていないこの常朝の自己への不信と、貝のようにぴったりと表裏をなしているのである。

三　捉えきれない自己

確認作業が長くなってしまったが、こうして私たちの前には、今からもう三百年以上前に、たぶんあまり適性のなかった競争に「用立て」られてしまった一人の人が現れた。案の定、常朝は武士人生のはじめのほうでつまづいた。祖父や父の功績もあり、十四歳の時に藩主・光茂の側近く仕える小姓に取り立てられたのだが、二十歳ごろ、人間関係のごたごたに巻きこまれて出仕しなくなってしまったのである。気がくさくさして武士稼業自体が嫌になり、出家を考えて、本気で仏教を学んだ。色々なことがほんとうに嫌になったときに、「出家」という選択肢が今よりも明瞭に存在したのは、昔の日本社会のほうが今よりもよかったと断言できるわずかな点のひとつだ。けれども常朝は思い返して再び出仕し、精勤を続け、光茂逝去の際にはいちはやくそのお供として出家し、「我等一人にて御外聞は取りたり」(一―一九四)と鍋島藩の外聞をほどこした。トータルでみれば、彼の武士人生は成功裡に終わったというべきだろう。ただ、動物のハーレムの雄のような暴力性と能動性と自己肯定感に満ち満ちた他の武士たちと違って、常朝という人は武士というあり方に――それどころかこの世にあること自体にそぐわない脆さや細みのようなものを抱えこんでいて、けれどもあえて武士稼業へと後天的な人一倍の努力をもって立ちかえるという動性を、一生の構えとしていたようなのだ。先述のように医者に「二十歳まで生きられないだろう」と診断されたとき、そこで「適々（たまたま）生まれ出で、御奉公も仕届ず相果て候ては、無念の事に候。さらば生きて見るべし」（二―三七）と激しい負けじ魂を発揮して「御奉公」を自分の生のスタイルとして選び取ったところに端的に表れているように。

ここでただちに生じうる誤解を解いておきたい。本章は何も、向いていない役割や競争に意図的に参入し直して生きた三百年以上前の人の生きざまを引き合いに出して、競争にうんざりした人に〝置かれた場所で咲きなさい〟式の説教をしようと目論んでいるのではない。その逆である。同じように息つく暇もない競争の連続でありながら、武士のありかたと現代の諸々のポジションのありかたとは決定的なところがただひとつ違っていて、このことは武士が姿を消した現代日本でも、どうすればしんどさから楽になれるか――同じことを裏から言い直すならば、われわれの幸福とはなにかについて、決定的な示唆をもっているように思われるのだ。

その違いはきわめて明瞭なもので、武士は死ぬ、ということ以外ではない。「武士道と云（いふ）は、死ぬ事と見付けたり」（一―二）と、本書でもっとも有名な一文に明言されているとおり。もとより、現代のいろいろな職業の中にも生命の危険を含んだものはある。しかし先に見たように、前のめりに死にに行くこと自体が職務の基本スタイルをなしている点で、武士はそれらと本質的に異なっている。『葉隠』の中では、鍋島藩の武士たちが実にいろいろな理由で死んでゆく。宴会の場で同僚を罵倒して切り殺されたり、逆に喧嘩の場で「おくれ」て切腹を命じられたり。また職務中に賭博をして切腹させられたり、上意討ちで親友と揉み合った末に刺し殺されたり。武士の本質を警察的性格の強い公務員であることに見た同時代の儒教的な士道論からすれば、これらのほとんどは強く非難されるべき、実につまらない死に方のはずである。なのに鍋島武士たちは、それぞれの死の道徳的是非にはほとんど関心がなく、ただその「死場」の「嗜み」（七―十五）に――つまりは具体的な死にざまだけに注目している。たとえば（衆道のうえの恋人である）芝居役者に貢ぐために同僚の刀を盗んだ年若い侍が、従容と「落付」いて切腹を受け入れたのに、いらぬお節介を焼いたばかりに切腹の場で「心乱れ、散々未練仕り」、取り押さえられて首を打たれたのを、周囲の武士たちは心底残念がっている（同）。あるいは公金横領・賭博・辻切りと格別に悪辣な所業を重ねたある侍は、腹を「十文字に切り、前に腹わた出で」、「少し色青く成る」まで存分に腹を切ったあとで、介錯人に首を打たせた（八―五五）。たぶんこれは、その生前の所業とは独立に、その最期の剛胆さが褒められているのである。

もうひとつだけ、血なまぐさい例を引いておきたい。これこそが本章が取り扱う「哲学」的な内実を端的に示した事例だからだ。例によって、ある武士が江戸の藩邸で博打をうち、借金のかたに同僚の刀を巻き上げて切腹を命じられた。切腹の場に定められた寺で、いよいよというその日、彼は親友に次のように語った。

> 私は平生いっぱしの口をきいていた者ですが、今思えば、すくたれ（＝臆病者）でありました。死に場でもしも這い回ったりしましたら、かねてからのご厚誼のことですから、早々にとどめをさしてくださいますよう。このように申す仔細は、曲者（＝剛胆な理想の武士）は死に場も平生と変わらぬものだと承っておりました。昨夜までは変わらなかったのです。それが寺に参ってか

ら変わってしまい、なんとも無念なことです。（八―八七、私訳）

彼の実際の最期は、その危惧に反して「別して死場よ〔き〕」ものであったとのことだ。もはやいうまでもないが、この述懐に表出されているのは、避けられない形で死が迫ってきた土壇場となると、平生には予想もつかなかった全く別の自分が現れるかもしれないという、普遍的な悩ましい不安である。無私なる慈善家としてふだん通っていた人が、あと数日の命となると、苛烈なエゴイストへと豹変して自他ともに愕然とするといったことも、あるかもしれない。あるいはあくせくと富や名声を求め続けた人が、自分がほんとうに欲しかったのは、いつかの寒々とした駅の構内で背を丸めて啜りこんだ熱々のかけうどんであったと、末期（まつご）にいたってはじめて気づくかもしれない。次の瞬間にも死ぬかもしれないという動かしようのない事実をできるだけ考えないようにして――つまり死を不定の未来へと先延ばしして日々を送っている私たちとは違って、死へと前のめりに先駆けることを信条とする武士たちは、こうした消息に敏感であらざるをえなかったのである。

以上のことを別の側面から、もう少し「哲学」的に眺めてみると、武士たちの生と死とを駆動させていたのは、結局、自分が何者であるかを知りたいという衝動であったといえる。そして武士であることの特権性は、ひとえに自分が何者かをはっきり捉えることができるという点にあった。近代日本の倫理学と日本倫理思想史研究との第一人者であった和辻哲郎がすでに、彼ら彼女らは「おのれが死を恐れないということ、おのれの面目はおのれの命よりも貴いということを、おのれ自身の前にはっきり示したいのである」と端的な分析を与えていたとおりである（『日本倫理思想史』一九六二、傍点引用者)。

けれども、すこしだけ立ち止まって反省すれば、自分が何者であるか捉えることなど原理的に不可能であると、たちまちに判明するにちがいない。自分は一体何者なのかということは、生ききってみるまで——つまり死ぬその瞬間まで、わからないのだから。鍋島武士たちが心底恐れたように、次の瞬間、目を覆うほどに卑劣で醜い自分の本性が唐突に露見するかもしれない。その可能性はいつまでも排除できない。けれど、もうこれ以上そんな突発的な変化が生じえない時点——つまり生ききって死んだ時点に至ると、今度は経験や反省自体が不可能になる。われわれは自らの死を経験することができないとは、古代ギリシアのエピクロス以来言い古された古典的な知見だ。しかしこのことのいっそう大きく悲劇的な含意は、われわれは原理的に自己自身が何者か知ることはできないということなのである。——けれども、いつ終わるとも知らないままにできるだけ長く引き延ばしたい生の時間を、あえて意図的に区切って、死を自らの眼前に手繰り寄せたとしたら? そのときは、日々の静かな安穏が不可逆的に失われるのと引き換えに、のっぴきならない死へと激突する最後の一瞬に、掛け値のない自分自身のかたちが、はっきりと見えるかもしれない。

たぶん現代の人の生活感覚のなかでこの感じに近似するのは、冒頭に述べたような競争の関門をひとつ終えた直後の、結果待ちの時間である。一日か二日して虚脱状態が終わると、とにかく早く結果が知りたくなって焦れてくる。自分がどこまでやれたのか、何ほどのものだったのか、こっちの恣意で伸び縮みさせられない確固としたかたちで、できるだけ早く目の前に示してほしい。たとえ不本意な結果でも、生殺しよりはずっとましだ。私自身もふくめて、こんな風に考えるせっかちな人は、ここまで述べきたった武士の生の感覚が身体でわかるのではないかと思う。

四　私を述語する

では結局、『葉隠』が考える幸福とはどのようなものだったのか。常朝が自らの幸福について語っている条がある。

> 六十、七十まで奉公する人有るに、四十二にて出家致し、思へば短き在世にて候。夫に付き有難き事哉、と思るゝ也。其時は死身に決定して出家に成りたり。今思へば、今時まで勤めたらばさて〱いかい苦労仕るべく候。十四年安楽に暮し候事、不思議の仕合せ也。夫にまた、我らを人と思ひて諸人の取持ちに合ひ候。我心をよく〱顧候へば、よくもばけ澄したる事に候。諸人の取り持ち勿躰なく、罰も有るべきとのみ存ずる事に候。（一―三七）

ことは先述のとおり、元禄十三（一七〇〇）年の鍋島光茂の逝去にともなう常朝の出家にかかわっている。常朝はこのときもちろん殉死しようとしたのだが、当時文治政策へとシフトしつつあった徳川政権からの厳しい殉死禁止令と、それに呼応した光茂その人の意向によって遮られ、やむなく殉死の代わりに選び取られた出家だった。「死身に決定」のつもりだったのである。このとき「御供の所存の者我一人」で、ほか数名の出家者は「其後」彼を「見習ひてされたり」（一―九）と常朝は誇る。

まさに「其時」に「おくれ」なかったのである。実際『光茂公譜考』『寛元事記』といった往時の藩の記録には「山本神右衛門［＝常朝］出家ヲ遂グ」と明記されている（ともに『佐賀藩近世史料』第一巻第三篇所収）から、ちっぽけな手柄を針小棒大に言い募っているわけではなく、それは当時の武士社会の中で大きな栄誉であった。それでいっぱしの侍として周囲から一目置かれているのが、罰でも当たるんじゃないかと思われるほどの「不思議の仕合せ」だったのである。

もとより日本語の「しあわせ」は時代が古いほど「幸福」よりも「運命」や「巡り合わせ」のニュアンスが濃いのだが、ここで五十六歳の常朝が語る「仕合せ」は「幸福」のほうにきわめて接近していると見てよいだろう。そしてこの幸福感はひとえに、「よくもばけ澄したる」というところにかかっている。この言い方には、まだ胸もとの毛がふかふかした駆け出しの小狸（こだぬき）が、雲をつく大入道に〝化けきった〟というかのような、先述の常朝特有の自己評価の低さがまつわりついている。病弱で文弱だったこんな自分が、よくも光茂公のお供一番乗りの覚（おぼえ）の士・山本神右衛門になりすましたものだ。この前段と後段とはふしぎなほどに不連続で、彼は全身全霊を揮（ふる）ってそのひろいクレバスを飛び越えたわけである。いってみれば常朝の幸福は、自信なさげにおずおずと「私は……」と発話した後、充実した手応えをかえす「殿のお供一番乗りの山本神右衛門である」という述語を見出したところにある。

われわれの生とは、つまるところ、自分自身をうけとめる特権的な述語を見つけ出そうとする営みだ。そう考えたのは常朝ひとりではなく、近代日本を代表する哲学者・西田幾多郎も、遺稿となった有名な論考「場所的論理と宗教的世界観」（一九四五）で次のように述べている。

我々の自己とは、先ず自己自身の述語となるものでなければならない、否、自己自身について述語するものでなければならない、自己自身を表現するもの即ち自覚するものでなければならない。

「自覚」や「自己表現」は後期の西田がヘーゲルやマルクスの影響下で、「行為的直観」や「ポイエーシス」などの著名な術語をもって取り組んだ問題だが、ここで西田がいうのは、自分自身を知ろうとすること――つまり「自覚」とは、文末を予期しないままに発された「私は……」という発語を「〇〇である」と座りよく受け止める言い取りのかたちを探す営為だということだ。そのポイントは、「私は……」という発話自体はいわば見切り発車で発されていて、その中身はいまだ空っぽであり、それをいじくり回すだけでは、価値のある述語を引き出してくることはできないという点にある。自分の思うままにならない他なるもので自分を験すのでなくては、自分の述語、自分のかたちを捉えることはできない。武士の生とは、もっとも他なるものである死をもって自分を験すものだった。

　武士ほどにエクストリームなかたちはとらないとしても、われわれはみな、「私は……」と言いさしたまま、そこにしっくりくる述語をあれこれと探し続けているといえるのではなかろうか。誰かの恋人／妻／夫／親／子どもである、ある学校の学生である、ある会社の社員である。ある国の国民である、ある村の祭りを支える一員である、ある神の僕である。あるスポーツのアマチュア選手権のチャンピオンである、この道なら誰も右に出るものはない職人である。あるいは、傍目にはもっとつまらないものであってもかまわない。誰よりも大根の皮を薄く剥ける人間である、高熱が出ても毎日風呂掃除を欠かさない人間である（小学生の私の誇りであった）、誰よりもサウナで長いこと頑張れる人間である（これはあまりお勧めできない）。この中の結構な割合が今日、冒頭に述べたように、競争的かつ商業的に配分されるようになってきている。競争すべてから降りるべきか、荒谷大輔が説くように「マトリックスを越える」（『経済の哲学──ナルシスの危機をこえて』二〇一三）べきか、正直なところ、私にはわからない。けれども、そこで得られるポジションは果たして自分の述語になりうるか？　とあらかじめ問うておくことは、情況に全面的に流されきらないための魂の訓育には──『葉隠』風に言い直せば「前方の吟味」には、なるにちがいない。

※『葉隠』からの引用はちくま学芸文庫版（全三冊、二〇一七年）に拠り、聞書の巻数と節番号を付した。表記や振り仮名などは読みやすさを優先して適宜改めた。

第12章　日本思想の幸福論

エロースを求める人のために

伊藤益

日本において、幸福とは、古くは「幸（さち）」と名指された。「さち」とは獲物を取るための道具のこと。転じて、獲物そのものの意となった。だから、「幸多きこと」とは、獲物が多く手に入ること、つまり物質面での生活が豊かになることにほかならない。これだけのことさえ語れば、日本人の幸福観の根幹はすべて言い尽くされたことになる。物質上の繁栄なくしては、心の幸福、魂の幸福などというものは成り立ちうべくもないのだから。

だが、人間の深淵には、心とか魂とか精神とかといった、上澄みのような虚飾の心性ではとうてい言い表わせない、根源的な情動がある。その情動に衝き動かされ、全霊が無限の悦楽に貫き通されるところに、人間の真の幸福があるのではないか。おそらく日本人も例外ではないだろう。

情動はつねに悦楽を伴う。悦楽の初源には男女の恋がある。恋については、かつていくたびも論じた。恋は、一般に想像されるよりもはるかに新しい概念であり、萬葉の時代、具体的には七世紀の後半ころに萌芽した。それは、互いに想い合う男女の共感や共在などではなく、いとおしい人から遠ざけられて、孤り悲しむ情性にほかならない、だから、『萬葉集』には、「恋」を「孤悲」と表記する連想的用字法が約三十例も現われる、と。

そのことを説くにあたっては、民俗学の泰斗折口信夫の直感的でありながらもこの上もなく鋭利な主張を正面から批判しなければならなかった。折口は語った。恋とは元来「魂乞ひ」の「乞ひ」のことで、いとおしい相手の魂を我が身心のうちに招き入れることをいう、と。が、この主張は、すくなくとも文献学的には成り立たない。古くは国学者石塚龍麿の『仮字遣奥山路』にはじまり、昭和十七年に、国語学者橋本進吉の『古代国語の音韻に就いて』によって確立された「上代特殊仮名遣」の説によれば、「恋」の「こ」が甲類の仮名であるのに対して、「魂乞ひ」の「乞ひ」の「こ」は乙類の仮名だからだ。たとえ現代語では同じ音であっても、甲乙の類を異にすれば、元来別系の語であったと考えざるをえない。「恋」と「魂乞ひ」の「乞ひ」とは重なりえない。また、恋意識の初発を告げる『萬葉集』の恋の歌々は、逢いたいがゆえに相手を求めるという方向性よりも、むしろ、逢いえぬがゆえに哀しく切ない、孤り心中で悲しむという方向性のもとでうたわれることが圧倒的に多い。折口説の学問上の妥当性を論証するすべはない、と言っても過言ではない。

だが、折口の主張は、ほんとうにまちがっているのだろうか。互いにいとおしみ合う男女には、強烈な情念があるはずだ。相手の想いを自分一人に引き寄せたい。そう思うのが、恋する者の自然の情ではないか。いとおしまれたい、いつくしまれたい、という切なる情がほとばしり出ること、それが恋の渦中にある者の真情であることは、だれも否定できない。『萬葉集』は、流罪の憂き目を見た夫、中臣宅守を想う妻狭野弟上娘子の歌を伝える。

君が行く道の長手を繰り畳ね焼き滅ぼさむ天の火もがも

あなたが行ってしまわれた、その遠い遠い道のり、それを一気に焼き尽くしてしまうような天の火が欲しい。激烈とも言うべき女の情念を露わにする歌である。女は、痛切なまでに男を求めている。それは、男の魂を、否、男そのものをわが身心に招き入れようとする情動をうたっているにちがいない。このような歌が『萬葉集』にみとめられる事実は、「恋」が「魂乞ひ（たまごひ）」の「乞い」でもありえたことを、如実に物語っているのではないか。

たしかに、江戸期以降に蓄積された文献学的成果に照らし合わせるかぎり、折口説は破綻をきたすと考えざるをえない。だが、折口は、あまりにも精緻にすぎるがゆえに文献学が取りこぼしてしまう何か、すなわち人間の原初の情念を、その根底から掬い取っている。男女の恋は、つまるところ相手のすべてを求め合うものだ。折口は、そのことを、彼独自の鋭い直感によって衝いている。折口説は、学問的には成り立たない。しかし、人間の情念をめぐる本質論としては、十分に成立しうる。では、その「求め合う」ということは、いったいどういうことなのか。互いの身心を求め合うことだと端的に考えても、まちがいではない。が、身心のなかの何を求め合うのか。そして、求め合う果てには何が起こり、どのような希（ねが）いが生ずるのか。おそらく、そのことを追尋しないかぎり、幸福論の根幹に達することはありえないだろう。

『萬葉集』には、高市黒人（たけちのくろひと）の作として、つぎのような歌が掲げられている。

妹も我れも一つなれかも三河なる二見の道ゆ別れかねつる

黒人は、あるとき三河への旅に出た。その折、彼は、三河の旅宿で、一人の遊行女婦と契った。一首が、男女の交わりのあとで詠まれたのか、それともその直前の酒席でうたわれたのか、実態はわからない。諸家は言う。これは、遊行女婦との遊びの際に、座興として詠まれた歌なのだ、その証拠に、「一、二、三」という数字が戯れ気分でうたい込まれている、と。たしかに、一首が戯笑性を孕んでいることは否定しがたい。作者黒人の時代に、すでに、歌を宴席での座興として詠む習慣が萬葉人のあいだに定着していたことも、疑いえない。『萬葉集』の歌々は、この歌集の「国民文学」としての日本文学史への定着を図った学者たちが主張するほど、雄々しくもなければ、素朴あるいは純朴でもない。宴席や公的な場で互いの立場を慮りながら漢籍などを踏まえつつ、巧みなわざを駆使して詠まれたのが、萬葉歌であることは、つとに萬葉学者伊藤博の『古代和歌史研究』全八巻などによってあきらかにされている。

しかし、黒人の一首は、ほんとうに戯れ歌でしかないのだろうか。この歌を戯笑歌と解する人々のあいだには、一つの思い込みがある。遊行女婦、つまりプロの女は、男にとってただの遊び相手でしかなく、そういう女と契ったところで、男は一時的に欲望を発散させるだけのことだという、ステレオタイプ化された思い込みが。現実問題として見れば、ただの遊びとして、金銭を支払って女性と交わる男が多数いることは否めない。だが、男女の交わりは遊びの次元にとどまりうるものなのだろうか。

寡作で孤高の国文学者北山正迪（きたやままさみち）は、その没後に後輩たちの手で編まれた唯一の論著『萬葉試論　歌の流れと「存在」の問題』のなかで、当面の黒人歌について、こう語っている。「まだ明白ではないにしても、いつも心にあった自己の『存在』に関わる何か根本的な情感に気付いたような語感がある」と。北山の言説は孤立している。学界には、この言説を取り上げ、その意図するところを追尋しようとする者は、だれもいない。だが、黒人歌に、存在に関わる根源的な情感を見出そうとする北山の読みはおそらくは正しい。なぜなら、すくなくとも人間に関するかぎり、男女の肌の交わりは、存在の根底を揺り動かす、心底（しんてい）に突き刺さるような情性を引き摺るにちがいないからだ。

その情性は、男の欲望は女の体内での射精によって完結すると考える人々や、あるいは、男による射精を体内に受け入れることこそが女の欲求だと信じる人々には、おそらく理解できない。メスと交尾するためには、メスの子どもを殺すことすらためらわない動物のオスたちや、その交尾に応じるメスたちは、射精とその受容以外に何ものをも目的としないだろう。だが、人間はちがう。人間にとって、射精とその受容は、単に交わりの自然的結果にすぎない。言いかえれば、人間の男女は、射精とその受容のためのみに交わるのではない。つまり、射精に至る前の段階、肌を重ねること、ひいては、結び合うその一瞬こそが、人間の性のもっとも本質的で根源的な意味なのだ。

結び合う相手がプロの女か、それともいとおしい恋人かということは、実は性の問題においてあまり本質的ではない。どのような相手であれ、たとえ行きずりに一夜を共にしたにすぎない相手であれ、交わればかならず情が湧く。もしそれが湧かないとすれば、そのような人間は人間の仮面を被ったただの獣（けだもの）にすぎない。そして、その情の背景には、「一体性」の感覚がある。結び合うことの一体性、いま相手と自分とが一つになっているという自覚。その自覚が導き出す沈みゆくような悦楽を、黒人は「妹も我れも一つなれかも」とうたいあげているのではないか。

一体性を深く感得することは、在ること、つまり存在の認識へとつながる。人間は、一人で単独に自己の在ることを確認することはできない。いまここに、二人で在るのだという意識。それこそが、存在にまつわるもっとも根源的な自覚であろう。存在とは共在にほかならないと言いかえてもよい。そして、その共在は、男女の場合、心を寄せ合い、体を重ね合うなかでこそ、強く深く実感される。黒人歌は、その「存在＝実在」に深く関わる実感を表出するものと言えよう。北山正迪の直感は、おそらく正しい。

以下に掲げる萬葉歌は、日本人のあいだで存在が共在ととらえられていたこと、すくなくともそのように感ずる心性があったことを示唆している。

次嶺経(つぎねふ)　山背道(やましろぢ)を　人夫(ひとづま)の　馬より行くに　己夫(おのづま)し　徒歩(かち)より行けば　見るごとに　音(ね)のみし泣
かゆ　そこ思ふに　心し痛し　たらちねの　母が形見と　我が持てる　まそみ鏡に　蜻蛉領布(あきづひれ)
負ひ並(な)め持ちて　馬買へ我が背

反歌

泉川渡り瀬深み我が背子(せこ)が旅行き衣(ごろも)ひづちなむかも

或本の反歌に曰はく
まそ鏡持てれど我は験なし君が徒歩よりなづみ行く見れば
馬買はば妹徒歩ならむよしゑやし石は踏むとも我は二人行かむ

『萬葉集』は、この一群の長反歌を「問答」の部に登録している。「反歌」と「或本の反歌」との関係、「或本の反歌」が一群の原型に収められていたかどうかなど、文献学的な問題はあるものの、ここでは問わない。長歌と反歌、或本歌の三首が妻の歌で、最後の一首が夫の歌であること、そしてこの夫婦が、山背国、つまり現在の京都府南部に暮らす下級官人夫婦であることのみを、いまは指摘しておきたい。

妻は言う。次々と重なる山背の山道、それを他家の夫たちは易々と馬に乗って越えて行くのに、わたしの夫だけがとぼとぼと歩いて越えて行く。夫の姿を見送っていると、泣けて泣けて仕方がない。夫の胸の裡を想うと心が激しく痛む。わたしが母の形見として持っている澄んだ鏡と、とんぼの羽のように透き通ったスカーフとを、お金と並べて持って行って、どうかあなた、馬を買ってください、と。

妻はさらにうたう。泉川の渡り瀬が深いので、あなたの旅衣がぐっしょりと濡れてしまうのではないかと心配です。まそみ鏡など持っていても、ほんとうに詮ないことに思えます、あなたが徒歩で難渋しておられるのを見ると。

これに対して、夫は応える。わたしが馬を買ったら、妻よ、おまえが歩いて行かなくてはならないではないか、ええい、かまうものか、たとえ川瀬の石を踏もうとも、わたしたちは二人で歩いて行こう、と。

当時の馬一頭は、現代の価格に換算して約二百万円。一般的な普通乗用車の値段である。それが買えない、この夫婦の金銭的な貧しさは蔽うべくもない。夫婦は、いわゆる「さち多き人」ではなかった、と言うべきだろう。だが、この夫婦は、けっして不幸ではない。母の大切な形見の品まで投げうって、馬を買ってくれと夫に頼む妻。その妻の身を想うがゆえに、馬など購わず、二人して歩いてゆこうと応ずる夫。互いに寄せ合う情は、どこまでも強く、そして深い。想いやりを投げかけ合う姿は、読む者、聞く者に哀しいほどの感動をもたらさずにはおかない。

二人を支えているものが、共に在るという感覚、すなわち共在の実感にほかならないことは、特段強調するまでもないだろう。「二人」をいつもすでに感じ取っているがゆえに、金銭的な窮乏も苦にならない。この夫婦は、そうした心理状態のうちにある。彼らが幸福であるだろうことは、疑いえない。だが、彼らの幸福を精神的な愛ゆえに実現されていると解するのは、短絡にすぎる。金がなくても愛さえあれば幸せだ。そういう一般的な見方でこの夫婦の関係をとらえるとき、人は「愛」への盲目的信憑に陥って、事の実態を見失う。

当面の問答歌は、後朝の別れの時点でうたわれていると見るべきだろう。当時は、一部の上級貴族の場合を除いて、婚姻は妻問い婚の形態を取った。夫が妻の家に通うのである。だから、婚姻を成り立たせる経済基盤をなすのは、妻の実家の財力である。当面の夫婦にあって、妻が母の形見の品を投げうとうとするのは、単に、夫への愛だけに根ざす行為ではなかった。それは、夫を家に迎え入れた妻の義務でもあった。この夫婦のあいだに、現代風の夫婦愛や純愛を見いだすとすれば、それはアナクロニズムにもなりかねない。

より重要なのは、この夫婦が、後朝の別れをする直前まで何をしていたかということである。彼らは抱き合っていた。ふたりの歌の口吻から見るに、そう考えてまずまちがいない。抱き合うとはどういうことか。思春期の少年少女にすら容易にわかることだ。二人は、互いに体を重ね合い、交わっていたのである。本能的衝動をも含めた激しい情念が二人を突き動かし、肉体的に結合させていた。淫靡な陶酔があったと言っているのではない。現代風な見方をすれば、二人はただ愛しあい、求め合っただけで、そこには悖徳や逸脱などありえようはずもない。だが、二人は一つになっていた。そして、おそらくは、その一つであること、つまりは一体性が共在の喜悦をもたらし、相互に想いやりを投げかけ合う情性へと二人を導いた。それゆえにこそ、金銭上の不如意を物ともしない精神の幸福が彼らをとらえていた。当面の問答歌は、おそらく、そのように読まれるべきであろう。

では、二人の一体性は、いったいどこまで保証されていたのだろうか。すなわち、一体性はどの程度まで持続されるのか。一面でエロティックとも言うべきこの問題を解く鍵は、残念ながら、当該歌群のうちにはない。それは、当該歌群をも含めた、古歌ないしは古文献を読み解く側に課せられた、不可避の課題である。

『萬葉集』の東歌の恋歌には、一つの特徴がある。畿内短歌歌謡が逢えぬがゆえに恋しいと抒べることが圧倒的に多いのに対して、逢ってなお「かなし」という心情を吐露してやまない点が、それである。「かなし」は概ね「愛し」と表記される。ならば、東歌を詠んだ坂東の人々にとって、愛は悲しみとして意識されていたことになる。たとえば、つぎのような歌がある。

高麗錦（こまにしき） 紐解き放（さ）けて寝（ぬ）るが上（へ）にあどせろとかもあやに愛（かな）しき

女が身に着けている衣の高麗錦の紐を解いて共寝をする。当然抱き合うことになるが、男は女を抱いて抱いて抱きつくしてもなお湧き上がる悲しみを消すことができない。それゆえに、いったいどうすればよいのか、と男は嘆く。男のこの心情は、けっして複雑で不可解なものではない。女を抱くということは、その女と一体化することを意味する。しかし、その一体化は永続しない。一つでありうる時間は、ごくわずかなものにすぎない。そのことを看取するとき、男の女に対する愛情は、とどめがたい悲愁へと転化する。だから、愛（いとお）しさは悲しさと同義になるのだ。当面の一首は、そのことを如実に告げている。

では、男は何を求めているのか。おそらく、彼は、射精することを求めているのではない。もしそれが目的ならば、ことは呆気ないほど簡単に成就するはずだ。端的に言おう。男は女のなかにとどまりつづけることを希（ねが）っている。女もそうだろう。男を受け容れたままの状態が果てしれずつづくことを、乞い求める。だが、その希求は叶えられない。どうあがいても、一体性は、儚く潰え去る。人間が動物性の枠を超えられないかぎり、致し方のないことだ。しかし、一体性を追い求める情動は、けっして尽きることがない。一体性を実感することに基づく共在の感覚こそが、人間が幸福を意識するための、ほとんど唯一のよすがなのだから。情動は、男が女を、女が男を求めるかぎり、心底に、あるいは体の奥底にうごめきつづける。これを抑えるもの。それは、一つしかない。老いである。

老いは、生命価値に関して、負的にとらえられることが多い。老人は、社会の片隅に追いやられ、逼塞したように生きることを余儀なくされる。もちろん、生産力が増大の極にまで達しつつある現今の日本のような国では、老人は姥捨て山に棄てられるわけではない。年金によって養われ、社会秩序を乱す行動を取らないかぎり、意図的に抹殺されたりはしない。ただし、マルクス・トゥリウス・キケロがかつて主張したような、老いの、老いであるがゆえの意義は、現代社会ではほとんど認められていない。

キケロは、晩年の著書『老年について』のなかで、こう語った。「肉体の視力が衰えれば衰えるほど、精神の視力はいや増しに増す」と。ギリシアの哲学や文芸に学ぶことの多かったキケロである。あるいは、この言説も、プラトンやアリストテレスなどに倣ったものなのかもしれない。ともあれ、キケロは、老人の老人たるがゆえの智恵に学ぶべきものがあることを説いている。たしかに、老人の智恵は、全面的に排拒すべきものではあるまい。そこには、若者や壮年者が傾聴すべき点も多々あることだろう。だが、コンピュータ技術が異様なまでに進歩した現代にあっては、老人の智恵に頼らなければならない必要性は、ほぼ皆無と考えられている。かくして、現代の老人は、多少の例外はあるにしろ、ほとんどすべて社会の無用者となった。

しかし、若者であれ、壮年者であれ、あるいは老人自身であれ、忘れてはならないことがある。老いは、情動の果てであるということ、言いかえれば、情動は老いとともに消えてゆき、そこに心の静安が顔をのぞかせる、ということである。

親鸞は『教行信証』信巻の中で、こう告白している。「悲しきかな、愚禿鸞、愛欲の広海に沈没し、名利の太山に迷惑して」と。名利の問題は、ここでは措こう。「愛欲の広海」とは何か。おそらくそれは、男ならばだれしもがもつ性欲や家族愛などではない。親鸞は、妻恵信尼を心からいとおしんだ。そのいとおしみが、貫き通すような情動となって、恵信尼との一体性への欲求が湧いた。それも一回かぎりのことではなかった。いくたびも繰り返し親鸞をとらえた、その激越なまでの情動を、彼は「愛欲の広海」と名指した。もし、五十二歳のときにいちおうの完成を見たとおぼしい『教行信証』の初稿本でこの告白がなされたのだとすれば、初老期を超えつつあってなお親鸞は肉体的に一つになることへの情動を抑えきれていなかったのだと言えよう。

だが、親鸞の情動は、老いの深まりとともに鎮静してゆく。最晩年の親鸞、自然法爾の境域にまで達した彼は、もはや性的欲望を語らない。性一般についても触れさえもしない。最晩年の親鸞の側には、恵信尼はいなかった。夫婦は、京と越後とに別れて暮らしていた。しかし、二人の心は、静謐な情愛によって深く結ばれていたにちがいない。共在の幸福が、情動を遠く離れた地点で、二人の心を蔽い尽くしていただろう。

親鸞の血脈と思想とを承け継ぎ、浄土真宗を他にほとんど類例を見ないほどに強大な教団として組織した、「中興の祖」蓮如は、その死の前年、数え歳八十四のときに子をなしたという。生物学的に、そのようなことが可能であったのか、疑うむきもある。卓越した宗教的オルガナイザーである彼は、精力の面でも通常の人間の域をはるかに超えていた、と解する人々もいる。いずれにしても、蓮如にあって、情動が老いとともに消尽するという事態が起こらなかったことだけはたしかである。老残の炎。蓮如には、それがあった。最後に蓮如の子を身ごもった妻は、若い。若く白い肌への渇望が老残の炎をたぎらせる。それは十分にありえたことだ。けっして不自然なことではない。蓮如はしかし、性的異能者だったわけではあるまい。彼もまた、二人在ること、一体化しつつ共在することの幸せを追求したのではなかったか。周囲に何十人もの門弟を従えていても、あるいは教団が六十万人もの信徒を集め、宗教者として頂点に立ちえたにしても、蓮如はただそれだけでは真の幸福を実感することができなかった。彼は、どこまでも共在の喜悦を求めつづけた。そして、その激しい希求のさなかに、彼は生涯を終えた。

ただし、蓮如はあくまでも例外者である。どんな男にも、そして女にも老残の炎は残る。結合を追い求める仄かな夢は、どのような老い人にもある。だが、それは肉体性を離れた何かへと昇華されてゆく。以下に掲げる萬葉歌は、その昇華の有りさまを暗示している。

　さきはひのいかなる人か黒髪の白くなるまで妹(いも)が声を聞く

いったいどれほどに幸せな人なのだろうか、黒髪が白髪に変わる老いの果てにいたって、なお妻の声を聞くことができるとは、という意味であろう。作者が男であることは動かない。それも、近い過去に妻を喪った老い人だ。彼は、自分の周囲にあって、なお妻の声を耳にすることができる他の男を羨む。その羨望は、失われた共在の、おそらくは絶対に不可能な回復を希うものであるゆえに、あまりにも悲しく、そして切ない。だが、老いた男のいまは亡き妻へのけっして成就することのない恋情は、ほとんど極限まで研ぎ澄まされている。彼は、ただ亡き妻の声を聞きたいとだけ希む。それは、一切の肉体性を捨象し、情動を純粋な精神性へと昇華させた祈願にほかならない。

老いることによって、人は性的な欲望から離れる。たとえば、老いゆえに性的には交わりえない夫婦の交情は、十歳の男女のそれのような、淡さと儚さを湛える。そこに現われる一体性への希求は、肉体性の位相を超出して、どこまでも純化される。要を言えば、ただ側にいて欲しいということだ。来し方を振り返り、その想い出を語り合うこともあろう。子や孫たちの将来への期待や不安を共有することもあるだろう。それはともかくも、老い人たちの共在は、情動の果てに、それが尽きた地点に、ただ純粋に「二人で在ること」としてのみ感取される。共在の幸福は、極端なまでに単純化され、しかもその単純化のなかで輝きを増す。

しかし、そうした輝きは、いつまでも永続性を保つわけではない。共在そのものが、老いとそれに必然的に伴う死によって截断されてしまうからだ。どれほどにいとおしみ合おうとも、かりに永劫の愛を誓いあったとしても、共在の相手は、いつかかならずこの世から消えてしまう。相手がいなくなったとき、たとえば妻の現し身をもはや永遠に眼前にすることができなくなったとき、人は、妻の声を聞けない独り身を悲嘆した萬葉の老い人のように、共在の不能性の前に佇立せざるをえなくなる。それは己れの死以外の何ものによっても癒されえない、究極の苦しみである。釈尊は、これを愛別離苦と名指した。

老いて社会的に無用者となれば、当然のことながら、周囲にいたはずの人間は去ってゆく。かつていとおしみ、その将来について深い想いを馳せた下僚、後輩、弟子たちも、衰滅を間近に控えた老い人を顧みようとはしない。共同社会内での会話は失われ、語り合うべき相手は、多年苦楽を共にした夫、あるいは妻に限定されることになる。それでもなお、夫との、妻との共在が保障されるかぎり、人は最後の一線において、幸福をかろうじて感受することができる。だが、その、共在の唯一の相手、夫や妻を喪ったとき、人はどうなるのだろうか。

孤独の極に至ることは、まちがいない。それは「孤立の憂愁」などという、甘ったるい感傷的なことばでは、とうてい言い表わすことのできないものだ。そのとき、人は奈落の底に引き摺り込まれるような途轍もない悲しみに陥る。人は、おそらく、我(われ)そのものを無のただなかに投げ入れないかぎり、その悲しみから脱することができない。情欲の果て、つまり肉体上の一体性への欲動が尽き果てたのちに、共在への志向性は研ぎ澄まされ純化される。そこに人間存在の根柢に関わる幸福があることは、たしかである。しかし、その幸福は、共に在る人の消失とともに失われる。もし、人が幸福でないことが、そのままただちに不幸であることを意味するとすれば、人間とは、究極において不幸な生き物だと言うしかない。

幸福論を一つのテーマとして哲学的に思索すること自体は、けっしてまちがってはいないだろう。アリストテレスのように、アレテーに即した魂の活動として幸福を定義することは、十分に可能だ。

カント自身は肯わないだろうが、彼の言う、意志と道徳法則との完全なる合致のうちに人間の幸福を見いだすことも、あながち不可能ではあるまい。親鸞がもし還相廻向（げんそうえこう）という徹底した利他行のうちに幸福を追い求めていたと仮定するならば、彼の門徒や読者たちは、それを肯いうるはずだ。しかし、人間を一個の自立し独存する個体ととらえ、その個体がいかにすれば幸福でありうるのかを問う、その問い立ての仕方は、果たして妥当なものなのだろうか。

　個体としての人間は、人類のなかに属する以上、いつかかならず消え去る。人類全体は、地球という微小な天体の地表にうごめく卑小な存在でしかない。地球をも含めた宇宙は、無のただなかでビッグバンが生じることによってできた、と言われる。何十億、あるいは何百億年前のことかわからない。だが、どこかで生起したものだとすれば、やがて宇宙は滅びる。生ずるものは必然的に消滅する。それが自然の法則だからだ。宇宙開発がいちじるしく進展して、人類の他の天体への移住が可能になったとしても、根本状況に変化はない。人類は宇宙と共に滅亡する。釈尊が諸行無常と語るとき、その言説のなかでは滅亡の実相がはっきりととらえられていたにちがいない。ならば、個体の幸福、あるいは、個体の集合体としての人類の幸福を求めてみたところで、それは虚しい試みでしかない。

　おそらくは、個体性を超えた何かに眼を向ける必要があるのだろう。単なる個体ではない我、個体の集積、いわば大我として仮想されるのでもない我。そうした我の存在を追い求め、その我にとっての幸福を思索することが、哲学的幸福論の最終的帰着点ではないか。そう思えてならない。

　仏教の根本を織りなす三つの概念、いわゆる「三法印（さんぼういん）」のなかに、「涅槃寂静（ねはんじゃくじょう）」という考え方がある。涅槃、ニルヴァーナは、一般に、釈尊入滅の意ととらえられることも多い。しかし、本来はそういう意味ではない。煩悩の火が消え、静謐で心が落ち着いた境位。それが涅槃の原意である。財欲、色欲、飲食欲、名誉欲、睡眠欲にまみれ、それらの欲望に引き摺りまわされて本来の在るべき姿を見失ってしまった我。そうした我を涅槃の境位に投じ入れたとき、人は本当の意味での幸福を得られるのかもしれない。だが、涅槃の境位に達した場合、我はもはや我でなくなっている。それは無我にほかならない。

　無我の幸福。ことばのうえではわかる。が、実感として肌身に感じ取ることはできない。世俗の世界にうごめき、世俗の快楽（けらく）にこだわらざるをえない人間という生き物には、およそ縁遠い境地と言うべきだろう。禅僧たちは、ひたすら坐りつづけることによって無我に徹しようとする。浄土教の始祖たちは、浄土という浄化の妙用（みょうゆう）のただなかに我を投じ入れることによって無我に至り着こうとした。彼らの目指すところが達せられなかった、あるいは達成されていない、とまでは言わない。しかし、すくなくとも、そんな彼らでさえも、生身（なまみ）の人間としては世俗世界に在らざるをえないことは、だれもが否めない厳然たる事実だ。彼らの眼差しは、無我の幸福をとらえているのかもしれない。が、彼らといえども、全身全霊をもって、いつもすでに無我の幸福にとどまっていることはできない。

　つまるところ、人間とは、語のまったき意味で幸福にはなりえない生き物なのではないか。すでに述べたように、日本的な幸福とは一体性を希求する共在にほかならない。それは、一体性を追求する情動の果て、つまり性的欲求が消尽する地点で、研ぎ澄まされ、純化される。だが、その純化の極には滅びが待ちうけている。滅び去れば、もはや幸福などありえない。そのことを知りながらも、あえて幸福論を繰り広げるとすれば、それはもはや「およづれ」でしかないのかもしれない。

第13章 中国哲学の幸福論

自分しか見えない人に

井川義次

人類にとって「幸福」とは最重要な課題であろう。それは洋の東西の地理的相違は考えられない。ところで現代世界は、とくに近代この方、ヨーロッパならびにその成果を継承したアメリカの影響下にあるといえよう。

一方、こと日本人に限るなら、室町時代後期にヨーロッパ文化・文明に触れる以前、知的資源として血肉化してきたのは、中国発祥、朝鮮半島経由の儒教思想、それを仲立ちとし伝来した仏教思想であった。筆者はそのうち儒教思想における「幸福」観の展開について論じたい。他方、こと儒教に関しては一六世紀この方、とりわけキリスト教イエズス会士らによって翻訳された儒教古典（「四書五経」）の情報が、ヨーロッパ・アメリカにもたらされライプニッツ、クリスチャン・ヴォルフ、ヴォルテール、ディドロ、フランクリン、ヘルダー、ヘーゲル等々の知識人たちに受容・評価された経緯がある（その実状がどのようであったかについても瞥見したい）。

老婆

私的経験に関わることだが、筆者が人生について沈潜して考え込んだ出来事があった。高校二年生の自己中の僕。その年の晩夏父が死去したために、絶望に苛まれる。人の命のはかなさを知るとともにアパシーに陥った。趣味や知的な個人的世界に没頭しようと考える。そんなある日、いつも声かけしてくれる老婆が浴槽で誰にも気づかれず孤独死していたと知る。自分が趣味の音楽にひたっていたその晩にであったとのこと。

隣家の老婆はどんなわけがあったか家族と離れ一人住まいであった。生前は父の葬儀にも臨席してくれ、日頃すれ違った折には、軽く会釈をしてくれた。ただわたしは父の死に伴う空虚感から、黙礼はしたものの、目も合わせず微笑み一つも返すことはなかった。今の孤独感に益し加え、他者の心中や苦境を慮るゆとりがなかったというのが正直なところだった。何か一言でも声かけできなかったのか？　後悔が澱（おり）のように残存し続けた。苦しかった。

これがわたしにとって自分の人生と他者について思いをいたし、哲学する機会となった。

自分が悲嘆に暮れているときには他者を顧みる余裕はない。それはもっともな自己弁護・言い訳になり得る。ただそうしている限り自己充足は得られない、言い換えれば「幸福」にはなれない。

この世の矛盾・不条理を実感したのは、人が人を殺すベトナム戦争が、小・中学校の時分を通じて継続していたこと、またその地への武器輸送が、故郷のある立川の基地や福生の基地を通じておこなわれることを知った時である。一人の死ですら、一高校生を打ちのめすのに十分であったのに、二〇二三年の現在に到るまで何千何万の死者が日々大量生産され続けている。しょせん人間は「幸せ」になどなれないものか？

他方、現代は無限ともいえる情報を通して、個々人が趣味にひたり、そのつどの享楽をうることが可能になった。自分の部屋を出ることもなく、ヴァーチャルな世界を通じて、これまで人類が経験してきたこともない愉悦と快楽をうることもできるようになってきている。これは「幸福」か？ 感覚刺激の充足を「幸せ」と取り違えているのではないか？ 生きた他者への配慮、他者との交渉無しに幸福は獲得できるのか？

孔子と隠者

古代中国の王朝体制が崩壊し、各地の諸侯が「国益」、プレステージ獲得を至上命題として殺し合いに明け暮れる春秋・戦国時代がおとずれた。人々は幸福・生の充実を望むことより先に、肉体的生命の存続を維持すること、あるいは少なくとも精神の「平静」が何より優先されるのは必然だった。そんな時、古代中国の思想家たちによって、わが身を守り、心の安静を得ることを主張する者たちが現れた。主体は、のちに道家思潮を形成する思想家群であった。

その傾向を列挙すれば：生への欲望を抑制し、現状に満足すること。他者との交流を極力ひかえること。争わないこと。転変きわまりない社会情勢と政治に関与しないこと。人々の間に亀裂を起こさないように不必要な情報を制御すること等々である。

これらはある点で、現代の人類が積極的に評価する価値観や、引きずり込まれているような有様に対して拒絶の意を示すものだったと言える。現代人は個人の生への欲望の充足を「幸福」と理解する。その無限の充足のためには現在に満足してはならない。他者と可能な限り広範囲に交渉し情報を共有することを通じて自己とその存在感を充実させなければならない。ついで自己の欲望充足を阻害するものと競合し、あるいは亡ぼすことさえ試みる。自己の欲望のさらなる充足のためには実利の面で共通する他者と共働して現状を改変する。必要に応じて政治力、ひいては武力を用いてでも——欲望を充足するために。

現代と似通った秩序崩壊、混乱の時代に、人類の理想の実現をめざし教育活動、諸国遊説を実践したのが周知の孔子（前五五一～前四七九）であった。

その諸国放浪の道すがらのことである。孔子の弟子、子路（しろ）が道家者とおぼしい二人の人物に出会った。彼が道をたずねると、孔子の弟子であることを知った二人は、孔子の行動を批判して、「目下、天下はどこでも洪水の流れのようであり、誰も変革などできはしない。自分の価値観に合うか合わないかを基準にえり好みする孔子などより、時勢を避けて生きるわれらのような隠者となって生きればよいのではないか？」と説いたという。

そのことを聞いた孔子は慨嘆してこう述べた。「それはできない！　われわれは人間とともに生きるしかない。だから人間を見捨てることなどできないのだ（吾れ斯（こ）の人の徒（と）と与（とも）にするに非ずして誰と

与にかせん)」。(『論語』「微子」篇)

この言葉には二千数百年にわたる儒教の最も基本的理念が現れている。すなわち、人間は人間と共に生きる以外、他に選択肢がないという大前提、人間相互の関係が基礎であるということである。人間から離れては、どんな道徳律も理想も成り立ち得ないというのが儒教的メンタリティーである。人の間の諸関係という土台を除いてはいかなる徳性もなく、幸福の果実も得られないということであり、こうした見方が、中国はもとより、朝鮮半島、ベトナム、琉球王朝、日本等々東アジア文化圏で共有されてきたのであった。

こうした情報は、先述のイエズス会士たちによって翻訳・紹介されている。欧米世界における受容の実状を見るためにその実状を示しておく。

孔子はため息をついて言った。「鳥も四足獣もわれらと同じ場所に留まることはできない。しかしもし私が同時代の人々と共助できなければ、誰と共生すればよいのか」。……次の言葉は、哲学者(孔子)とは別の閣老(明代の大政治家張居正(ちょうきょせい))の言葉である。「かつて我が帝国の偉大な王や創設者たちは、民間に大きな災害が起こり、飢饉や貧困に苦しんでいることを知ると、誰よりも心配し、熱烈な熱意をもって、知性とすべての勤勉さを発揮し、できるだけ早く公共の災害を改善しようとした。この哲学者(孔子)の教えによれば、絶望と無策に服従すれば、国は不幸で民は惨めになる、ということである」。(『論語』「微子」篇ラテン語訳文[1])

国民の幸福のためには天変地異、飢饉、貧困等々の極限状況を解決すべく熱情、叡智そして勤勉をもって改善策を実行することが必要だとの主張が引き写されている。ちなみに『中国の哲学者孔子』発刊には、一七世紀当時ヨーロッパ最大の勢力を保持していたフランス国王ルイ十四世の支援があった。ただこの支配者に儒教の人民重視の思想が流入したかについては定かでない——むしろ儒教理念に相反して私利・国益に走っていたかに見えるのは皮肉である。

孟子

孔子から数世代後の戦国時代の孟子（前三七二?〜二八九?）は、人間における人格の完成と、人間同士の完成、理想社会実現にこそ真の幸福があると見る儒教の理念を継承し、さらにその条件について、人間にその実現を可能にする、基本的能力があるとする。そのことを端的に示すのが、高名な「四端（四つの端緒）」説である。これもキリスト教イエズス会士フランソワ・ノエルによってラテン語訳で紹介されている。

孟子は言う。人は皆、他者の悲惨に耐えられない心の傾向性をもっている……誰にも他者の悲惨に耐えられない心があるとわたしが言うわけは、突然、幼児が今まさに井戸に陥ろうとしているのを見たならば、誰でも驚愕しかわいそうだと感じる心があるだろう。それは子供の両親とつきあおうと考えたからではない。また隣人、友人たちから、称賛を得たいと思ったからでもない。

さらに――子供を見殺しにした場合――の悪口を嫌ったものでもない。（フランソワ・ノエル『中華帝国の六古典』一七一一年、プラハ刊行。『孟子』「公孫丑」上篇ラテン語訳文）

このように人間徳性・能力のうち筆頭に上げられているのが、他者の状況に対する共感・共振・共鳴の能力「惻隠－仁」である。幼児が井戸に堕ち込むような危険や悲惨な状況にある時、はっとするなどの精神的反応が起こる。言うより早く体が動きだすことさえある瞬発的なものであるとする。思考・推理をはさまない人間の対応であるとすれば、それは人間に生来そうした他者配慮の傾向性があることが証明されるというのである。緊急事態においては人間の対他者的な仁愛の「本性」がストレートに現れるはずだとする孟子の論証法は説得力があろう。端的にいってそうした傾向性は「善」である、とするのが後世儒教を特徴づける「性善」説である。[2] こうした中国の性善説がノエルによって、人の本性には悪も含まれるとされたヨーロッパにもたらされたことは、東アジアの主潮流は人間本性の善性に信頼するものであると紹介されたことになる。こうした情報が人間本性を積極評価した啓蒙期～百科全書派、フランス革命にまで至る欧米思想界に流入したことになる。

こうした他者に対する直観的かつ先天的な共感能力「仁」からはじまって、その他の人間の共通本性「義」「礼」「智」の能力の発動（「四端」）についても言及されている。いずれも人間社会において発現する基本的機能である。また人間の不可欠条件であるとさえ述べられる。

逆に見れば、「惻隠の心」、共感の心がないものは人間ではない（「惻隠の心無きは、人に非ざるなり」）、さらには「羞悪の心」、悪を恥じる心がないものは人間ではない（「羞悪の心無きは、人に非ざるなり」）、「辞譲の心」、譲り合いの心がないものは人間ではない（「辞譲の心無きは、人に非ざるなり」）、「是非の心」、何をなすべきかなしてはならないかの判断力がないものは人間ではない（「是非の心無きは、人に非ざるなり」）。

そしてこれら人倫関係における能力の発動が、とりもなおさず人間本来固有のものであることが強調される。すなわち、「惻隠の心」は「仁」、仁愛の発端である（「惻隠の心は、仁の端なり」）。「羞悪の心」は「義」、正義・公正の発端である（「羞悪の心は、義の端なり」）。「辞譲の心」は「礼」、対他者尊重・社会性の発端である（「辞譲の心は、礼の端なり」）。「是非の心」は、「智」、知的能力の発端である（「是非の心は、智の端なり」）。

最後に、これら諸々の能力が、人間存在にとって本来的であるとの主張は、両手両足が身体にとって本来そなわっていることに類比的であると結論づけられる。すなわちこれら人間に本来的能力「四端」が存在するのは、ちょうど人間に四肢があるようなものである（「人の是の四端有るは、猶お其の四体有るがごとし」）という言葉によっても裏付けられる。

張載『西銘』

儒教の人間観・世界観が、東アジア文化圏において共通認識として普及した史実については先に述べたとおりである。そしてその認識について欧米、中東諸国等、他文化圏の宗教・思想と異なる特殊性があるとすれば、人間と社会において起こる諸問題をあくまで人間存在とその本質に即して解釈・

解決しようとしていたことであろう。上古は除き、よかれ悪しかれ人間自身が解決すべきであり、超自然的な存在――たとえば「神」――を原因とみなして、それに解決を委ねようとすることはなかったことである。とりわけ儒家思想が風靡した後はそうであった。

つまりユダヤ教・キリスト教のヤーヴェや、イスラム教のアッラー等に見られる唯一「神」のような超越的な力をもつ、人間にとっての絶対他者を通じて説明しようとしなかったという点である。その意味で人間および社会の自律を説く儒教は、宗教的信仰を前提としていないにもかかわらず、古代から、近現代に及ぶまで、中国はもとより、東アジア文化圏共通の知的資源となり、また理性の時代、契蒙主義の時代ないし百科全書派・フランス革命の時代の欧米知識人にまでその情報は流入したのである。

人間の幸福は人間及び人間世界で解決せよ。「幸福」の実現も「此の世」という「此岸」において実現すべきであるとの認識が共有されたのである。そのような思考の実際の具体例は、「平天下（世界平和）」を人類の究極的目的として標榜する朱子が編纂した「四書」の『大学』において見られる。朱子の解釈にしたがえば、世界とその内の国々、ないし国を構成する家族を含む各種共同体と各個人は、入れ子式の構造をなしており、各人はさしあたり、事物万般の「理」を極め、それを通じて自分の「知」を発揮し尽くすことを通じて、心の発動たる「意」を制御し、ついで「心」を正し、自己の「身体」ならびにその行動を修めるべきである。かくして自己が確立し、ついで、家族、社会によって構成された国々、ひいては天下、すなわち世界に安寧秩序をもたらしうるのだと主張される。これは自己から世界に至るまで連動していると見なすもので、われわれは天下・国・家各層の他者等、環世界に配視すべきであり、状況に即応し、反転して自己から他者へと、もてる力を全面的に展開すべきであるという。他者と自己とは結局、「切れていない」と見なすのである。また我がことは他者、社会のことであり、また万物、社会、そして他者の作用や力は、我が内にも流入していると解する。幸福もこうしたパースペクティヴに立脚するのでなければ実現・感得できないとするのである。状況の内で他者と関わってこその「幸福」である。

そして忘れてはならないのはこうした理念が、単に文字上の理想として示されて止まったわけではないということである。郷村、社会、国家を治める為政者たることを目指した官僚、士大夫は、国家における「科挙」試験を通じて、儒教理念を徹底習得し、実際の政治活動においてこの理念を基準として行動方針を定めたという事実がある。国家統治だけでなく、外交、社会福祉等の内政ことごとくが、このような儒教思想を基本として運営されてきたのである。また東アジア文化圏の律令制度、教育制度、福祉政策も総じて儒教を本として運営されてきたという史実を忘れてはならない。この「神無き思想」を。

儒教は孔子、孟子で終結したわけではなく、途絶えることなく継承、発展、展開してきた。こうした中で、北宋の張載（一〇二〇～一〇七七）の思想は、とりわけ孟子の思想を継承しつつ、儒教の極限的理想主義を説いて有名である。宇宙論的家族主義と評される『西銘』は、儒教の究極の境地を説くものと見なされる。

これは万物生成の始原、天地の生成の働きから話を始めている。

乾〔天の万物を生じる働き〕が父であり、坤〔地の万物を形づくる働き〕が母である。わたしはここにおいてはちっぽけな存在だが、その天地の作用のただ中に身を置いている。（乾を父と称し、坤を母と称す。予は茲こに藐焉たり、乃ち混然として中処す）。

ここでの天地は、儒家的な含みでは大自然、最も広い意味では現在の「宇宙」をも包括しているものととらえられる。つまり天地宇宙の生成・形成の働きのただ中に、わたし——そして他者、ひいては万物も——等しく立ち現れてきている、というのである。

そうであれば天地に満ちふさがる〔生命力・活気〕こそ、わたしの体を形づくり、天地が〔万物を〕導く〔法則性が同時に〕わたし自身の本質ともなっている。（故に天地の塞は、吾れの其の体なり。天地の帥は、吾れの其の性なり）。

こうした観点からすれば、わたしを含めた万物の身体・構造を形成するものは天地宇宙の活力であり、あらゆるものの本性・本質を導くものも本源的には天地宇宙の生成の規則性であるということになる。

〔そこで〕民はわたしの同胞であり、万物もわたしに〔不可分に関連する〕友である。（民は吾が同胞、物は予の与たり）。

わたしとともにこの天地宇宙の間に生きる者たちは、人間はもちろん兄弟姉妹、すなわち「はらから」、「同胞」であり、万物も、わたしと不可分の「友」に他ならない。

　ところが同胞のなかには、社会に捨て置かれた弱者たちが現に実在している。

> ……この点でおよそこの世の疲癃（ひりゅう）〔病苦の老人〕・残疾〔身体障害者〕、惸（けい）〔身寄りの無い孤児〕・独〔子の無き独り者〕、鰥（かん）〔妻無き男の独り者〕・寡（か）〔未亡人〕は、すべてわたしにとって〔あたかも〕足がもつれて倒れ伏して、その苦しみを訴える当てさえない我が兄弟なのだ。（凡（およ）そ天下の疲癃、残疾、惸独、鰥寡は、皆な吾が兄弟の顛連して告ぐる無きものなり）。（『西銘』）

ここには、人類を創造し、各自に特別の恩寵としての「霊」を与えた「絶対者」あるいは「超越者」の存在など説かれない。儒家の伝統は、「神」を仲立ちとした人間の平等を説くものではなかった。むしろ人間も万物も天地生成の働きを共有する、兄弟・姉妹だという主張である。

　身寄り無き老人・幼児、配偶者と死別した妻や夫は、打ちひしがれた同胞である。彼等の状況と痛苦に共振・共感・共鳴し、手を差し伸べる者こそ、儒教説くところの人格完成者、完全人としての「聖人」だとするのである。「神」「信仰」を必要としない人間ないし社会および世界全体の完成の思想である。

ウナギとドジョウ

以上のような儒教の自他感応の幸福の具現化に関する理想の表明は、途絶えることなく継続されてきた――現代の新儒教運動もその内に含まれるかもしれない。その中には「四書五経」に対する各思想家自身の見解の表明としての注釈から、西欧的リテラチャーとは異なる人間学としての文芸・詩文に到るまで二千数百年間の無数の著作群が含まれる。

明代の陽明学者、王艮（一四八三～一五四二）の論文は儒教の、自己と他者との共振・共感、ないしは真の幸福とは何かについて考察の参考となり得る理想を、ほとんど皮膚感覚といってもよいかたちで表明している。彼の「鰍鱔説」がそれである。(3)

全体的に、話はファンタジー仕立てである。あるとき王艮が市場を散策していたときのこと。

> 道人〔真理を求めるわたし：王艮〕が、暇な折に散歩していると、偶然店前で鱔を飼っている缸を見た。鱔たちはうち重なって圧迫し絡み合い、息も絶え絶えに瀕死の状態であった。（道人市に閒行するに、偶々肆の前に鱔を育する一缸を見る。覆壓・纏繞し、奄奄然として死せんとするの状の若し）。

現代でも地方の魚屋、蒲焼き店でよく見かける光景である。缸の中の無数のウナギが窒息・圧死しそうであった。

突然一匹の鰍が中から出てきたのを見た。鰍は上がったり下がったり、右往左往、前に後ろに行ったり来たり、泳ぎ回り、動き回って、まさに神秘的な龍のようだった。その鱔たちは鰍のおかげで身を転じ呼吸ができて、生きかえる心地がした。（忽ち見る一の鰍の中從りして出ずるを。或は上り或は下り、或は左し或は右し、或は前に或は後に、周流して息まず、變動して居らず、神龍の若く然り。其の鱔、鰍に因りて以て身を轉じ氣を通ずるを得て而して生意有り）。

何の偶然か、ウナギの缸にどじょうが一匹紛れ込んでいた。彼は窒息死の苦しみを逃れるためにやたらめったら身をもがいて暴れ回った。苦痛を逃れる奮闘は、計らずも周囲のウナギたちを蘇生させる一助となった。

この鱔たちが身を転じ、呼吸できるようにし、その命を維持させたのは、すべて鰍のおかげであった。そうではあるのだが、これはまた鰍の楽しみでもあったのだ。単に鱔を哀れんだからそうしたのではない。またこの鱔たちの見返りを望んだからそうしたわけでもない。自分で自分の本性にしたがったにすぎなかったのだ。（是れ鱔の身を轉じ、鱔の氣を通じ、鱔の生を存する者は、皆な鰍の功なり。然りと雖ども、亦た鰍の樂しみなり。專ら此の鱔を憫れむが為に然するに非ず、亦た此の鱔の報ずるを望むが為に然するに非ず、自ら其の性に率えるのみなり）。

どじょうの奮闘はウナギのための故意の善行というものではなかった、こうしないではいられない、やむにやまれぬ、自分の生まれ性にしたがった情動に過ぎなかった。どじょうにとってはそうするのが楽しかったからなのだ。

……しばらくして、突如風雲や雷雨が相継ぎ起こるのを見た。あの鰍はその勢いに乗って缸から躍り出て大河に飛び込み、〔ついで〕大海に身を投じ、悠々として去り、縦横自在で、その楽しみは窮まりなかった。（少頃せるに、忽ち見る風雲、雷雨交々作るを。其の鰍は勢いに乗じて躍りて天河に入り、大海に投じ、悠然として逝き、縦横自在にして、快樂邊まり無し。）

自分にとって好機が訪れた。いわゆる疾風怒濤の時代である。全身の力を込めて状況を打破するとき、その自由と開放感は得も言われぬものとなった。

〔だがふと〕かの捕われの鱔を顧みると、助けてやらねばと思い、全身を奮って龍に変身し、またも雷雨を起こし、鱔で一杯の缸を覆した。そこで絡まり合ってぎゅうぎゅう詰めだった鱔たちは、みな心の底から喜んで、生きている心地がした。十分目覚めるとみんないっしょに長江・大海へと帰っていった。（回りて樊籠の鱔を視、将に以て救うこと有らんとすと思い、身を奮って龍と化し、復た雷雨を作し、滿鱔の缸を傾く。是こに於て纏繞・覆壓せる者、皆な欣欣然として生意有り。其の眚醒を俟ちて、精神、同じく長江大海に歸せり）。

だが待て、自分は本当に制約がないなら「幸福」であるといえるのだろうか？　いや違う。同じく限界・限定・制限・制約を受けていたあのウナギたちがまだ目の前でもがき苦しんでいるではないか？　共苦してきたという点では、彼等の状況は「我がこと」である。どうして座視していられよう？　こんな現状など転覆させてしまうべきだ。

他方どじょうの意気に感じて目覚めたウナギたちもまた、自由の天地、無限の長江・大海へと身を投じた、というのである。

この書き下しからも王艮の理想がいかなるものかうかがえよう。壮大なファンタジーである。また中国、ひいては東アジア文化圏に属する者たちが、どのように自他共生の「幸福」を表象したかが分かるだろう。

結語

中国哲学においては、「幸福」という概念だけをテーマとして論ずることは、あまりなかったものと思われる。もちろん個人や関係者の経済的豊かさや、心身の快楽の継続・延長――場合によっては死後のそれ――を望む者は、いつの世も絶えることはない。世俗的道教信仰や、中国化した仏教崇拝においては、老いも若きもその意味での「幸福」を日々祈願してきただろう。

ただ中国、および東アジア文化圏で共有された儒教思想においては、それらは低次元のもの、あるいは暫時の通過点に過ぎないものと見なされた。つまり一人、少数者の「幸福」は自己・他者の固有性の実現、社会ないし人類の完成・底上げに比肩できるものとは見なされなかった。すべては相互作用・影響の授受の間にあると見なされたからである。その背景には中国哲学固有の人間観・宇宙論が関与したことはすでに見たとおりである。

わたしはわたしだけで生まれてきたわけでも生存しているわけでもない。無数の他者との連関の中に在ってこその存在であり、状況はわたしの事態なのである。世界における悲惨・苦痛の無限の連鎖が忌避されるべきだとすれば、幸福とは、「他者」とともに各自が身体精神のもてる力を尽くして制約をそのつど打開する試みのプロセスにおいてしか得られないということになるだろう。その意味で「幸福」が、いつか、どこかに訪れるということはあり得ないだろう。儒家的に見れば、幸福は打ちひしがれた老婆へのそのつどの、今このときのわたしの微笑みがえしという行動の内にしか実現しないからである。

（1）イエズス会士の儒教古典研究とヨーロッパの哲学者たちによる中国哲学の理解・受容に関しては井川義次『宋学の西遷――近代啓蒙への道』（人文書院、二〇〇九年）参照。イエズス会士たちは張居正を代表とする明清期に成熟した首尾一貫し、整合的な儒教思想、宋明理学の解釈をもととして「四書五経」のラテン語訳を公表した。

(2) なお中国哲学における「性善」説の主張は、国家・君主より人民が尊いとする民本思想や、人民の福祉・生存を脅かす君主を排除してもよしとする「革命」説とともに、イエズス会士フランソワ・ノエルによってラテン語訳(『中華帝国の六古典』一七一一年)され、フランス革命三年前には、百科全書派と付き合いのあったプリュケによって仏語に重訳された(『中華帝国経典』一七八六年)ことも指摘しておきたい。井川義次『宋学の西遷――近代啓蒙への道』(人文書院、二〇〇九年)、佐藤麻衣「プリュケによる『孟子』受容とその特徴について」(『中国文化:研究と教育』第七三巻、六五〜七八頁、二〇一五年)参照。

(3) 桑原武夫『一日一言』(岩波新書、一九五六年)、島田虔次『朱子学と陽明学』(岩波新書、一九六七年)、佐野公治『陽明門下(中)』(『陽明学大系』第六巻、明徳出版社、一九七三年)参照。

第14章　インド思想における幸福

ラクになりたい人に

堀田和義

はじめに

ひと昔前の大学生の海外旅行（貧乏旅行）の定番と言えば、インド旅行だった。かつての大学は、今よりも夏休みや春休みがずっと長かった。また、日本も比較的豊かな国だったため、アルバイトである程度のお金を貯めてあれば、一か月くらいはそれなりに余裕をもって旅行することができたのだ。しかし、今から六年ほど前にインドに行った時には、安宿街として有名なニューデリー駅前を歩いていても、日本人学生の姿を見かけることはほとんどなかった。ここ二十年くらいの間に、時代は大きく変わったようだ。

インド旅行といえば、列車での長距離移動が付き物である。実は、インド国内の鉄道の総延長は、アメリカ、中国、ロシアに次いで、世界第四位であり、インドは、世界的な鉄道大国なのである。また、飛行機に比べると格段に費用が安いため、学生の貧乏旅行となると、列車での移動が多くなるのは当然のことである。

「長距離移動の間に、ゆっくり本でも読もう」などと考え、バックパックの中に分厚い文庫本を忍ばせていっても、インドの人たちは放っておいてくれない。四人掛けの座席に一人だけ外国人が座っていようものなら、まずは「どこの国から来たんだ?」と話しかけてくる。チャーイ（インド式ミルクティー）や食事を御馳走してくれたりもするが、その後も「名前は何だ?」「仕事は何をしている?」「家族構成は?」といった感じで質問攻めにされる。

質問はさらに続き、「収入はいくらだ?」といったように、日本人の感覚だと、初対面でここまで聞くのだろうかというところまで踏み込んでくる。さらには、スケジュール帳を取り出して、「日本で仕事をしたいから、ビザを取るために一緒に大使館へ行って欲しいんだが、いつならば空いている?」というように、日本語で言うところのガツガツした感じになってくる。

しかし、ある程度時間が経過し、だんだん質問することがなくなってくると、「それで、お前の人生の目標（ゴール）は何だ?」といった質問が出てくる。この質問は、列車の中だけでなく、観光地で話しかけてきた人、大学のゲストハウスの食事時間に同席した人などからも受けたことがあり、インドの人たちにとってはお決まりの質問なのかもしれない。もちろん、考えたこともないので、うまく答えられたためしがない。今でも答えられないだろう。答えに困った時は、聞き返すに限る。

「じゃあ、あなたの人生の目標は何ですか?」

すると、たいていは、「心の平安（シャーンティ）だよ」「輪廻転生からの解脱（モークシャ）だよ」といった答えが返ってくる。

このように言われると、もはや、そこから先へは進めない。私は「何それ?　そんなのあり?」と呟くことになる……。

インド思想にもとづいて幸福について考えようとすると、まずは、楽（スカ）という概念とその対義語である苦（ドゥフカ）という概念が思い浮かぶ。おそらく、これまでにインド思想や仏教などにおける幸福を論じたものは、必ずと言っても良いほどこの両者に言及しているだろう。

たしかに、楽には、現代の私たちが考える幸福に相当するようなものも含まれている。しかしながら、その言葉が指し示す範囲は、感覚的な快感や心地よさなどといったものから宗教的な至福に至るまで、非常に幅広いと考えられるため、少々ぼんやりしているところがある。

一方、苦しみは、例えば、仏教の四苦八苦（しくはっく）（一．生まれること、二．老いること、三．病気になること、四．死ぬこと、五．嫌いな人と会うこと、六．好きな人と別れること、七．欲しいものが手に入らないこと、八．迷いの世界としての存在はすべて苦であること）のように、具体的な形で列挙されており、分かりやすい。それに比べると、楽は、「楽＝苦しみの無」というように、苦しみを前提とし、苦しみありきで語る立場すら見られる。

ロシアの文豪トルストイが、『アンナ・カレーニナ』の冒頭で「幸福な家庭はすべて互いに似かよったものであり、不幸な家庭はどこもその不幸のおもむきが異なっているものである(1)」と述べていることは、よく知られている。これが、不幸は具体的かつ多種多様であるが、それに比べて幸福の方はぼんやりしているところがあるといったことを意味するならば、少し似ているところがあるかもしれない。

以上のようなわけで、本章では、この「楽と苦」に焦点を当てるのではなく、先述した「人生の目標」に着目し、ひとまず、この目標を達成することが幸福であるという観点から、インド思想における幸福について考えてみることにする。

人生の目標（一）―ヒンドゥー教徒の場合―

それでは、インドの人たちが考える人生の目標というのは、いったい何だろうか。ひとくちに「インド」と言っても、最近、中国の人口を抜いて世界一になったというニュースもあったように、十四億人以上の人々が暮らしており、様々である。「多様性の国」などとも呼ばれるゆえんである。

時代や地域による違いも大きいが、宗教大国とも言えるインドでは、宗教による生活スタイルの違いはとりわけ大きなものがある。ここではまず、インドにおいて最も信者数の多いヒンドゥー教の場合を見ていきたい。

ヒンドゥー教では、古くから、人間には三つの大きな目的（以下、三大目的）があるとされている。すなわち、一．義務（ダルマ）の遂行、二．実利（アルタ）の追求、三．性愛（カーマ）の追求である。

一つ目の義務の遂行というのは、各自に課された、ヒンドゥー教徒としての義務の遂行である。義務といっても様々なものがあるが、いわゆるカースト制度（厳密にはヴァルナ制度）により身分ごとに課せられた義務が中心と考えられる。二つ目の実利の追求というのは、経済的な成功なども含めた自己実現の追求といったところであろうか。そして、三つ目は恋愛や性的な満足の追求である。

これら三つの分野には、それぞれの指南書が多く残されている。一つ目の義務に関しては法経や法典がそれに当たり、有名な『マヌ法典』もそれらのうちのひとつである。現代の法律に相当するような記述だけでなく、それぞれの身分の者がどのように生きるべきであるのかも詳細に記されている。二つ目の実利に関しては、王の生き方から庶民がしたたかに世の中を渡っていくためのものまで様々な文献があり、三つ目の性愛に関するものとしては、有名な『カーマ・スートラ』をはじめとする非常に多くの文献が残されている。

この三大目的のうち、一番目のものは、とりわけヒンドゥー教という宗教との繋がりが大きい。「義務」と訳した語の原語である「ダルマ」という言葉は多義的で、その指示する範囲は非常に幅広いが、ヒンディー語などの現代インドの言語で「宗教」を意味する点は示唆的である。

そうは言っても、他の文化圏においても、それぞれが属する文化・共同体ごとに、何らかの縛りがあり、そのような中で可能な限り実利と性愛を追求していることを考慮するならば、この三大目的というのは、普遍的なものと言っても差し支えないであろう。

また、三大目的に輪廻転生からの解脱の追求を加えて、四つの大きな目的（以下、四大目的）とすることもある。しかしながら、最初の三つは非常に現世的な性格が強いのに対して、四つ目は超現世的なものであるため、そもそもこれら四つは本当に一括りにすることができるものなのかどうかという疑問も生じる。

その疑問は、インド思想でしばしば説かれる「世俗的な真理（世俗諦）」と「究極的な真理（勝義諦）」という二つの真理につきまとう、次のような疑問とよく似ているように思われる。すなわち、究極的な真理があるならば、なぜわざわざ世俗的な真理が説かれるのだろうか、というものである。

このような疑問に対しては、おそらく、いきなり究極的な真理を説いても理解できないだろうから、まずは方便として世俗的な真理を説き、順次、次のステップへ導いていこうという教育的配慮だというような説明がなされるに違いない。思わず頷いてしまいそうな説明ではあるが、いきなりだと理解できないというのは、言い換えるならば、あまりにも遠すぎて実感がわかない、リアリティを感じられないということでもある。

例えば、宗教学には「暇な神」という概念がある。宇宙の創造などといった大きな役割を果たすが、人間の実生活とはあまり関わることがないため、偉大な神であることは知られつつも、あまり礼拝の対象にならない神のことである。これと同じで、現世を生きるのに精一杯の私たち人間にとっては、究極的真理なるものも、実生活とは関係が薄く、あまりピンと来ないものになりかねない。私自身はそのように考えている。

そこで、正統派のインド学者からお叱りを受けるのを覚悟で言うが、実は、世俗的な真理というのは「本音」と言い換えることができるのではないだろうか。したがって、それと対になる究極的な真理というのは「建て前」の同義語ということになる。

冒頭で紹介した列車内の会話に出てきた「心の平安」「輪廻転生からの解脱」といった答えにも、正直に言うと、とってつけたような建て前のようなものを強く感じるのだ。それを言ってしまえば、その直前までのガツガツした感じは帳消しになり、もはや誰も文句をつけることができなくなって、会話はそこで終わってしまう。それを出すことによってゲームを終わらせてしまう、最強のカードのようなものである。

私の薄っぺらい実感にもとづいて言わせてもらうならば、インドにおいてもやはり、現世的な幸福というのが圧倒的に重要である。そして、それは異文化の中で生きる私たちにも容易に理解できる類いのものであり、そういった意味でも、それこそが普遍的なものと言える。したがって、インド思想における幸福を考えるには、解脱のような超越的なものをいったんは横に置いておくことも重要であろう。

実際、長い長い会話のうちの大半は、現世的なガツガツした話であって、究極的な目標の話は、最後の最後に、そのすべてを洗い清めるかのような形で出てくるだけである。しかも、その究極的な目標について語った後も、再びガツガツした話へと戻ったりする。そもそも、四大目的ではなく三大目的とする場合があるという事実そのものが、現世的な目標の優位を示しているとも言える。

インドの社会・経済の急激な開発や成長・発展の背景にも、実利重視の思想を認めることができるだろう。また、インド映画の中のラブロマンスから現実のドロドロした事件にいたるまで、そこには性愛パワーが渦巻いていることは言うまでもない。

人生の目標（二）――ジャイナ教徒の場合――

先に、三大目的、もしくは四大目的というのがヒンドゥー教のものであると述べたが、実際には、インドの他の宗教でも大差はないと考えられる。例えば、私の狭い意味での専門であるジャイナ教の場合でも、一つ目の義務が、ヒンドゥー教ではなく、ジャイナ教の義務にかかわるだけであろう。

もちろん、ジャイナ教の場合、古い文献で描かれる理想的な信者の姿は、一般的なヒンドゥー教徒よりもかなりストイックであり、出家者一歩手前ぐらいなのではないかという印象を受けるほどである。しかしながら、理想はあくまでも理想であり、現実の信者の姿はやはり、私たちと本質的に変わらない。

今から数えるともう二十年近く前のことになるが、三か月ほど、インドのラージャスターン州にあるジャイナ教の大学に滞在する機会を得た。キャンパス内には、ジャイナ教の出家者が滞在する僧院があり、それまで書物の中のジャイナ教にしか触れたことのなかった私は、毎日せっせと僧院を訪れては出家者の話を聞き、その生活を観察した。

キャンパス内には、熱心な信者家族やヨーガ・センターの短期集中キャンプに参加する人たちのための宿泊施設もあり、私と同じように、毎日僧院を訪れては、出家者の話を聞いている姿が見られた。そのような家族の中に、P君（当時、小学生くらい）がいた。

彼は、観光客が来ることもほとんどない、砂漠の中にある田舎町に現れた外国人の私をとても珍しがり、毎日のように私の部屋に遊びに来ていた。また、彼の家族が私を食事に招いてくれることもしばしばだった。私が僧院に行くと、必ずと言っても良いくらい、P君とその家族も来ていて、いつも熱心に出家者の話を聞いていた。

ある時、P君と話していて、将来の話になったことがあった。普段の熱心な姿を見ていた私は、てっきり出家者に憧れを抱いていると思っていて、「君も将来はここにいるお坊さんのように、出家して修行したいと思うか」と尋ねた。しかしながら、P君の答えは、私の予想を大きく裏切るものだった。

「絶対にイヤ。将来、僕はオーストラリアに移住して、脳外科医になるんだ。」

先ほどの三大目的で言うならば、実利の追求である。熱心なジャイナ教信者であり、出家者のことを尊敬しているのであろうが、それはそれ、これはこれという感じであり、いくら熱心であっても、現実の信者は、書物の中の理想の信者とは違うことを思い知らされた。

また、ある大学院生は、いつも仲の良い女子学生と一緒に図書館で勉強しており、その姿を見た私は「この二人は付き合っているのだな」と思っていた。しかし、ある時、彼が真剣な面持ちで「日本では、好きな人と結婚することができるのか」と尋ねてきたことがあり、「一〇〇％自由とまでは言えないけれども、基本的には自由だと思う」と答えると、彼は非常に深いため息を吐いた。

その後、彼の話を聞いてみると、彼と彼女は同じジャイナ教徒ではあるが、所属している宗派が異なっているという。また、そもそも宗派が同じであったとしても、インドでは依然として親が決めた人とのお見合い結婚が一般的であるため[(2)]、彼女と結婚したくてもできないという話であった。先ほどの三大目的で言うならば、性愛の追求がうまく行かないための悩みとでも言えるだろう。

このような姿を見ていて、結局のところ、目指しているところは私たちと変わらないし、それがうまく行かない場合の悩みも私たちと同じであることを強く感じた[(3)]。だが、この「うまく行かない場合」のフォローが、インド思想にはきちんと用意されている。

また、現世的な幸福も、満たされてしまうと飽きが来てしまい、人間は空しくなってしまう。もちろん、私自身はそこまで満たされたことがあるわけではないので、実際のところは分からないが、それでも何となく予想できる。そういった意味では、超現世的な幸福という、なかなか手に入らない

（あるいは、永遠に手に入らない？）幸福の存在は、現世的な幸福に満たされてしまった人たちさえもフォローするシステムとして機能しうると考えられる。

無責任のすすめ

先に述べた「うまく行かない場合」を思想的にフォローしている土台は、実は、現代の日本人には馴染みにくい、というよりもむしろ信じがたいものかもしれない。それは、ここまででも少し触れた輪廻転生、すなわち生まれ変わりの思想である。

インドにも様々な宗教・宗派があり、細かい点での相違は見られるものの、いずれも基本的にはこの輪廻転生を認めており、避けて通ることはできない。そして、この輪廻転生は、自業自得の法則、すなわち、善い行いをすれば楽という結果が得られ、悪い行いをすれば苦という結果が得られるという、善因楽果、悪因苦果の法則にもとづいている。過去世（前世）から現世、そして来世へと跨って機能する究極の自己責任論である。

しかしながら、輪廻転生の話を持ち出してしまうと、そもそもそれを認めない人には、何の説得力も持たないどころか、怪しげなオカルトの類いとして退けられてしまうだろう。ちなみに、私自身の立場をはっきりさせておくと、私はインド思想の研究をしているが、輪廻転生をまったく信じていないし、むしろその考え方には問題が多いと考えている。

インドにももちろん、輪廻転生を認めない人たちがいた。彼らは「チャールヴァーカ」「ローカーヤタ」などと呼ばれ、いわゆる唯物論的な立場であった。物質的なものの存在だけを認め、精神的なものは物質に依存していると考える。また、五感によって認識できないものの存在を認めないため、輪廻転生やその主体（魂のようなもの）も認めない。私の立場は、これと同様である。(4)

私が輪廻転生のどのような点に問題があると考えているのかというと、自業自得との結び付きである。百歩譲って、現世内での自分の行為の結果を引き受けるという話ならば納得もできようが、あるのかどうかも分からず、（たいていは）その記憶もない、過去世における行為の責任を負うというのは、いくらなんでも受け入れられない。

当然であるが、宗教国家インドといえども、司法の場において、過去世の悪業などを理由に人が裁かれるということは絶対にない。そもそも、記憶もなく、身体も同一でないのに、そこに責任を帰すべき主体の同一性・連続性を見出すことができるのだろうか。現世内でさえ、五歳の時の自分と四十六歳の自分との間に、どれほどの同一性・連続性を見出せるのだろうか。

先ほどの解脱という究極的な目標と同じで、その前提となっている輪廻転生の存在を、インドの人たちは、どれほどリアルに感じているのだろうか。これもある種の「建て前」なのではないだろうか。例えば、インドにおいても、非常に優れた人物が、思わぬ不幸な死に方をすることがしばしばある。いわゆる、非業の死である。これは当然、自業自得の法則という点から見れば、過去世の悪業の結果ということになるが、この点に触れる人はあまりいない。

しかも、この輪廻転生というのは、始まりがないとされている。そのため、途方もない無限の過去世の行いの結果が、現在の自分の身に降りかかってくることになる。こうなってくると、もはや自由意志の存在もあやしくなってくるため、実際には、自分の行為に責任を持つことができなくなってくる。**究極の自己責任論**であったはずの自業自得の法則が、逆に「そんな遥か昔のことなんか知らないよ」という、**究極の無責任論**に転じるのだ。

しかし、このように**究極の無責任論**へ読み替えた**輪廻転生説**であれば、私はひとつの希望を見出せるようにも思う。これもまた、正統派のインド学者から「輪廻転生説を都合よくアレンジするな」というお叱りを受けることを覚悟のうえであるが、現代の問題と向き合うためには、そうでもしないと話が進まない。

世間では、いつからか、努力の尊さが必要以上に強調され、努力こそが平等を保証する唯一のものであると考えられるようになった。そして、うまく行かなかった人、失敗した人には、「自己責任」という言葉がつきまとうようになった。

ところが、常識的に考えればよく分かることであるが、現実には、努力してもうまく行かないことはいくらでもあるし、運などが大きく影響することも多い。努力して、しかもうまく行った人は、それが自分の努力の結果であることを疑うきっかけを失いがちであるし、「運も実力のうちだ」などと言って、問題そのものから目を逸らすことも多い。

近年しばしば話題になる「親ガチャ」という言葉に象徴されるように、努力することが可能な環境に生まれたかどうかという点も非常に大きい。努力や意志の力は、それが並外れて強力な場合には、未来を大きく変えることもあるだろうが、実際には、それだけでうまく行くとは限らない。そういった意味では、それぞれの持って生まれた環境や素質は、過去世の因縁と同じくらい本人にどうすることもできないものである。

このような考え方に立てば、たとえ幸福になれなかったとしても、それは無限の過去世からの因果と同じくらい自分ではどうすることもできないものである、と考えることができる。そうすれば、「幸福になれなかったのは自己責任だ」などといった気持ちから、少しは解放されるのではないだろうか。

そもそも、「自己責任」という言葉が好きになれない。人間というのは、どんな人にも身に覚えがあるように、時には愚かなことをしてしまうものである。たとえ自分の行いの結果であっても、苦しんでいる人には手が差し伸べられる社会の方が絶対に良いはずである。時に無責任をたしなめることはあっても、それを許容する包容力のある社会の方が、全体的な幸福度は圧倒的に高いのではないだろうか。

純粋に輪廻転生を信じる立場に立つとしても、同じである。必ずしも現世的な幸福が得られるとは限らないが、それは過去世のせいであって、現在の自分のせいではないと考えることができるため、現在の自分を責めることがなくなる。さらには、現在の自分の努力が未来の幸福を保証することになると考えると、輪廻転生は、過去から現在のものだけでなく、未来の幸福の保険にもなると考えられる。

また、世の中には、残念ながら、どうしようもなく悪い人間というのもいる。しかもそのような人間にかぎって、反省することもなく、罰を受けることもなく、のうのうと暮らしていたりする。そのような人物でも、「来世では苦しい思いをするはず……」と考えれば、多少は胸のつっかえが取れる

かもしれない。(5)

このように考えると、先に「建て前」と「本音」という表現をしたが、実は、インドの人たちにとっては、どちらかがリアルというのではなく、このような二重性そのものがリアルなのかもしれない。そして、「建て前」だと思っていた方が、実は「本音」を支えているという構造になっていると考えると、輪廻転生という考え方にもある種の説得力が出てくる。

「どうでも良い」の境地へ

先ほど、「幸福になれなかったのは自己責任だ」といった気持ちについて述べたが、その前段階として、「幸福＝良いもの」と考え、幸福に大きな価値を認めて、幸福になりたいという気持ちがあるだろう。しかし、そのように考えてしまうと、「幸福にならなければならない」「幸福になれない＝不幸」といったように、ある種の脅迫的なスパイラルに組み込まれてしまう。このような呪縛から解放されるためには、インドの〈平等観(サマトヴァ)〉が非常に有効だと考えられる。

人間は、どうしても、「良い／悪い」「きれい／汚い」「幸福／不幸」などといった、二元的な価値観の対立軸でもって物事を見てしまう。インドでは、いずれの宗教でも、この二元対立を脱却すべきことをしばしば説いている。ポジティヴに表現するならば、平等なものの見方ということになるが、ネガティヴに表現するならば、無関心、すなわち「どうでも良い」「どっちでも良い」という態度になる。

有名な例を挙げるならば、ヒンドゥー教の聖典である『バガヴァッド・ギーター』は、親族間の戦争を大枠とした大叙事詩『マハーバーラタ』の一部分であるが、そこでは、親族との戦いをためらい、手から弓を落として、戦車上でへたり込んでしまったアルジュナという人物に対し、御者に扮した神クリシュナが教えを説く。『バガヴァッド・ギーター』の第二章には、次のような言葉が見られる。

あなたの職務は行為そのものにある。決してその結果にはない。行為の結果を動機としてはいけない。また無為に執着してはならぬ。(二・四七)

アルジュナよ、執着を捨て、成功と不成功を平等(同一)のものと見て、ヨーガに立脚して諸々の行為をせよ。ヨーガは平等の境地であると言われる。(6)(二・四八)

少し説明が必要なので補っておこう。ここで言われている職務は、前述した人間の三大目的の一つ目の義務に相当するものである。主なものとしては、インドのいわゆるカースト制度の四つの階級それぞれに定められた義務のことである。ヨーガ云々というのは、日本で言うところのヨガと同じ語であるが、本章の内容とはそれほど関係がないので、ひとまず置いておく。

インドの古い法典には、司祭階級であるバラモンはヴェーダ聖典の教授・学習と祭式の執行など、王族・戦士階級であるクシャトリヤは人民の守護など、庶民階級であるヴァイシャは家畜の守護や商業・農業など、隷属階級であるシュードラは上位三階級への奉仕が義務として規定されている。

したがって、この『バガヴァッド・ギーター』における職務の具体的な内容は、アルジュナの身分がクシャトリヤであることから、義務としての戦闘ということになる。「成功／不成功」といったものを等しいものと見なし、行為の結果にこだわることなく、とにかく戦えと言うのである。

アルジュナは親族との戦争をためらい、「戦いたくないよぉ……」と言って、くよくよ悩んでいる。非常に人間臭い悩みである。そこで、神であるクリシュナは、その悩みのよって来るところが、結果として想定される「成功／不成功」という二元対立にあることを見抜き、そのうえで先述のようなアドヴァイスをしたと考えられる。

このような「どっちでも良い」「どうでも良い」という考え方がもたらす効果は、私自身も経験的によく分かるところがある。子育てが始まって自分のことを考える時間が極端に少なくなったこと、そして命に関わるような病気をして一命を取り留めたことがきっかけとなって、若い頃からこだわっていたことが、どうでも良くなった。もちろん、一〇〇％脱却したわけではないので、そのこだわりの残り滓のようなものはあるにはあるのだが、それでも、非常に多くのことがどうでもよくなった。

かつては付けっぱなしだったテレビもまったく観なくなり、ネットで最低限のニュースなどは確認するものの、世の中で何が流行っているのかは知らないし、知ろうともしないし、知りたいとも思わなくなった。(7) またかつては、できれば人から嫌われたくないなどとも思っていたが、直接危害を加えてこないなら、どう思われようが気にならなくなった。そのため、世間的には「ズレた人」になっている可能性は大いにある。

しかし、その結果、どうなったかと言うと、非常に楽になったのだ。しかも、この楽な感じを「幸福」と呼んでも良いかもしれない、と思えるほどである。ただし、「どうでも良い」とは言っても、

自暴自棄的なものではない点は重要であり、良い意味での諦念、諦めの境地である。(8)

もちろん、自分の経験を一般化するという一番ダメな過ちを犯しながら話を展開しているという可能性は大いにあるし、再び、つまらないこだわりに捉われた世界へと舞い戻る可能性も大いにあるのだが、この「どうでも良い」の思想は、意外と現代日本人の苦しみを救う力を持っているように思う。

現代の日本には、様々な悩みがある。例えば、子育てや子供の教育、受験、就職、自分や家族の病気、介護等々、悩みの種は数え上げたらキリがない。しかし、同じような境遇にいても、「自分は不幸だ」「苦しい」と考える人がいる一方で、前向きで、明るい人もいる。もともとの性格の違いもあるだろうが、後者には、先述したような良い意味での諦念があり、先のことに思い悩むことなく、今を一生懸命生きていると思われる。(9)

インドの宗教における出家や隠遁などというのは、「どうでも良い」という気持ちにならざるを得ない環境に強制的に身を置くための装置だったのだろう。財産を捨てて隠遁してしまえば、お金などはどうでも良くなる、いや、どうでも良くならざるを得ないからである。そういった意味では、我々のような市井の人の場合には、そのような強制的な装置がなくとも、意識的にこのような考え方を実践できるかどうかという点が重要となる。

もちろん、それによって目の前の苦しみの種がなくなるわけではない。いやむしろ、なくすことができない、自分ではどうすることもできないものであるからこその教えなのだと言える。宗教を問わず、インドの様々な書物で繰り返しこのことが説かれているのは、それによってラクになることができた先達からの強いメッセージに違いない。

まとめ

以上、インド思想の立場から現代の人たちの幸福に関する悩みに答えるという、いささか無謀な試みをしてきたが、最後に要点をまとめておきたい。

インド思想にもとづいて幸福について考える際に、一般的には、楽(スカ)とその対義語である苦(ドゥフカ)という概念にもとづいて話を展開することが多いが、苦が具体的であるのに比べて、楽は幅広く、少々ぼんやりしていることから、本章ではそれらを避けて、「人生の目標」というものに着目した。

インドの宗教における多数派であるヒンドゥー教には、世俗的な三大目的と並んで、輪廻転生からの解脱(モークシャ)の追求を加えた四大目的というものがあるが、これがインド思想でしばしば説かれる「世俗的な真理」と「究極的な真理」の並存にも似ている点を指摘したうえで、前者を「本音」、後者を「建て前」という言葉に置き換えうるのではないかということを、まず述べた。

また、インド思想の土台にあるが、現代日本人には信じがたい輪廻転生とその背景にある自業自得の法則については、始まりがなく、途方もない無限の過去世の行いの結果が現在の自分の身に降りかかってくることから、逆に、もはや自分の行為に責任を持つことができなくなると考えた。輪廻転生を信じない立場から、究極の自己責任論を究極の無責任論へと読み替えたのである。

実際、それぞれの持って生まれた環境や素質などは、過去世の因縁と同じくらい本人にはどうすることもできない。このように考えれば、たとえ幸福になれなかったとしても、「幸福になれなかったのは自己責任だ」といった気持ちから解放されるのではないかという考え方によるものである。

一方、純粋に輪廻転生を信じる立場であっても、世俗的な幸福が得られないとしても、それは過去世のせいであって、現在の自分のせいではないと考えることができる。そうすれば、現在の自分を責めることがなくなるだけでなく、現在の自分の努力が未来の幸福を保証することにもなると考えた。

こうして、「建て前」と「本音」と捉えていたもののうちの「建て前」だと思っていたものが、実は「本音」を支えるような構造になっていることを指摘した。私自身は輪廻転生をまったく信じておらず、問題も多いと考えているが、それでも、それを信じる人にも信じない人にも何らかの救いをもたらしうる包容力のようなものがあるという点は、大きな発見であった。

そして最後に、インドの〈平等観〉を紹介し、「幸福になりたい」という気持ちそのものから脱却することの効用を述べた。〈平等観〉が、自暴自棄的なものでない点は重要であり、良い意味での諦念、諦めの境地であって、「どうでも良い」の境地と言い換えることができる。自分ではどうすることもできないものであるからこそ必要なものであり、様々な書物が繰り返しこの教えを説いているのは、先達からの強いメッセージであろう。

(1) 和訳は、木村浩訳『アンナ・カレーニナ(上)』(新潮文庫)による。

(2) 「お見合い結婚」と表現したが、実際には、結婚式当日に初めて顔を見るというような話も聞くため、英語のarranged marriageという表現の方が正確かもしれない。

（3）一方で、書物に出てくる理想の信者を地で行くような人たちもいることはいる。私の親しい友人の妹は、当時、日本で言うところの中学生～高校生くらいの年齢であったが、将来出家者になる人のための専門学校のようなところに入っていて、出家する準備をしていた。そして、六年ほど前にインドを訪れた時には、当初の予定通り、出家して遍歴遊行の生活に入っていた。もちろん、このような人は、数の上では圧倒的に少数派である。

（4）ただし、自業自得の法則も認めない唯物論には、道徳否定的な方向へ走る傾向があるが、それとは立場を異にする。

（5）逆に、現在の状態が、過去世における大きな功徳の結果だとは考えにくい。というのも、善業の結果が、罰を逃れるという倫理的な悪であるとは考え難いからである。

（6）和訳は、上村勝彦訳『バガヴァッド・ギーター』（岩波文庫）による。

（7）当然、近年の芸能情報などはほとんど知らない。以前に、職場の飲み会で土屋太鳳が話題になっていた際も、本気で「ツチヤタ王」という外国の王様の話だと思っていた（そして、トイレに行った際にスマホでググって、間違いに気付いた）くらいである。

（8）少し補足しておこう。「どうでも良い」と言った場合、「どちらも良い」なのか「どちらも無意味だ」なのかといった疑問が生じるかもしれないが、ここでの「どうでも良い」は、結果としてどちらに転んでも良しとすべき態度と言うことができる。したがって、「どちらも良い」である。戒められているのは、どちらかの結果にこだわることである。したがって、こだわる場合には「どちらも無意味だ」ということになる。

（9）まさに、先述した『バガヴァッド・ギーター』の教えである「あなたの職務は行為そのものにある。決してその結果にはない。行為の結果を動機としてはいけない」が実践できている状態と言えるのではないだろうか。

三人の哲学者の（あとがきに代わる）おしゃべり

五十嵐：今日は、デカルトの津崎良典先生、武士道の板東洋介先生、この本を作るとき、いろんな相談に乗ってくださったお二人と一緒にこの本のことを振り返っていこうと思います。まずは、この本を書くときのご苦労について。どんなところで苦労なさいました？

津　崎：本を書くときはいつでもそうだけど、やっぱり必ず読者がいて初めて、書くという行為が完成するので、読者のことをまず念頭に置きながら書き始めるわけだけれども。しかし、執筆のときはその読者は不在なわけよね。

五十嵐：うん。

津　崎：そうすると私の読者が誰なのかが分からない。男性なのか女性なのか、若い人なのか年を取った人なのか、どういう社会的属性なのかっていうのが分からないわけじゃない？　で、その人の感じている不幸だってどんな不幸なのかが分からない。それが分からないとうまく言葉が紡ぎ出せないっていうようなところがありましたね。だから「何を書くか」も難しかったけど、「どのように書くか」も難しかった。例えば、硬めの文体を使うのか、非常に砕けた文体を使うのか、著者にむしろ語らせるような書き方なのかとかね。書くという行為が読む人に寄り添っていかなきゃいけないという意味で、何を書くかだけではなくて、どう書くかということも苦労しました。

五十嵐：読んだ人が「これ、いったい何のこと？」って思ったら、それはせっかく津崎先生が頑張って書いてらっしゃったのに、受け取ってもらえない。

津　崎：っていうことなのね、うん。それが困ったところ。

五十嵐：大学の先生とか研究者って、研究論文を書くのはとてもお上手っていうかね、長けてらっしゃるんだけど、でも、この本を読むのは高校生かもしれないし、子育てに悩むお母さんかもしれないし、病気で入院してる人かもしれない。そういう人に宛てて書くことってあんまりないですもんね。相手の状況も全く分からない。でも、もし、その誰かが「幸福になりたい」と思ってこの本を手に取った人なんだとしたら、どうしてもその人に応えたくて。

板　東：私もどちらかというと文章が硬いので、「どのぐらい開いていいですか」って最初に五十嵐先生にお伺いしたら「できる限り開け」っていうことで。じゃあ、そうしよう、と。

津　崎：その辺りが、板東先生のお書きになったものに何か、身につまされたというかね。

板　東：ありがたいです。でも、結局、私の場合は武士道の話で、血なまぐさかったり人殺しの話であったりするので、はっきり言って現代日本の平均的な人間の生き方にそこまで直結するものではないと思ってはいるんです。

五十嵐：たしかに、板東先生のお話には今の時代にはあり得ない状況っていうのが出てきますよね。この後どう結ぶのかなって思って読んでいると、ところが板東先生は武士の生き方を語った最後に、「どんな人でも、自分が誰なのかっていうことを自分で決めることができるんだ」っておっしゃった。まさにこれは現代的な問題だと思います。私たちって絶えず外からいろんなラベル、社会的役割や男か女かっていう生物的区別を貼り付けられてるんだけど、それでも私は、私の述語、私が誰であるかを自分で決めていい、「私は〇〇である」の「〇〇」を自分で決める決定権を持ってるんだ、って。

津　崎：で、この本全体についてもう一回振り返るとすると、この本には、古今東西の哲学家、思想家、そして宗教者の言説が散りばめられているわけだよね。そんな本を作ることの意義というのを考えるとね、板東先生がおっしゃったように、武士道はやっぱり現代の私たちの生き方と、相通ずる部分もあれば断絶もある。十七世紀のフランスのことを書いたわけだけれども、二十一世紀と十七世紀とは四百年違う。僕自身、あちらはフランス、こっちは日本、文化的な断絶もある。でもね、十七世紀のフランスに生きた哲学者が問題だと思ったことが二十一世紀の日本においてもやっぱり問題になっている、そんな眼差しもまたこの本の中にはあるよね。その両方を見る眼差しがこの本の中で、手前みそになるけれども、うまく交差したんじゃないかなと思いますね。

五十嵐：うん。だから、「武士道は」っていうふうにさっき板東先生がおっしゃってましたけど、私は伺っていて、武士道っていうのは「こと」であって、

津　崎：そうなの。そうなの。うん。

五十嵐：その「こと」、つまり武士道っていうその「こと」自体は違うけど、その「こと」の内側で

誰かが考えていたこと、そのときそこで生きていた人のその思い自体は、多分、今生きている人にも響くのではないか、響いてしまうのではないか、

津　崎：そうなんです。

五十嵐：でもね、もちろん響かないことだってあるわけですよね。私たちは一生懸命伝えたいと思ってあらん限りの声で歌ったんだけど、でも、それはそこでもう終わっていて、受け取り手が、あるときは拾ったりあるときは素通りしたりするだけ。私たちが書いたことって、いわば私たちが空中に何かを放り投げた、空中に向かって何かをしゃべったということでしかないんじゃないのかなって。で、それでいいんじゃないかって思うようになって。

板　東：そうですね。書き手の意図が伝わったかどうかとか、本でよくあるけど「引用文には感銘を受けたけど、地の文の方は読まない」っていうのも、それはそれであっていい。創造的誤読ということもあるし。この本はある意味で「古今東西の幸福についての引用集」みたいになってるとも思いますけど、それを引用した論者の意図が必ずしも理解される必要もないのかも。「ヒント集」のようなもので、たとえ論者の意見や文体やノリに同調できなくても、そこで論じられてる対象に関心を持ってくれるというのはあり得ることかなと思うんですよね。

五十嵐：別の言葉で言うと「ネガティブ・ケイパビリティ」ですよね。ネガティブ・ケイパビリティって、見えない不確実なこと（ネガティブなこと）に耐える力、見えないまま「待つ」力だと思うんです。ここで言えば、私たちは語るということはしたわけだけど、その種が落

ちて死んじゃうのか、あるいはずっと後になって誰かが「そういえば」という形で帰ってきてくれるのか。誤読されたり、あるいはヒント集として使われるのか。それはわからない。どうなるかは分からないけれども、きっとどこかでいつか、それを必要とする人にはその人が必要とするかたちで届くんだろうって。

板　東：なるほど。

五十嵐：でね、実は、このネガティブ・ケイパビリティが、この本のテーマの一つなんじゃないかと思うんです。普通、人って、目の前のもの、今見えるものだけで判断してしまいがちですよね。この本で言えば「売れ行き」とかね（笑）。もっと切実な例で言うと、例えば自分の子供が勉強しないのを見て、心配して塾の先生に「うちの子供を残して勉強させてくださいい」って頼む親がいる。そのお母さんだってやっぱり必死に幸福を求めていて「子どものテストの点が上がった下がった」って一喜一憂するんだけど、そのお母さん、その子の中にある見えないものを信じて待とうとはしてないんですよね。その結果、勉強を無理強いされたその子が勉強嫌いになったり、不登校になったり、主体性をなくして親や上司の言うことを聞く指示待ち人間になってしまったりすることもよくある。

「見えるもの」、自分が「見てしまうもの」にしがみついてしまう気持ちは私もよくわかるんだけど、でも、そうやってきた結果としての今がもし幸福じゃないんだとしたら、幸福になるためには「今までとは違うやり方」も必要なんじゃないかと思います。この本にはいろんな哲学者が出てくるんだけど、哲学者たちってみんな、普通に見えるものを見ない、普通には見えないものを見る人たちですよね。「哲学者だったらいったいどう見るんだろう」って思ってもらえるといいなって思います。

板　東：私も五十嵐先生と似たような感想というか、要するに「見る」っていうか、「反省する」ということですよね。私も例を出すと、たとえば一人一人が持ってる動物的な欲求を満たそうとすると、当然トータルのパイは限られてるから、それこそビリオネアとかチンギスハンみたいな人しか幸福になれないわけですよね。だったら、欲求に動かされている今の生き方自体を何がしか反省する、欲求を諦めるのが幸福の道だとも言えるわけですよね。ここで言う「諦め」って、日本語では「明らかに見ること」、それと、ギブアップの方の「諦め」、その両方の意味があるわけですけど、仏教語で言えば「諦」（タイ）です。「諦」っていうのは現実を明らかに見ること、そしてそれを受け入れることですけど、その「諦」が幸福なんだっていうのは仏教では普通の話であって、それはもう結局、自然的な欲求を諦めるっていうこと、満たそうとしないっていうことですよね。わりとその辺、みんな同じことを言っているというか、全員ビターな幸福の話をしているというか。そのとき、佐藤先生とか井川先生とかのように、「私たちを諦めさせている社会の方を変えろ、社会は可塑的なんだから」っていう方に行くタイプと、「与えられた与件を素直に受け入れるのが幸福だ」っていうタイプみたいなのはあるなという気がしますけど。

五十嵐：なるほど。でも、「諦める」って難しいですよね。欲望を捨てろ、諦めろって言われてもね、っていう気がします。でも、「現実を明らかに見て受け入れる」っていうことなら私たちにもできるかもしれなくて。それって、「今、自分は幸福じゃない」っていうことをちゃんとわかる、「明らかに見る」ってことですよね？　「どうせ私は不幸なんだ」じゃなくて、「今は私は不幸だ」っていうことをシンプルに見ること。それが「現実を明らかに見て受け入れる」ことなのかな。実際、今不幸であるっていうこと自体は悪いことじゃなくて、私たちがそこから幸福になる、その出発点ですもんね。だとすれば、まずはちゃんと目を開けて自分のいる位置を明らかに見るっていう、

板　東：うん。

五十嵐：ほんと、それしかないのかもしれませんね。転んで初めて、あ、こうすれば転ばないんだなって学ぶことと同じで、今の生活それ自体がその人にとっての大事な教材なんですよね。幸せになりたいなとか、人が羨ましいなとか、何で自分はこうなんだろうとか、悩みは絶えないけど、だからこそ、どうしてこうなってるんだろう、今の自分はいったい何をやってるんだろう、って目を開けて見てみる。そこから「転ばない練習」、つまり「幸せになる練習」をしていけばいいんじゃないのかなって思います。ね、練習って書いていらっしゃったでしょ、津崎先生。

津　崎：書きました。

五十嵐：お稽古。とっても大事。

津　崎：実はね、今までの話を全部ちゃぶ台返しするようなことを言うんだけど。

五十嵐：どうぞどうぞ（笑）。

津　崎：いきなり単刀直入に言うとね、それじゃ、読者がこの本を通読して果たして本当に幸福になれるんだろうか。つまり、僕らは書いたんだけれども、で、できれば、読む人のためになりたいと思って書いたわけだよね。読む人だって、これを読んだら何がしかのことが手に入って、それでもしかしたら幸福に少しはなれるかもしれないという期待の下、読むんだと思うんだけど、

五十嵐：そうね。

津　崎：果たして、その期待は最初から裏切られる運命にあるのではないかって。つまりね、もう少し言い換えると、哲学とか思想というのは、本を読んですぐに「何かができる」ようなものなのか。あるいは、幸福というのは、何か本を読んだらすぐになれるようなものなのかどうか。文法書を読めば外国語は読めるようになるかもしれない、マニュアルを読めばコンピュータは使えるようになるかもしれない。しかし、哲学が扱うような問題、例えば、死とか幸福とか、そういった問題っていうのは、それについて書かれた書物を読んで直ちにそれについて理解が深まるんだろうか、っていうこと。

五十嵐：もちろんそんなことはないでしょ。

津　崎：でしょ。

五十嵐：うん。

津　崎：ないと思うと、じゃ、僕たちがこれを書いた意義はどこにあるんだろうか。

五十嵐：対話ですよ。

津　崎：っていうことをやっぱり思ったね。

五十嵐：対話。だから、これは教科書じゃない。

津　崎：そう。

五十嵐：だって、幸福は、ね、お稽古しないといけないもので、そのために何が必要かっていったら、やっぱりお稽古っていうのは自分の体を鍛えたりとか、硬い体を柔らかくしたりとか、汗を流したりとか、怪我をしてちょっと泣いたりとかすることでしょ。

板　東：うん。

五十嵐：ここで言う「対話」、つまり「ディアロゴス（dialogos、英 dialogue の原語）」っていうのは、読む人を、違う意見によってぐらぐら揺さぶって、その人が「私はこう思ってきたのに。それが正しいのに。何でそれを否定するの」って怒ったりもするような「揺さぶり」のことですもんね。揺さぶられたりするのは嫌だろうと思うけど、たとえこんな本なんか読みたくないって一度は本を閉じたとしても、でも何でそうなんだろう、何であの著者はあんなことを言うんだろうってやっぱり思ってしまう。そうやってずっと、その人の中で対話は続いていって、そのうち何か違う景色が見えてくるんじゃないかと思います。で、そのうち、また読んでみようかなって思って、この、私たちの待ってる対話に戻ってきてくれるかもしれない。

津　崎：そう。

五十嵐：だから、哲学ができることは、教科書やハウツーを書くことではなくて、対話を立ち上げるということだけ。ここで十二人の哲学者が、等身大の自分をぶつけて書いたもの、読む皆さんに届けたかったものって、それはやっぱり対話なんだと思います。私たちはそれぞれ一生懸命みなさんに話しかけたんだけど、それはもちろん対話だから聞かれないこともあるし、拒絶されることもあって、

津　崎：そう。つまりね、哲学書が自己啓発本であるとか、教科書であるとか、取扱説明書であるとか、そういったものと決定的に違うのは何かっていうと、自己啓発本にせよ、文法書にせよ、取扱説明書にせよ、教科書にせよ、それはまずは通読されなければ意味がない。最後まで読まないと、取り扱えるようにならないし、外国語が読めるようにならない。しかしね、最後まで読んだら、その書物はもう二度と振り返られないわけよ。もう必要なくなるっていうのが教科書とか取扱説明書とか、場合によっては自己啓発本の最大の特徴だと思うのよ。つまり、一回は読まなきゃいけないけれども、しかし、一回読んだらもう二度と読む必要がなくなるような書物。

五十嵐：うん。

津　崎：しかし、哲学書とか、あるいは僕たちが今回、もし書けた、書いた本ね、その特徴は何かっていったら、挫折を受け入れる。もうこれ以上、先に進めない。あるいは、反発を受け入れる。こんな本なんて、くそくらえ。あるいは、つまらなかったなという批判を受け入れる。あるいは、もう一回読んでみようかなっていう再読性。それを含むという意味で、ことごとく、教科書とか取扱説明書と違う。なぜかっていうと、それは真の意味での、本当の意味で

の読者がこの本には必要だから。つまり、五十嵐先生の言葉で言うならば、対話相手が、

五十嵐：うん。そう、そう。

津　崎：必要だっていうことなんじゃないかなってことは思いましたね。後書きだからさ。

五十嵐：とってもすてき。

津　崎：どんな本を書いたかっていうことがなきゃ、いけないじゃん。

五十嵐：うん。でね、この本が立ち上げているのが対話だとすると、読むこともまたその人の中に対話を立ち上げていくことになる。しかもたくさん、十五本とかあるわけでしょ、この中って文章が。そうすると、デカルトは面白かった、でもハイデガーはちょっと無理、って、好きなものから読んでいくうちに最初わからなかったハイデガーが意外と面白いなと思うようになったり、武士道とハイデガーって似てるところがあるな、って発見したりとかね。そうやって読者は「なんでこうなの？」とか「そうそう」って心の中で私たちに話したり問いかけたりしてくれるんだろうなと思うし、私たちと一緒に揺さぶられ続けていってくれるのかなって思います。

板　東：読者は読んでるうちに変わるっていうのもあるし、いつ読むかでも変わるんじゃないでしょうかね、ライフステージとかで。よくあることですけど、それこそ苦しみの形が変わるから、前に読んだときはぴんとこなかったけどっていう。だから、今回、老いのことを書かれてる斎藤先生とか伊藤先生とかも、若い読者は多分ぴんとこないだろうなっていうのと、それがそろそろ私もぴんとき始めたりとかで。そろそろどう死ぬかって考えなきゃいけないな、と

か。そうなると、読んでいて胸に来るものがありますし。だから、読んで変わっていくっていうのもあれば、たまに帰ってきてくれるのでもいいかなというか。ほんと言うと、「古典」ってみんなそういうもんですよね。

五十嵐：そう、何かあったら帰ってくる。

板　東：うん。

五十嵐：古典ってほんと、そうですよね。それを読んでいる自分の中に「そうなのか」とか「なんで？」っていう対話が起きてくる。その中に描かれた人が自分の中に住んでしまってその後も自分と一緒に生きてしまったりもする。そう思うと、古典とかこういう本を読むって「出来事」なのかもしれないなと思います。誰かと出会うっていう出来事。出会って対話が起きるっていう出来事。そのときそのときの一回性をもって起きる出来事。たとえば、板東先生も津崎先生も私も、書いたあのときは一生懸命書いたんだけど、あの時の自分と今の自分はもう違うでしょ、既に。もう変わってきてしまったから。だけどあの時の私たちはこの本の中にいて、ずっと声を発しているんですよね。幸福を探している途中のその一生懸命な声っていうのが、別のときの知らない誰かに聞かれる。そして、そこで対話が起き続ける。不思議ですごいことだなと思います。

津　崎：そう。つまり、私たちも読者と一緒で、「いまだ幸福を本当の意味で味わったことがないからこんな本を書いた」っていう、そういう皮肉はあるよね。

五十嵐：幸福を味わうって？

津　崎：ていうか、幸福って本当によく分かってない。本当に幸福を生きたことがあるのかどうかっていう。そういう苦い思いがなければ、こういうことに関心を持たないわけよね。そういう意味では、実は私たちも読者とほぼ同じような立場にいる。多少こういうことに少し馴染んだだけであって。なので、対話っていうと、どうしても百八十度、正面っていう感じだけれども、むしろここは九十度に座るっていうかね。上下関係とか、知識の量であるとか、社会的な属性とか、そういったものから作られる正反対の関係性ではなくて、理想的には同じ方向を見るっていうかね、その限りで、一直線の、角度がない並列なのか、あるいは少しだけ一歩先に出ていて、角度が三十度、せいぜい九十度ぐらいちょっと先に出るような、その立ち位置に僕ら著者がいるんじゃないかなって、多分。

五十嵐：私たちが「あっち側」に立って講義してるんじゃなくて、一緒に考えてくれるといいなってことでしょ？　実際、「本当の幸福は持っていない」って津崎先生はおっしゃったんだけど、私もそう。だから私、この本を書くとき、最初、絶望しちゃって。だって私、これを読んだ人に幸せになってもらいたいってこんなに強く思うのに、それなのにどう書けばいいか全く分からない。

　絶望しつつ、一生懸命書いてるうちに、あ、不幸っていうのは実は無いんだなってだんだん気づいてきたっていうか。幸福になるっていうのはやっぱりよく分かんないんだけど、不幸っていうのが無いんだなっていうことはわかってきた、っていうか、

津　崎：ベルクソンがあるところで面白いことを言っててね、画家の話をしてるんだけど、画家って

いうのが作品を作るわけじゃない。画家はその作品によって育てられるんだ、って。自分で描いた作品によってまた自分をも作り直すっていうか。つまり、画家は作品を創造し、かつ自らも創造するっていうようなことをあるところで述べててね。五十嵐先生はそういう意味での創造行為をしたんじゃないかなっていうふうに。

五十嵐：津崎先生もね。

津　崎：板東先生もね。

板　東：まあ、そうですね。

五十嵐：それから、読者の人も。読者の人も自分が人生を創造するわけでしょ。

津　崎：そうよ。てことは、そう、だから、読者は作品に接することによって今度は、自らが創造することへと誘われてる。だから、これもまたベルクソンが言うことだけれども、鑑賞者もまた、だから、作品を作らなければならない。この場合の作品というのは、「生きる」ということだけれども。

五十嵐：うん。「生きる」ということを創造し、かつ自分自身をも創造するのね。私たちと一緒にね。今までとは違う自分や、今までよりもっと好きな毎日を「創造」していくお稽古。ね、してもらえるといいですよね。

津　崎：うん。それは思います。

五十嵐：せっかく、最初、高尚なお話を……。

津　崎：今も高尚よ。

五十嵐：今も高尚よね（笑）。でも、楽しかったですよね。

板　東：うん。

津　崎：うん。というか、他人のを読んでて楽しかった。自分のはいざ知らず。ああ、なるほどねって、いろいろ面白かったっていう。一読者としても楽しかった。

板　東：私はやっぱり、何というか、何か幸福になる裏ガイドがある、裏技というか、裏ガイドというか、それこそマニュアル本のようでもありますけど、誰か一人ぐらい、古今東西の賢人がそういうことを言ってんじゃないのって正直思ってたんですけど、みんな口をそろえて、諦めろ、受け取り直せ、みたいな話ばかり。ええ？　っていう。

津　崎：諦めろってちょっと不思議なことでさあ、板東先生が最初の方に使った言葉で言うと、それってマイノリティになるってことじゃない？　つまりどういうことかっていうと、常識とか、今の流行とか、今の価値体系とか、そういったものに加担しようとして足掻くから苦しいわけで、それを諦めるっていうことは結局、そういったメインストリームから降りるってことじゃない？

板　東：うん。

五十嵐：うん。

津　崎：てことは、「マイノリティになる」ってことでいいんじゃないか。全員、ご自分の生活圏でマイノリティになったらいいんじゃないかなって思う。つまりね、男が強い社会だったら、男は男を降りる。あるいは、学校で教師、威張ってる教師、そういった教室空間だったら、そういう教師っていう役割を降りてみる。何かその場、その人たちの中で強く働いてる価値基準だとか、そういったものに自ら積極的に身を乗り出して加担していくのではなくてね、そこから降りてさまざまなマイノリティを生きてみるっていうことが諦めなんじゃないかと僕は聞きました。板東先生は、最初はマイノリティっていう言葉を自分の研究対象について使っていて、今、全体を振り返ってみて、諦めっていうキーワードをお出しになった。その二つを僕はこういうふうに理解した。つまり、最終的にはそれが幸福っていうことにつながっていくのかな。

五十嵐：なるほど。つまり、「諦める」っていうことは「諦めない」ってことなのね。メインストリームのキラキラを渇望する限り苦しみが続くから、そのキラキラは「諦める」。でもそれは「キラキラが手に入らないから」諦めるんじゃなくて、「本当に幸福になるために」諦める。「どうせ自分は幸福になれないから」諦めるんじゃなくて、「本当に幸福になるために」捨てる。それは世間的にはマイノリティになることかもしれないけど、自分が「本当に幸福になろう」とすること。

津　崎：だから、仏教では諦めるっていうのは、明らかにする？

板　東：うん、本当の意味はそっちです。「世俗諦」とか「何々諦」とかって。

津　崎：結局、だから、諦めるってどうしてもネガティブな、否定的なニュアンスに聞き取れちゃうけれども、実は極めてクリエイティブな行為なのかなって思いますね。

板　東：うん。

津　崎：そう思うとね、ソクラテスの言う「無知の知」っていうのは結局、諦めじゃない？　ある意味でね。というか、僕らが話してた限りの諦め。つまり、「その社会で支配的な価値体系」や「その時代において高く評価されている事柄」っていうのはもちろんあって、みんな、それに向かって邁進していくわけだけれども、果たして、本当に僕らはそれの正体を知っているのかって、ソクラテスは迫ってくるわけだよね。で、実は誰もそれを知らない。正しい仕方で知っていない。その無知の知がまず重要なんだ、って言うんだよね。それは、その社会において一見卓越とみなされてるさまざまな価値体系を一旦諦めるっていうことじゃない？でも、ソクラテスが誘ったのはその先にある「その人なりの生き方、よりよい生き方」なんだよね。という意味では、板東先生のその諦めという言葉は、究極的には、ヨーロッパに哲学というものが誕生したその契機と一緒なんじゃないかな。

板　東：うん。

津　崎：よくね、ハイデガーが言ってる、アジアには哲学はないとかって言うんだけどね。

五十嵐：あの人、ちょっと思っただけだから（笑）。

津　崎：で、それをね、東洋哲学、東洋思想を研究している人たちは肩身の狭い思いをさせられちゃってるわけじゃない？　そのハイデガーの言い方で。

五十嵐：うん。じゃあその、「そもそも東西の両方の哲学の根本にある諦め」っていうことに戻ると（笑）、「持っていないもの」を欲しがることが苦しいからそれを諦めるっていうことだけじゃなくて、「持ってるもの」を諦めるっていうこともありますよね。私の学生で、その人は優しい人で、小さいときから親や先生や友達に「あなたは優しい子ね」って褒められてきたそうなんです。ところが、授業の中で私が「「優しい」って呪いだよね」って言ったらしくて、そしたらその人はびっくりして、自分が生き辛いのは、そのせいだったんだってわかった、って言うんです。「私は優しいって言われて、私は自分のことを優しい人だと思ってきた。私は優しい人なんだから優しくしなきゃ、って思ってきたんだ」って。それが呪いだって言われて、あ、私はそれで自分を縛ってたんだってわかった。それですごく楽になったって言ってました。人から言われてきた「長所」や「短所」、そもそも「自分らしさ」っていう自分のアイデンティティ自体が自分を縛る呪いなんですよね。でも呪いは、その呪いを「明らかに見る」ことで解ける。実際、優しくなくても生きていけるんですもんね（笑）。

津　崎：ですね。

津　崎：あとね、僕はあんまりこの話、まだ出てこなかったなと思ったんだけど、伊藤先生の一番最初に、「幸」っていうのは道具だとかっていうようなことが書いてあるんだよね。それを考えてみると、英語だと「幸」って happiness なわけじゃない？

五十嵐：うん。

津　崎：happiness って、happen っていう動詞から来ているわけだけども、happen というのは、「たまたま起きる」っていうことでしょ。そうすると、「幸福」、happiness、これ実はフランスもそうだけれども、ドイツ語の Glück（幸運）、英語の luck も、みんな、「運」「チャンス」、たまたまツイてたっていう「偶然性」なんだよね。この偶然性が、やっぱり幸福という言葉にはあるわけ。ヨーロッパの言葉に一回立ち返って、その語源から逆照して捉え直してみると、「偶然性」といったものが幸福の特徴なのかなって思ったのね。

九鬼周造がね、ほら、偶然性の問題を論じてるじゃない。彼が京都大学で「文学概論」っていう授業をやってて、その中でオスカー・ベッカーっていうドイツの哲学者の「美しいとは何か」を取り上げたのね。ベッカーは、「美しい」っていうのは「もろい、はかない、壊れやすいもの」だって言うんだよね。それを引き継いで九鬼周造がね、「それが偶然性なんだ。偶然性ってのは美しいっていうことなんだ」って言うわけよね。つまり、何かと何かが、誰かと誰かが、たまたまこの場所で行きずり合う、その偶然性は、はかなくも、もろくも、壊れやすくもある。だからこそ美しい、って。

となるとね、幸福っていうのは、「たまたま」そうなったもの。だって「運」とか「ツキ」だから。であるが故に、幸福にはかぐわしいものが感じられるし、と同時に、それを論ずるこの本の中では、むしろ対話っていうことを意識しながらそれぞれの著者が書いてきたわけだけれども、対話ほど偶然性の極北にあるものもないじゃない。だって、この場所でたまたまこの人と話してたまたま出てきたものが対話で。だから、復元できないし、再現できないし、一回限りのものだし。だから、その限りで、もろくて、はかないけども、美しい。というようなことをこの話の最後に感じたかな。

五十嵐：今おっしゃった「幸」って、「海の幸」「山の幸」っていう「幸」？

津　崎：うん、その「幸」だよね。

五十嵐：「海の幸」って、魚とか海で採れたもの。「山の幸」っていうのは山で採れた食料でしょ？　それを幸って言う。つまり、与えられたものを幸って言うとすると、

津　崎：たまたま与えられたもの。

五十嵐：うん。与えられたものを「幸」って言うんだとすると、そうすると、「与えられたもの」ってプレゼントなわけでしょ。「海の幸」は海から与えられたプレゼント、「山の幸」は山からのプレゼント。

津　崎：うん、うん。

五十嵐：プレゼントっていうのはpresence（存在）っていう言葉と同源なんだけど、じゃあ、ドイツ語で「存在する」ってどう言うかというと、es gibt（存在する）。

津　崎：ああ、そうねえ。

五十嵐：このドイツ語のgibtは「geben（与える）」で、このgibtと英語の「ギフト」は同じなんだって（共にgeb-という同根から生まれた言葉。独gibt、英gift）。つまり、「なになにが存在する（ある）」っていうのは「なになにが与えられている」ってこと。「ある」ものはなんか勝手にそこに「ある」みたいに思ってるけど実は「与えられて」たわけ。存在しているものはすべて「与えられて存在している」ものだったんですよね。

だとするとね、そもそも「存在」ってギフトなんですよね。「私がいる」のも「あなたがいる」のもここに「机がある」のもギフト。それが「存在」っていうこと、「ある」ってことだとすると、「存在する」っていうこと自体がプレゼントとしての「幸」、幸福って言える

んじゃないのかなって思うの。

そうだとするとね、「幸福」っていうのがあるんじゃなくて、「幸福な人」っていうのがいるだけなんじゃないでしょうか。「幸福」っていうのは来たり来なかったりする偶然的なものかもしれないけど、あるいは「不幸」だって来たり来なかったりする偶然的なものだろうと思うけど、「幸福な人」にとってはその全てがギフトであって、「幸福な人」の毎日は全面的にギフトで埋め尽くされている。自分が存在することも、自分に起きることも、生きている毎日自体がその都度「与えられている毎日」、「プレゼントされた贈り物」なんですよね。

そう思うとね、「幸福な人」って「幸福に生きることができる人」なんだと思うんです。たまたま来る、あるいはたまたま来ない幸運を待つんじゃなくて、たとえ幸運が来ても悲運が来ても幸福な人は幸福に生きることができる。偶然に左右されるんじゃなくて必然的に幸福な人である。そういうことなんじゃないかって思います。じゃあ、どうすればいいのかっていうのは、たぶん、この本の中にいろんな形で書かれていて……

津　崎：終わらないね（笑）

五十嵐：ね（笑）。終わらないままに続いていくんでしょうね、ずっと。

保呂篤彦（ほろ　あつひこ）
筑波大学大学院哲学・思想研究科博士課程修了。文学博士。筑波大学人文社会系教授。

山口義久（やまぐち　よしひさ）
京都大学大学院文学研究科博士課程単位取得退学。大阪府立大学名誉教授。

板東洋介（ばんどう　ようすけ）
東京大学大学院人文社会系研究科博士課程単位取得満期退学。博士（文学）。筑波大学人文社会系准教授。

伊藤益（いとう　すすむ）
筑波大学大学院哲学・思想研究科博士課程修了。文学博士。筑波大学名誉教授。

井川義次（いがわ　よしつぐ）
筑波大学大学院哲学・思想研究科博士課程修了。博士（文学）。筑波大学人文社会系教授。

堀田和義（ほった　かずよし）
東京大学大学院人文社会系研究科博士課程修了。博士（文学）。岡山理科大学教育推進機構基盤教育センター准教授。

略歴

竹村牧男（たけむら　まきお）
東京大学大学院印度哲学専修博士課程中退。博士（文学）。筑波大学名誉教授、東洋大学名誉教授。

斎藤環（さいとう　たまき）
筑波大学医学研究科博士課程修了。医学博士。筑波大学社会精神保健学教授。

五十嵐沙千子（いがらし　さちこ）
筑波大学大学院哲学・思想研究科博士課程修了。博士（文学）。筑波大学人文社会系准教授。

佐藤嘉幸（さとう　よしゆき）
京都大学大学院経済学研究科博士課程修了。パリ第10大学博士号（哲学）取得。筑波大学人文社会系准教授。

千葉建（ちば　けん）
筑波大学大学院哲学・思想研究科博士課程修了。博士（文学）。筑波大学人文社会系講師。

津崎良典（つざき　よしのり）
パリ第1大学パンテオン＝ソルボンヌ校哲学科博士課程修了、哲学博士号を取得。筑波大学人文社会系准教授、日本学術会議連携会員。

幸福をめぐる哲学者たちの大冒険！　15の試論

2024年1月20日　第1刷発行

編　　者　五十嵐沙千子
発 行 者　小林公二
発 行 所　株式会社 春秋社
〒101-0021　東京都千代田区外神田2-18-6
電話　03-3255-9611（営業）
03-3255-9614（編集）
振替　00180-6-24861
https://www.shunjusha.co.jp/
装 幀 者　野津明子
印刷・製本　萩原印刷株式会社

2024 Printed in Japan
ISBN978-4-393-34124-7　　定価はカバー等に表示してあります